GRAMMAIRE PROGRESSIVE DU FRANÇAIS

mit 500 Übungen

Deutsche Ausgabe

von
Maïa Grégoire
Odile Thiévenaz

unter Mitarbeit von
Elisabeth Franco

übersetzt und bearbeitet
von
Susanne Korell

CLE international

Ernst Klett Verlag
Stuttgart • Düsseldorf • Leipzig

Grammaire progressive du français

Deutsche Ausgabe

von:
Maïa Grégoire
Odile Thiévenaz

Mitarbeit:
Elisabeth Franco

Bearbeitung und Redaktion der deutschen Ausgabe:
Susanne Korell

Gedruckt auf Papier, das aus chlorfrei gebleichtem Zellstoff hergestellt wurde.

1. Auflage 1 5 4 3 | 2001 2000 99 98
Alle Drucke dieser Auflage können nebeneinander benutzt werden, sie sind untereinander unverändert.
Die letzte Zahl bezeichnet das Jahr dieses Druckes.

Druck: Grafos, Barcelona. Printed in Spain.
ISBN 3-12-529873-3

VORWORT

■ Die *Grammaire progressive du français* richtet sich an Lernende aller Altersstufen, die über Grundkenntnisse des Französischen verfügen und diese festigen oder wieder auffrischen möchten. Ziel dieses Buches ist es, das Erlernen der französischen Sprache durch überschaubare Lernschritte lebendig und ansprechend zu gestalten. Dabei bedient sich die *Grammaire progressive du français* einer einfachen Sprache. Die aufgeführten Regeln konzentrieren sich auf die wesentlichen Grammatikphänomene des Französischen und verlieren sich nicht in einer Fülle von Ausnahmefällen. Das Zusammenspiel von mündlicher und schriftlicher Kommunikation steht dabei stets im Vordergrund.

Die grammatischen Besonderheiten des Französischen werden in einem zusammenhängenden Sprachkurs behandelt, der nicht nach der klassischen Gliederung in Wortarten (Adjektiv, Pronomen, Attribut usw.) vorgeht; stärker als die grammatische Form steht der Inhalt im Mittelpunkt der Erläuterungen. Etliche der Regelerklärungen sind aus der Zusammenarbeit mit den Lernenden hervorgegangen.

■ Die *Grammaire progressive du français* ist als schrittweise Einführung in die französische Sprache konzipiert und bietet
• auf der linken Seite eine Grammatikeinheit:
– Das Lektionsthema wird in einem farbig unterlegten Kästchen durch leicht verständliche und typische Beispiele präsentiert.
– Die Regeln werden anschließend Punkt für Punkt erläutert und durch zahlreiche Beispiele illustriert.
– Hinweise zur Aussprache und Schreibweise ergänzen die Lektion.
• auf der rechten Seite Übungen zum jeweiligen Grammatikthema:
– Lektionsbezogene, aber auch übergreifende und freie Übungen ermöglichen die unmittelbare Anwendung des Gelernten.

Bei komplexeren Grammatikpunkten nehmen die Übungen bis zu drei Seiten ein. Dem Unterrichtenden ist dabei freigestellt, die Übungen je nach Bedarf zu variieren oder zu ergänzen. Wiederholungsübungen und *bilans* erlauben dem Lernenden eine kontinuierliche Überprüfung des Wissensstandes.

■ Die *Grammaire progressive du français* ist progressiv angelegt: Jeder Grammatikpunkt baut auf dem vorhergehenden auf. So wird beispielsweise die Angleichung nach Geschlecht und Zahl zuerst bei den Adjektiven behandelt, in den Übungen zu Verneinung und Frage wieder aufgegriffen und erscheint erneut im Zusammenhang mit den Berufsbezeichnungen, den Possessivbegleitern usw.

Der Lernprozeß vollzieht sich so durch die permanente Wiederholung und Erweiterung der Kenntnisse. Schwierigere Themen, wie z.B. die Fragestellung, die Verneinung oder die Pronomen, werden in bestimmten Kapiteln (wie den Verbzeiten) erneut aufgegriffen.

Komplexe Themenfelder wurden in kleinere, selbständige Einheiten unterteilt, wobei die Übungen der rechten Seiten stets auf die Grammatikeinheiten zugeschnitten sind. So wurden die Zeitangaben auf mehrere Lektionen verteilt (Lektion 14: Tag und Datum; Lektion 17: Dauer; Lektion 41: Beginn und zeitliche Abfolge).

Verweise innerhalb des Buches auf andere Lektionen sowie auf übergreifende Zusammenfassungen bieten dem Lernenden wie dem Unterrichtenden einen Querschnitt durch die großen Grammatikthemen der französischen Sprache. Ein ausführliches Stichwortverzeichnis, eine Konjugationstabelle sowie eine Liste mit Erklärungen der grammatischen Begriffe runden die *Grammaire progressive du français* ab.

Das vorliegende Buch läßt sich sowohl begleitend zu jedem Französischlehrwerk als auch unabhängig davon zur gezielten Bearbeitung einzelner Grammatikthemen einsetzen. Es eignet sich ebenfalls zum Selbststudium.

Das Lösungsheft zu den Übungen ist separat erhältlich.

AUFBAU

GRAMMATIKSEITE	ÜBUNGSSEITE
• Eingerahmte Beispielsätze zum Thema der Lektion • Einfache Erläuterungen mit zahlreichen Beispielen ⚠ • Hinweise auf Ausnahmen oder häufige Fehlerquellen ♪ • Regeln zur Aussprache und zur Schreibweise	• Je nach Komplexität des Lektionsthemas ein bis drei Seiten mit Übungen 1 • Übungen zur Anwendung des neu Erlernten, freie Anwendung, Texte, Chansons usw. 1 • Wiederholungsübungen zu den vorangehenden Lektionen • *Bilans* als zusammenfassende Übungen zum gesamten bisherigen Stoff

INHALT

1 DAS VERB *ÊTRE*

DAS VERB *ÊTRE* und DIE GRUNDFORMEN DES GESPRÄCHS

Je suis *français.*
Vous êtes *italien.*

Im Französischen geht dem Verb wie im Deutschen immer das Subjekt des Satzes voran. Das Subjekt kann ein Substantiv oder ein Pronomen sein.

■ *JE* und *VOUS* sind die im Gespräch am häufigsten verwendeten Pronomen (andere Pronomen vgl. S. 10).

Vous êtes *de Paris, Monsieur Ricard ?*
Non, ***je suis*** *de Marseille.*

■ NATIONALITÄTEN (vgl. Angleichung des Adjektivs S. 12)

Je suis	*anglais.*	*Vous êtes*	*espagnol.*
	allemand.		*américain.*
	grec.		*portugais.*
	japonais.		*russe.*
	brésilien.		*australien.*
	suédois.		*hollandais.*

■ *À, DE, CHEZ*

- *À* steht vor der Stadt, in der man ist:

Je suis ***à***	*Berlin.*
	Londres.
	Moscou.

- *De* steht vor der Stadt, aus der man stammt:

Je suis ***de***	*Rome.*
	Madrid.
	Lisbonne.

♪ • *De*+Vokal wird zu *d'*: *Je suis ~~de~~ Athènes.* → *Je suis* ***d'****Athènes.*

- *Chez* steht vor Personen:

Je suis ***chez***	*Pierre.*
	des amis.
	moi.

EXERCICES

1 **Complétez avec le verbe « être » et « je » ou « vous », selon le modèle.**

Je *suis* français. *Je suis* de Marseille.

1. Je ____ australien. ____ ____ de Sydney.
2. Vous ____ hollandais ? ____ ____ d'Amsterdam ?
3. Vous ____ en forme ! ____ ____ en vacances ?
4. Vous ____ Madame Dupuis ? ____ ____ mon professeur ?
5. Je ____ Monsieur Gomez. ____ ____ votre étudiant.
6. Je ________ espagnol. ________ ________ de Séville.

2 **Répondez aux questions au choix.**

– Vous êtes anglais ou américain, David ? –*Je suis américain.*

1. – Vous êtes espagnol ou portugais, Luis ? – ________________
2. – Vous êtes de Madrid ou de Barcelone, Carlos ? – ________________
3. – Vous êtes allemand ou suisse, Rolf ? – ________________
4. – L'été, vous êtes à Paros ou à Athènes, Stavros ? – ________________
5. – Vous êtes fatigué ou en forme, Paul ? – ________________

3 **Complétez le texte avec « à », « de », « chez ».**

Paul : – Je suis en vacances *à* Nice. Et vous, vous êtes ________ Nice pour travailler ?

Aldo : – Non, je suis en vacances ________ ma tante. Vous êtes ________ l'hôtel ou ________ des amis ?

Paul : – Je suis ________ un ami d'enfance, Philippe Leroux. Vous êtes ________ quelle ville, Aldo ?

Aldo : – Je suis ________ Naples. Mais je suis souvent ________ Rome pour mon travail.

Paul : – Moi, je suis ________ Lyon, mais je suis très souvent ________ Paris, pour mes affaires.

4 **Faites l'exercice selon le modèle.**

Nom	Nationalité	Ville d'origine	Adresse actuelle	
Per Olsen	Danois	Copenhague	Paris	(hôtel Bréa)
Bruno Maggi	Italien	Florence	Londres	(un ami)
Anne Briand	Belge	Bruxelles	New York	(Astoria Hotel)
Clément Monier	Français	Avignon	Marseille	(des cousins)

1. –*Je m'appelle Per. Je suis danois. Je suis de Copenhague. Actuellement, je suis à l'hôtel Bréa, à Paris.*
2. – ________________
3. – ________________
4. – ________________

5 **Répondez librement aux questions.**

1. – Vous êtes de Boston ? de Varsovie ? de Madrid ? – ________________
2. – Actuellement, vous êtes à Oslo ? à Londres ? à Vienne ? – ________________
3. – Vous êtes chez vous ? au bureau ? à l'université ? au lycée ? – ________________

DAS VERB *ÊTRE* und DIE SUBJEKTPRONOMEN

Je	***suis***	*italien.*
Tu	***es***	*américain.*
Il / ***Elle*** / ***On***	***est***	*à Paris.*
Nous	***sommes***	*en vacances.*
Vous	***êtes***	*de Madrid ?*
Ils / ***Elles***	***sont***	*de Londres.*

VOUS und *TU*

- *Vous* ist die Sie-Form des Französischen:

  Vous êtes *espagnol, Monsieur Sanchez ?*

- *Tu* ist die Du-Form des Französischen:

  Tu es *là, maman ?*

- Je nach Vertrautheit der Gesprächspartner kann bei Vornamen *vous* oder *tu* verwendet werden:

  Vous êtes *prêt, John ?* ***Tu es*** *prêt, Paul ?*

IL(S) und *ELLE(S)* beziehen sich auf eine Person oder einen Gegenstand:

Elle est *très belle, Isabelle Adjani.* ***Il est*** *très beau, Kevin Costner.*
Elle est *très belle, la tour Eiffel.* ***Il est*** *très beau, le musée d'Orsay.*

⚠ • *Elles* bezieht sich auf eine Gruppe, der ausschließlich feminine Personen/Substantive angehören, *ils* auf eine Gruppe, der nur maskuline oder maskuline und feminine Personen/Substantive angehören:

Paul, Marie, Cathy, Anne et Julie sont français : ***ils*** *sont de Nice.*

ON und *NOUS*

- *On* ersetzt in der Umgangssprache häufig *nous* [=wir]:

  Sylvie : – Marie et moi, nous sommes françaises : ***on*** *est de Nice.*

- *On* bedeutet auch *tout le monde* oder *les gens* [=man]:

  En France, ***on*** *est gourmand.*

♪ • Bei der Aussprache werden Verb und Pronomen zusammengezogen:

Vous‿êtes… – On‿est…
z n

EXERCICES

1 **Complétez les phrases avec le verbe « être ».**
Marie *est* belge.

1. Bill ______ américain.
2. Dimitri ______ grec.
3. Katia ______ russe.
4. Ann et Linda ______ irlandaises.
5. Peter et Jorg ______ allemands.
6. Je ______ célibataire.
7. Vous ______ marié, Patrick ?
8. Marc et moi, nous ______ en vacances.
9. – Vous ______ de Rome, Monsieur Moretti ?
10. – Tu ______ chez toi ce soir, Aline ?

2 **Complétez avec « tu » ou « vous ».**
– *Vous êtes* suisse, Madame ?

1. ______ ______ seule, Mademoiselle ?
2. ______ ______ français, Monsieur Dubois ?
3. ______ ______ là, papa ?
4. ______ ______ fatigué, mon chéri ?
5. ______ ______ prêt, Charles ?
6. ______ ______ de Prague, Madame ?

3 **Complétez les phrases avec « être » et les pronoms manquants.**
Marco *est* italien ? – Oui, *il est* de Florence.

1. – Alice ___ médecin ? – Non, ____ ____ architecte.
2. – Paul et John ____ anglais ? – Oui, ______ ______ de Liverpool.
3. – Nous ____ à Blois ? – Non, _____ _____ à Tours !
4. – Anne et Julie ____ là ? – Non, _____ _____ au lycée.
5. – Le café ____ chaud ? – Oui, _____ _____ chaud.
6. – La banque ___ ouverte ? – Oui, ____ ____ ouverte !
7. – Pierre, Sylvie et Nathalie __________ en Grèce ?
– Oui, _____ _____ à Corfou.

4 **Complétez avec « nous » ou « on » et avec « être ».**

Cannes, le 15/07/95

Chère Marie,

Jean et moi, ______ ______ à Cannes. Depuis 10 heures, ______ ______ sur la plage. Comme ______ ______ bien au soleil ! ______ ______ en pleine forme. Mais c'est normal, n'est-ce pas, quand ______ ______ en vacances !

À bientôt,
Grosses bises, Léa.

5 **Répondez aux questions à partir du texte.**

– Allô ? Danièle ? C'est Martine. Je suis à Paris avec Jean et nos trois filles. Nous sommes à l'hôtel « Saint-Michel ». Tu es libre aujourd'hui ?
– Non ! Quel dommage, je suis occupée toute la journée. Je suis à Versailles, chez un client. Vous êtes à Paris pour combien de temps ?
– Nous sommes ici pour une semaine. Les filles sont en vacances : leur lycée est fermé pour travaux.

1. – Martine et Jean sont à Aix ? – ______________________
2. – Danièle est libre ou occupée aujourd'hui ? – ______________________
3. – Martine et Jean sont chez des amis ? – ______________________
4. – Danièle est à Paris aujourd'hui ? – ______________________
5. – Les filles sont au lycée ou en vacances ? – ______________________

2 DAS ADJEKTIV (1)

Anders als im Deutschen hängt das Adjektiv im Französischen in seiner Form von dem Substantiv oder Pronomen ab, auf das es sich bezieht: es ist wie sein Bezugswort maskulin (mask.) oder feminin (fem.), es steht im Singular (Sg.) oder Plural (Pl.).

MASKULINUM und FEMININUM

Paul est grand et blond.
*Anne est grand**e** et blond**e**.*

- Im allgemeinen bildet man das Femininum eines Adjektives durch das Anhängen eines *-e* an die maskuline Form:

Paul est grand.	*Anne est grand**e**.*
Alain est marié.	*Marie est marié**e**.*
Marc est original.	*Cathy est original**e**.*

• Endet das Maskulinum auf *-e* (ohne Akzent), bleibt das Femininum unverändert:

André est suisse.	*Annie est suisse.*

♪ • Endet das Maskulinum mit einem stummen Konsonanten (häufig bei t, d, s), wird dieser Konsonant im Femininum wegen des angehängten *-e* gesprochen:

François est grand, blond et intelligent.
*Françoise est gran**d**e, blon**d**e et intelligen**t**e.*

- Endet das Maskulinum auf Vokal+Konsonant, verdoppelt sich der Konsonant im Femininum in einigen Fällen:

*Giorgio est itali**en**.*	*Bruna est itali**enne**.*
*Fabien est mign**on**.*	*Élodie est mign**onne**.*
*Alain est ponctu**el**.*	*Corinne est ponctu**elle**.*

- In folgenden Fällen ändert sich der Endkonsonant im Femininum ganz:

*Marc est sporti**f**.*	***- f** → **- ve***	*Cathy est sporti**ve**.*
*Paul est sérieu**x**.*	***- x** → **- se***	*Marie est sérieu**se**.*
*Fabien est rêv**eur**.*	***- eur** → **- euse***	*Élodie est rêv**euse**.*
*Marc est men**teur**.*	***- teur** → **- teuse***	*Marie est men**teuse**.*

⚠ Gelegentlich wird *-teur* → *-trice*: *calculateur, calculatrice*.

- Sonderfälle:

beau/belle nouveau/nouvelle faux/fausse doux/douce roux/rousse jaloux/jalouse gentil/gentille vieux/vieille gros/grosse bas/basse fou/folle long/longue frais/fraîche sec/sèche blanc/blanche grec/grecque meilleur/meilleure

EXERCICES

1 **Mettez au féminin, selon le modèle.**
Michael est anglais. Cathy *est anglaise.*

1. Franz est allemand.
   Petra ____________________
2. Mon père est français.
   Ma mère ____________________
3. Mon frère est grand.
   Ma sœur ____________________
4. Mon oncle est blond.
   Ma tante ____________________
5. Le petit garçon est content.
   La petite fille ____________________
6. Monsieur Charlus est élégant.
   Madame Charlus ____________________
7. Paul est intelligent.
   Alice ____________________
8. Le mari de Zoé est sympathique.
   La femme de Max ____________________

2 **Mettez au féminin, selon le modèle.**
Monsieur Daudet est agréable et charmant. Madame Daudet *est agréable et charmante.*

1. Axel est jeune et timide. Joanna ____________________
2. Steve est créatif et original. Nancy ____________________
3. Le père de Kevin est blond et frisé. La mère de Kevin ____________________
4. Le frère de Laure est grand et bronzé. La sœur de Laure ____________________
5. Le concierge est paresseux et agressif. La concierge ____________________
6. L'infirmier est gentil et compétent. L'infirmière ____________________
7. Le boulanger est souriant et bavard. La boulangère ____________________
8. Le serveur est mignon et sympathique. La serveuse ____________________

3 **Mettez au féminin, selon le modèle.**
Un café chaud et une soupe *chaude.*

1. Un sac neuf et une valise ____________
2. Un pull bleu et une veste ____________
3. Un tapis ancien et une armoire ____________
4. Un exercice difficile et une leçon ____________
5. Un poisson frais et une viande ____________
6. Un test idiot et une réponse ____________
7. Un chapeau blanc et une robe ____________
8. Un virage dangereux et une route ____________

4 **Attribuez un genre aux adjectifs suivants selon le modèle.**
gentille gros folle stupide longue
bas intéressant chaud simple

Masculin	Féminin
bas	____________
____________	____________
____________	____________
____________	____________
____________	____________
____________	____________

5 **Mettez le texte au masculin.**
Mona est canadienne. Elle est grande, brune et sportive. Elle est belle (mais un peu superficielle).

Alain ____

SINGULAR und PLURAL

*Paul et Marc sont blond**s**. Anne et Marie sont blonde**s**.*

- Im allgemeinen wird der Plural der Adjektive durch Anhängen eines *-s* gebildet:

Paul est grand.	*Paul et Marc sont grand**s**.*
Anne est grande.	*Anne et Marie sont grande**s**.*

- Endet ein Adjektiv im Maskulinum Singular auf *-s* oder *-x*, bleibt es im Maskulinum Plural unverändert:

Jean est français.	*Alain et Pierre sont français.*
Daniel est roux.	*Daniel et Jules sont roux.*
Marcel est vieux.	*Marcel et Ernest sont vieux.*

- Adjektive auf *-al* enden im Maskulinum Plural auf *-aux*:

*Max est origin**al**.*	*Max et Léo sont origin**aux**.*
*un plat région**al***	*des plats région**aux***

Ausnahmen:

banal/banals *fatal/fatals* *naval/navals*

- Die Adjektive auf *-eau* bilden den Plural auf *-eaux*:

*Jean est b**eau**.*	*Jean et Jules sont b**eaux**.*
*le nouv**eau** magasin*	*les nouv**eaux** magasins*

- Im Femininum ist die Pluralbildung regelmäßig:

Paule est belle.	*Claire et Paule sont belle**s**.*
Ada est originale.	*Ada et Charlotte sont originale**s**.*

⚠ • Adjektive, die sich auf maskuline und feminine Substantive beziehen, erhalten die Form des Maskulinums Plural:

*Paul, Anne et Marie sont blond**s**.*
*Jean, Paule, Claire et Ada sont b**eaux**.*

- Adjektivisch gebrauchte Substantive zur Angabe einer Farbe sind unveränderlich:

un pull marron	*une veste marron*	*des vestes marron*	*(un marron)*
un pull orange	*une veste orange*	*des vestes orange*	*(une orange)*

EXERCICES

1 **Mettez au pluriel, selon le modèle.**
– Pierre est sympathique. Pierre et Alain *sont sympathiques.*

1. – Stephan est très réservé. William et Stephan ______
2. – Arthur est petit et mince. Philippe et Bruno ______
3. – Le père de Jim est roux. Les parents de Jim ______
4. – Le ciel est bleu. La mer et le ciel ______
5. – Julien est sentimental. Fabrice et Julien ______
6. – Carl est original. Carl et Gustave ______
7. – Jules est amoureux. Jules et Jim ______
8. – Marcello est jaloux. Marcello et Alberto ______

2 **Mettez au pluriel selon le modèle.**
– Michel est intelligent et sa femme aussi.
– *Oui, ils sont très intelligents tous les deux.*

1. – Solal est beau et Ariane aussi. – ______
2. – Paul est enrhumé et Julie aussi. – ______
3. – David est gentil et Luca aussi. – ______
4. – Antoine est très matinal et Adrian aussi. – ______
5. – Éric est sportif et Jacques aussi. – ______

3 **Mettez les phrases au féminin pluriel, selon le modèle.**
Le sac est lourd. Et les valises ? *Elles sont aussi très lourdes.*

1. L'ananas est mûr. Et les bananes ? *Elles* ______
2. Le petit garçon est éveillé. Et les petites filles ? *Elles* ______
3. Pierre est sérieux. Et ses sœurs ? *Elles* ______
4. Le riz est salé. Et les frites ? *Elles* ______
5. Ce tableau de Miró est très beau. Et ces sculptures ? *Elles* ______

4 **Mettez au pluriel.**

1. Un pull marron. *Des* ______
2. Un plat régional. ______
3. Un poisson grillé. ______
4. Un homme rêveur. ______
5. Un stylo neuf. ______
6. Une cravate bleue. *Des* ______
7. Une spécialité régionale. ______
8. Une viande grillée. ______
9. Une femme rêveuse. ______
10. Un chemisier orange. ______

DIE ANGLEICHUNG des ADJEKTIVS an PRONOMEN

*Vous êtes prêt**e**, Marie ? Vous êtes prêt**s**, Messieurs ?*
*– Oui, on est prêt**s** !*

Die Form des Adjektivs richtet sich in Geschlecht und Zahl nach den Personen, die durch das Pronomen bezeichnet werden.

JE, TU und *VOUS*

- *Je*, *tu* und *vous* [=Sie-Form]: Adjektiv im Maskulinum Singular oder Femininum Singular:

  Vous êtes allemand, Monsieur Meyer ?
  – Non, je suis autrichien.

  *Vous êtes allemand**e**, Madame Meyer ?*
  *– Non, je suis autrich**ienne.***

  Tu es très belle, Marie !
  – Tu es très beau, Paul !

- *Vous* [=ihr]: Adjektiv im Maskulinum Plural oder Femininum Plural:

  *Vous êtes prêt**s,** les garçons ?*
  *Vous êtes prêt**es,** les filles ?*
  *Vous êtes prêt**s,** les enfants ?*

ON und *NOUS*

- *On* = *nous*: Adjektiv im Maskulinum Plural oder Femininum Plural:

  *Ugo : – Dino et moi, on est italien**s.***
  *Ugo : – Dino et moi, on est des frères jum**eaux.***

  *Sylvie : – Marie et moi, on est française**s.***
  *Sylvie : – Marie et moi, on est des sœurs jum**elles.***

  *Sylvie : – Dino, Marie et moi, on est blond**s.***

- *On* = *tout le monde* oder *les gens* [=man]: Adjektiv im Maskulinum Singular:

  On est humain, on est imparfait…
  En Italie, on est amateur de football.

- *On* = un *homme/une femme*: Adjektiv im Maskulinum Singular oder Femininum Singular:

  Quand on est jeune, on est impatient.
  *Quand on est sporti**ve,** on est muscl**ée.***

EXERCICES

1 **Mettez les accords manquants.**
Vous êtes pressé*e*, Madame Doinel ?

1. Tu es prêt________, Valérie ?
2. Anne, Cathy, vous êtes marié________ ?
3. Eduardo et moi, on est napolitain________.
4. Olga : – Elsa et moi, on est polonais________.
5. Vous êtes satisfait________, Messieurs ?
6. Vous êtes seul________, Annie ?
7. Mes frères et moi, on est tous blond________.
8. Vous êtes américain________, Mesdames ?
9. Cathy : – Linda et moi, on est irlandais________.
10. Tu es fatigué________, maman ?

2 **Complétez les phrases avec le verbe « être » et les adjectifs accordés, selon le modèle.**
– Vous êtes suédois, Ingmar ? – Oui, *je suis* suédois.
– Et vous, Ingrid, vous *êtes suédoise* également ?

1. – Vous êtes étudiant, Marc ? – Non, ________________________ lycéen.
   – Et vous, Anne et Suzy, vous ________________________ également ?
2. – Vous êtes célibataire ou marié, Jean ? – ________________________ marié.
   – Et vous, Cathy, vous ________________________ également ?
3. – En général, vous êtes réservé ou bavard, Martin ? – En général, ________________ réservé.
   – Et vous, Julie et Nadia ? – Oh, nous, on ________________________ !
4. – Vous êtes optimiste ou pessimiste, Veronica ? – ________________________.
   – Et vous, John, vous ________________________ également ?
5. – Vous êtes calme ou nerveux avant un examen, Leo ? – En général,________________________.
   – Et vous, Paul et Marie ? Nous, on ________________________.

3 **Mettez les accords manquants.**

Pierre est anglais________, Maria et Julia sont espagnol________, Adriana et Livia sont italien________, Olga et Katia sont russe________, et moi, Carole, je suis français ________ : on est tous européen________ !
Quand on est européen________, on est en même temps très semblable________ et très différent________, par les langues, les cultures, les habitudes.
Nous, on est ami________ depuis très longtemps et on est content________ de découvrir tant de choses nouvelles et (si drôles parfois) quand on parle ensemble !

3 VERNEINUNG UND FRAGESTELLUNG (1)

*Vous **n'**êtes **pas** de Paris ?*
*Non, je **ne** suis **pas** de Paris.*

DIE VERNEINUNG bildet man im Französischen mit *ne*+Verb+*pas*:

*Je **ne** suis **pas** en vacances.*
*Nous **ne** sommes **pas** en juillet.*

♪ • Vor Vokal wird *ne* zu *n'*:
Vous ~~ne~~ êtes pas fatigué ? → *Vous **n'**êtes pas fatigué ?*

DIE EINFACHE FRAGE (Antwort: „Ja" oder „Nein") wird gebildet:

- durch steigende Intonation – häufigste und einfachste Frageform der gesprochenen Sprache:
  Patrick est irlandais ? ↗ *Oui, il est irlandais.* ↘
- durch *Est-ce que* am Satzanfang – eindeutig als Frage gekennzeichnet:
  ***Est-ce que** Patrick est au bureau ?*
- durch Inversion von Verb und Subjektpronomen – vor allem bei *vous* [=Sie]:
  ***Êtes-vous** de Dublin ?*
- durch Wiederaufnahme des Subjekts durch ein Pronomen - sehr förmlich:
  *Patrick est-**il** irlandais ?* *L'explication est-**elle** claire ?*

DIE ANTWORT

- *Oui* [=ja] bejaht eine Frage:
  *Vous êtes marié ? – **Oui**, je suis marié.*
- *Non* [=nein] verneint eine Frage:
  *Tu travailles le samedi ? – **Non**.*
- *Moi aussi* [=ich auch] greift eine positive Aussage auf:
  *Caroline est de Lyon. – **Moi aussi**.*
- *Si* [=doch] bejaht eine verneinte Frage:
  *Vous n'êtes pas marié ? – **Si**, je suis marié.*
- *Pas* [=nicht] verneint einen Satzteil und steht ohne Verb:
  *Tu travailles le samedi ? – **Pas** tous les samedis.*
- *Moi non plus* [=ich auch nicht] greift eine negative Aussage auf:
  *Pierre n'est pas marié. – **Moi non plus**.*

EXERCICES

1 **Répondez négativement selon le modèle.**
– Vous êtes pressé, Monsieur Dubois ? – Non, *je ne suis pas pressé.*

1. – Vous êtes professeur de français, Paul ?
   – Non, ______
2. – Vous êtes à Paris dimanche, Martine et Jean ?
   – Non, ______
3. – Vous êtes fâché, Pierre ?
   – Non, ______
4. – L'exercice est difficile ?
   – Non, ______
5. – Vos voisins sont bruyants ?
   – Non, ______
6. – Les étudiants sont dans la salle ?
   – Non, ______
7. – Les employés sont en grève ?
   – Non, ______
8. – Le musée est ouvert aujourd'hui ?
   – Non, ______
9. – Vous êtes au Lutetia, Messieurs ?
   – Non, ______
10. – La secrétaire est française ?
   – Non, ______

2 **Répondez avec « moi aussi » ou « moi non plus », selon le modèle.**
– Je ne suis pas d'accord avec Jo, et toi ?
–*Moi non plus !*

1. – Je suis passionné de ski, et vous ? – ______
2. – Je ne suis pas sportif, et vous ? – ______
3. – Je ne suis pas prêt pour l'examen, et toi ? – ______
4. – Je suis à Paris à Noël, et vous ? – ______
5. – Je ne suis pas marié, et vous ? – ______

3 **Répondez par « si », « non » ou « pas ».**

1. – Vous êtes ici avec votre femme ?
   – ______ avec ma femme, avec ma fille.
2. – Vous êtes à Paris en juillet ?
   – ______ nous sommes à Rome.
3. – Vous êtes ici pour faire du tourisme ?
   – ______ pour faire du tourisme : pour travailler !
4. – Vous n'êtes pas fatigués ?
   – ______ nous sommes très fatigués.

4 **Répondez en utilisant la forme interrogative, selon le modèle :**
– Vous êtes en forme aujourd'hui, John ?
– Oui, *et vous, est-ce que vous êtes en forme ?*

1. – Vous êtes en vacances, Madame Simon ?
   – Oui, ______
2. – Vous êtes sportif, Peter ?
   – Oui, ______
3. – Vous êtes libre samedi, Caroline ?
   – Oui, ______
4. – Vous êtes au bureau demain, Élisabeth ?
   – Oui, ______

EXERCICES

1 **Répondez négativement, selon le modèle.**

– Est-ce que Paul est là ? – *Non, il n'est pas là.*

1. – Je suis bien au 43 25 50 50 ? – Non, vous ____________
2. – Ce pull est en laine ? – Non, il ____________
3. – Je suis trop grosse, Paul ? – Mais non, tu ____________
4. – Vous êtes en colère, Monsieur Valois ? – Non, je ____________
5. – Nous sommes en retard, maman ? – Non, nous ____________

2 **Posez des questions compatibles avec les réponses, selon le modèle.**

– *Est-ce que Laura est italienne ?* – Non, elle est française.

1. – ____________
   – Oui, je suis de Chicago.
2. – ____________
   – Si, elle est là.
3. – ____________
   – Non, nous sommes le 25.
4. – ____________
   – Non, elle est fermée.
5. – ____________
   – Non, je ne suis pas pressé.
6. – ____________
   – Oui, nous sommes en vacances.
7. – ____________
   – Oui, l'ascenseur est en panne.
8. – ____________
   – Non, ils ne sont pas à Paris.

3 **Utilisez la forme négative, selon le modèle.**

Les pâtes sont cuites, mais la viande *n'est pas cuite.*

1. La salade est prête, mais le repas ____________
2. Le restaurant est cher, mais la pizzeria ____________
3. Paula est grande, mais son père et sa mère ____________
4. Les émissions scientifiques sont passionnantes, mais les débats ____________
5. Les moteurs à essence sont polluants mais les moteurs électriques ____________

4 **Posez une question négative et donnez une réponse affirmative, selon le modèle.**

– Je suis surpris(e) par le prix des logements, *et vous, vous n'êtes pas surpris(e) ?*
– *Si, je suis surpris(e), moi aussi.*

1. – Je suis déçu(e) par les décisions du gouvernement, ____________
   – ____________
2. – Je suis agacé(e) par l'attitude des journalistes, ____________
   – ____________

EXERCICES

1 **Selon le modèle, attribuez à chaque signe du zodiaque trois ou quatre adjectifs que vous pouvez choisir dans la liste ci-dessous.**

Timide - Courageux - Paresseux - Romantique - Naïf - Mystérieux - Ambitieux - Égoïste - Passif - Mondain - Impatient - Agressif - Autoritaire - Discret - Généreux - Changeant - Têtu - Fidèle - Lent - Froid - Chaleureux - Sensible - Indépendant - Désordonné - Tolérant.

Les hommes « Bélier » *sont dynamiques et généreux, mais ils ne sont pas tolérants.*

Les femmes « Bélier » *sont dynamiques et généreuses, mais elles ne sont pas tolérantes.*

Les hommes et les femmes « Bélier » *sont dynamiques et généreux mais ils ne sont pas tolérants.*

BÉLIER (21-3/21-4)	TAUREAU (22-4/21-5)	GÉMEAUX (22-5/21-6)
CANCER (22-6/21-7)	LION (22-7/21-8)	VIERGE (22-8/21-9)
BALANCE (22-9/21-10)	SCORPION (22-10/21-11)	SAGITTAIRE (22-11/21-12)
CAPRICORNE (22-12/21-1)	VERSEAU (22-1/19-2)	POISSONS (20-2/20-3)

2 **Décrivez-vous selon le modèle.**

Je suis français. Je suis célibataire. Je ne suis pas grand. Je suis informaticien.
Je suis assez réservé. Je suis passionné de musique classique. Je ne suis pas sportif...

3 **Sur le même modèle, décrivez un membre de votre famille (un homme, puis une femme).**

4 **Sur le même modèle, décrivez l'homme ou la femme idéale.**

4 SUBSTANTIV UND ARTIKEL

Im Französischen gibt es anders als im Deutschen nur maskuline oder feminine Substantive und kein Neutrum. Die Substantive stehen im Singular oder Plural und werden gewöhnlich von einem bestimmten oder unbestimmten Artikel begleitet (vgl. S. 28).

***La** Suède et **la** Norvège sont **des** pays voisins.*

DAS SUBSTANTIV: MASKULINUM und FEMININUM bei PERSONENBEZEICHNUNGEN

***Un étudiant** anglais parle avec **une étudiante** anglaise.*
***Le garçon** est blond et **la fille** est brune.*

■ Bei Substantiven, die **PERSONEN** bezeichnen, hat das Substantiv dasselbe Geschlecht wie die Person selbst:

un étudiant	*une étudiante*

- Wie beim Adjektiv wird auch beim Substantiv das Femininum in der Regel durch Anhängen eines *-e* an die maskuline Form gebildet:

un étudiant chinois	*une étudiant**e** chinoise*
un ami adoré	*une ami**e** adorée*

- Gelegentlich ändert sich auch die gesamte Endung des Wortes (vgl. S. 12):

*un musici**en** italien*	*une musici**enne** italienne*
*un champi**on** breton*	*une champi**onne** bretonne*
*un vend**eur** travailleur*	*une vend**euse** travailleuse*
*un chan**teur** prometteur*	*une chan**teuse** prometteuse*
*un ac**teur** séducteur*	*une ac**trice** séductrice*

- Endet das Maskulinum auf *-e* , bleibt die feminine Form gewöhnlich unverändert:

un concierge	*une concierge*

⚠ • *Madame, Mademoiselle, Monsieur* (Anrede) werden ohne Artikel verwendet. (Berufsbezeichnungen vgl. S. 32, Verwandtschaftsbezeichnungen vgl. S. 36, Städte- und Ländernamen vgl. S. 42)

■ Sonderfälle:

un garçon, un fils/une fille	*un copain/une copine*
un homme, un mari/une femme	*un roi/une reine*
un monsieur/une dame	*un prince/une princesse*

EXERCICES

1 **Complétez selon le modèle.**
Un étudiant chinois et *une étudiante chinoise.*

1. Un monsieur seul et ______
2. Un homme élancé et ______
3. Un chanteur grec et ______
4. Un garçon sportif et ______
5. Un joli garçon et ______
6. Un chat roux et ______
7. Un mari jaloux et ______
8. Un serveur rêveur et ______

2 **Complétez les phrases suivantes selon le modèle.**
Marc est un directeur compétent. Michèle *est une directrice compétente.*

1. Monsieur Yamoto est un client important. Madame Lauder ______
2. Gérard est un acteur français. Sophie ______
3. Carlos est un chanteur cubain. Celia ______
4. Paolo est un champion de ski italien. Anna ______

3 **Complétez les phrases suivantes.**

1. Yves Montand est un chanteur français très célèbre.
   Édith Piaf ______
2. Yannick Noah est un sportif émotif.
   Surya Bonnaly ______
3. Monsieur Leroy est un électeur conservateur.
   Madame Leroy ______
4. Jean-Paul Goude est un créatif imaginatif.
   Zoé ______

4 **Mettez tout le texte au féminin.**

J'ai un fils adolescent,	*J'ai une fille adolescente.*
un mari toujours absent,	______
un voisin envahissant,	______
un beau-père exaspérant,	______
un copain américain,	______
un chien végétarien,	______
un arrière-grand-père normand	______
et un cousin germain allemand !	______

DAS SUBSTANTIV: MASKULINUM und FEMININUM bei SACHBEGRIFFEN

un livre	***une table***
un problème	***une solution***

■ Für das Geschlecht von **SACHBEGRIFFEN** gibt es keine Regeln:

un placard *une armoire*
un jour *une heure*

- Wortendungen können jedoch das Geschlecht anzeigen:

Maskulinum sind Wörter auf:

-age	*le garage, le fromage, le ménage…* (Außer: *la plage, la cage, la rage, la nage, l'image, la page)*
-ment	*le gouvernement, le monument, le médicament…*
-eau	*le bureau, le couteau, le carreau…*
-phone	*le téléphone, le magnétophone…*
-scope	*le microscope, le télescope…*
-isme	*le réalisme, le socialisme…*

Femininum sind Wörter auf:

-tion	*la situation, la solution, la réalisation…*
-sion	*la décision, la télévision…*
-té	*la société, la réalité, la bonté, la beauté…* (Außer: *le côté, l'été, le comité, le député, le pâté)*
-ette	*la bicyclette, la trompette, la disquette…*
-ance	*la connaissance, la dépendance, la ressemblance…*
-ence	*la référence, la permanence, la différence…*
-ure	*la culture, la peinture, la nourriture…*
-ode/-ade/-ude	*la méthode, la salade, la certitude…*

⚠ • Folgende Begriffe, die im Deutschen Femininum oder Neutrum sind, sind im Französischen Maskulinum:

un problème un système un programme un volume un modèle
un groupe un domaine un parti un vase

Die feminine Form der **TIERBEZEICHNUNGEN** ist ganz unregelmäßig:

le chat/la chatte le chien/la chienne le coq/la poule
le bœuf, le taureau/la vache

EXERCICES

1 Complétez avec « un » ou « une ».
Une création mondiale.

1. _______ voiture performante.
2. _______ situation gênante.
3. _______ événement important.
4. _______ attitude prudente.
5. _______ dosage précis.
6. _______ médicament dangereux.
7. _______ sculpture originale.
8. _______ fromage piquant.
9. _______ beauté éclatante.
10. _______ voyage intéressant.
11. _______ équipement complet.
12. _______ traduction précise.
13. _______ émotion forte.
14. _______ société imparfaite.
15. _______ téléphone digital.
16. _______ problème permanent.

2 Complétez avec « un » ou « une ».
Un homme, *une* femme.

_____ garçon, _____ dame, _____ garage, _____ homme, _____ lionne, _____ pharmacienne, _____ étudiante, _____ musicien, _____ assiette, _____ fourchette, _____ chienne, _____ monsieur, _____ téléphone, _____ bicyclette, _____ fromage, _____ télévision, _____ sculpture, _____ télescope, _____ nuage, _____ baguette, _____ image, _____ balance, _____ bâtiment, _____ voiture, _____ bateau, _____ aventure.

3 Complétez avec « le » ou « la ».

_____ société, _____ solution, _____ santé, _____ nature, _____ solidarité, _____ modèle, _____ sondage, _____ réalité, _____ publicité, _____ caution, _____ confiance, _____ culture, _____ nettoyage, _____ voyage, _____ gouvernement, _____ différence, _____ courage, _____ révolution, _____ conversation, _____ rangement, _____ jardinage, _____ cage, _____ pâté, _____ romantisme, _____ référence.

4 Complétez avec « le » ou « la ».
Le téléphone est sur *la* commode.

1. _______ maisonnette est sur _______ plage près de _______ pension Beausoleil.
2. _______ problème est à _______ page 8 et _______ solution à _______ page 10.
3. _______ poussette et _______ bicyclette sont dans _______ garage.
4. _______ Caméscope est sur _______ moquette, sous _______ télévision !
5. _______ nourriture des bébés est importante dès _______ naissance.
6. _______ fiction est souvent plus banale que _______ réalité.
7. Marcher dans _______ nature est très bon pour _______ santé.

DAS SUBSTANTIV: SINGULAR und PLURAL

un étudiant espagnol	*des étudiant**s** espagnol**s***
une étudiante espagnole	*des étudiante**s** espagnole**s***

- Der Plural wird beim Substantiv wie beim Adjektiv in der Regel durch Anhängen eines *-s* gebildet.

  - Endet ein Substantiv im Singular auf *-s*, *-x* oder *-z*, bleibt es im Plural unverändert:

un cas précis	*des cas précis*
un choix malheureux	*des choix malheureux*
un gaz dangereux	*des gaz dangereux*

  - Endet ein Substantiv im Singular auf *-al* oder *-au*, wird der Plural auf *-aux* gebildet:

*un journ**al** original*	*des journ**aux** originaux*
*un table**au** génial*	*des table**aux** géniaux*

Ausnahme:

un carnaval banal	*des carnavals banals*
un bal fatal	*des bals fatals*

  - Endet ein Substantiv auf *-eu,* endet die Pluralform auf *-eux*:

*un chev**eu***	*des chev**eux***
*un **jeu***	*des **jeux***

Ausnahme:

un pneu	*des pneu**s***

  - Einige Substantive auf *-ou* bilden den Plural auf *-oux*:

*des bij**oux***   *des caill**oux***   *des gen**oux***   *des ch**oux***

- Sonderfälle:

un œil/des yeux	*Madame/Mesdames*
Monsieur/Messieurs	*Mademoiselle/Mesdemoiselles*

  - Bei folgenden Substantiven wird das *-f* nur im Singular gesprochen und bleibt im Plural stumm:

un œuf/des œu~~fs~~	*un bœuf/des bœu~~fs~~*

EXERCICES

1 **Mettez les noms et les adjectifs au pluriel.**
Une pomme verte, *des pommes vertes* ; une chemise propre, *des chemises propres.*

1. Un costume noir, ____________________
2. Une rose rouge, ____________________
3. Un organisme international, ____________________
4. Un homme précis, ____________________
5. Un métal précieux, ____________________
6. Un journal espagnol, ____________________
7. Un bas gris, ____________________
8. Un comportement anormal, ____________________
9. Un jeu dangereux, ____________________
10. Un tableau original, ____________________

2 **Mettez les noms et les adjectifs au pluriel.**
Un voisin amical, *des voisins amicaux.*

1. Un cheveu blond, ____________________
2. Un caillou bleu, ____________________
3. Un bureau spacieux, ____________________
4. Un monsieur poli, ____________________
5. Un noyau très dur, ____________________
6. Un œil noir, ____________________
7. Un œuf dur, ____________________
8. Un couteau pointu, ____________________
9. Un cours intéressant, ____________________
10. Un bœuf normand, ____________________

3 **Mettez les phrases au pluriel.**
L'homme est un animal très spécial. *Les hommes sont des animaux très spéciaux.*

1. Le saphir est un bijou merveilleux. ____________________
2. La rose est une fleur ornementale. ____________________
3. Le chien est un animal amical. ____________________
4. Le chou est un légume indigeste. ____________________
5. Le zèbre est un cheval sauvage. ____________________

4 **Mettez les phrases au pluriel.**
Prost est un pilote de Formule 1 très connu.
Senna et Lauda *sont des pilotes de Formule 1 très connus.*

1. Platini est un footballeur international.
   Gullit et Van Basten ____________________
2. Yves Saint-Laurent est un styliste contemporain.
   Chanel et Cardin ____________________
3. Luciano Pavarotti est un chanteur d'opéra.
   Ruggero Raimondi et Jose Carreras ____________________

DER ARTIKEL

> ***La** tour Eiffel est **une** tour immense.*
> ***Les** hommes sont **des** bipèdes particuliers.*

Der Artikel ist maskulin oder feminin, bestimmt oder unbestimmt und steht im Singular oder Plural:

	bestimmt		unbestimmt	
Mask. Sg.	***le***	*garçon*	***un***	*garçon*
Fem. Sg.	***la***	*fille*	***une***	*fille*
Mask. Pl. und Fem. Pl.	***les***	*enfants*	***des***	*enfants*

■ **DER BESTIMMTE ARTIKEL** bezeichnet eine ganz bestimmte Sache oder Person:

***la** tour Eiffel* ***le** boulanger de ma rue*

- Er kann auch eine abstrakte Allgemeinheit bezeichnen:

***l'**amour* ***la** santé* ***l'**homme* ***l'**animal*

■ **DER UNBESTIMMTE ARTIKEL** bezeichnet die allgemeine Zugehörigkeit einer Person oder Sache zu einer Gruppe:

***une** tour moderne* ***un** boulanger*

- *Un/une* kann auch die Anzahl bezeichnen:

*J'ai **un** chat siamois (et deux dalmatiens).*

■ **AUSSPRACHEREGELN** für den bestimmten und den unbestimmten Artikel

♪ • Beginnt ein Wort mit Vokal oder „stummem h", wird *le/la* zu *l'*:

~~le~~ aéroport → *l'aéroport* *~~la~~ heure* → *l'heure* Aber: *le / **h**asard*

♪ • In der Aussprache werden Artikel und Substantiv außer bei „aspiriertem h" zusammengezogen:

*u**n** enfant* (n) *le**s** étudiants* (z) *de**s** hommes* (z) Aber: *les / **H**ollandais*

- *Le* und *les* verschmelzen mit *à* und *de*:

~~à le~~ → *un gâteau **au** chocolat* *~~à les~~* → *un croissant **aux** amandes*
~~de le~~ → *le livre **du** professeur* *~~de les~~* → *le livre **des** étudiants*

- *À la, à l', de la* und *de l'* bleiben unverändert erhalten:

*une boisson **à la** menthe et **à l'**anis* *le goût **de la** vie et **de l'**aventure*

(Vgl. den Teilungsartikel S. 82, zur Verneinung vgl. S. 48)

EXERCICES

1 **Complétez avec un article défini ou indéfini.**

La tour de Pise est *une* tour du XIIe siècle.

1. ________ voiture de Pierre est dans ________ rue Jacob. - **2.** ________ pyramide du Louvre est ________ grande pyramide de verre. - **3.** ________ riz est ________ aliment complet. - **4.** ________ hommes et ________ femmes sont ________ êtres complexes. - **5.** ________ roses sont ________ fleurs merveilleuses. - **6.** ________ tolérance est ________ qualité très rare. - **7.** ________ automne est ________ saison romantique. - **8.** Chaque fois que je suis à Paris, j'achète ________ tour Eiffel pour mon neveu.

2 **Complétez avec un article défini ou indéfini (avec élision si nécessaire).**

Pour *le* gouvernement, *le* chômage est *le* problème numéro un.

1. Selon moi, ________ téléphone est ________ invention diabolique ! - **2.** À Paris, ________ stationnement est ________ problème permanent. - **3.** Ce soir, il y a ________ émission passionnante à ________ télévision. - **4.** ________ amitié et ________ amour sont ________ sentiments très forts. - **5.** Quelle est ________ hauteur de ________ tour Eiffel ? - **6.** Est-ce que ________ auteur des *Noces de Figaro* est Beaumarchais ?

3 **Faites des phrases avec « près de » en contractant ou non les articles, selon le modèle.**

Le Louvre	Le Palais-Royal	La Comédie-Française	Le jardin des Tuileries
Le musée d'Orsay	Les Invalides	Le Grand Palais	Le Petit Palais
Le Printemps	Les Galeries Lafayette	L'Opéra	La Madeleine

1. *Le Louvre est près du Palais-Royal, près de la Comédie-Française, près du jardin des Tuileries.*
2. ____________________
3. ____________________

4 **Complétez avec les articles manquants.**

Je suis *au* restaurant. Je mange une quiche ________ fromage et un gâteau ________ chocolat. La pâte ________ quiche est très légère mais le goût ________ fromage est un peu fort. Le gâteau ________ chocolat et ________ amandes est une merveille : c'est une spécialité ________ chef !

5 **Complétez les phrases avec les articles manquants.**

*L'*appartement de Chloé est vraiment ________ appartement extraordinaire : ________ éclairage ________ couloir est vert fluorescent. ________ milieu ________ salon, il y a ________ petit lac. ________ eau ________ lac est chaude en hiver et froide en été. Le plafond ________ salle de bains est ouvert sur ________ étoiles. ________ placards ________ cuisine sont transparents. ________ lit ________ fils de Chloé est ________ grand hamac pendu aux branches d'un arbre. ________ hamac est en soie jaune d'or, ________ arbre est ________ véritable palmier. Tout est parfait à mon avis, sauf ________ couleur beige ________ moquette !

5 *C'EST* UND *IL EST*

DIE IDENTIFIZIERUNG und VORSTELLUNG von PERSONEN und SACHEN

C'est *Kim et Michael.* ***Ce sont*** *mes voisins.*

- Um eine Sache oder Person zu identifizieren, benutzt man:
  - *C'est*+Substantiv im Sg./Pronomen/Namen:

    C'est *une mangue.*
    C'est *Paul.*

  - *Ce sont*+Substantiv im Pl./Pronomen der 3. P. Pl./Namen:

    Ce sont *des mangues.*
    Ce sont *Paul et sa femme.*

  - Die Frage nach einer Sache oder Person wird wie im Deutschen immer im Singular gestellt:

    – *Qu'est-ce que* ***c'est*** *?*
    (fragt nach einer oder mehreren Sachen)
    → ***C'est*** *un dessin de ma fille.*
    → ***Ce sont*** *des dessins de ma fille.*

    – *Qui* ***est-ce*** *?*
    (fragt nach einer oder mehreren Personen)
    → ***C'est*** *mon cousin.*
    → ***Ce sont*** *mes cousins.*

  - ⚠ Es heißt:

    Qui ***est-ce*** *?*
    C'est *Peter Kirov.*

    Es heißt nicht:

    Qui ~~est-il~~ ?
    ~~Il est~~ Peter Kirov.

- Um jemanden vorzustellen, verwendet man *c'est*+Name/Substantiv im Sg. oder *Ce sont*+Namen/Substantiv im Plural:

  C'est *Peter Kirov.*
  Ce sont *Alain et Marc.*
  C'est mon *directeur.*
  Ce sont *des amis.*

  - Nennt man sich selbst zusammen mit anderen, wird immer *c'est* benutzt:

    C'est *nous.*
    C'est *Anna et Peter.*

- Bei einer **WERTENDEN AUSSAGE** mit *c'est*+Adjektiv steht das Adjektiv immer im Maskulinum Singular:

  Les glaces, ***c'est bon.***
  La mer, ***c'est beau.***

EXERCICES

1 **Complétez avec « c'est » ou « ce sont ».**
C'est un disque. *Ce sont* des cassettes.

_______ un couteau, _______ des fourchettes, _______ une pipe, _______ des journaux, _______ un vase, _______ des magazines, _______ une lampe, _______ une montre, _______ des taureaux.

2 **Répondez par une phrase selon le modèle.**

1. livre/professeur **2.** chat/voisin **3.** gants/baby-sitter **4.** clés/Martine
5. veste/bébé **6.** écharpe/Antoine **7.** chien/boulangère **8.** cahiers/élève

Qu'est-ce que c'est ? *C'est un livre. C'est le livre du professeur.* _______________

____

____

____

____

3 **Posez la question en utilisant « qui est-ce » ou « qu'est-ce que c'est ».**
– *Qui est-ce ?* – C'est le Premier ministre.
– *Qu'est-ce que c'est ?* – C'est un cadeau.

1. _______________ – C'est Paul, c'est mon professeur.
2. _______________ – C'est un éléphant, c'est une sculpture de Calder.
3. _______________ – C'est mon mari et moi, à vingt ans !
4. _______________ – Ce sont des boîtes à lentilles de contact.
5. _______________ – C'est un samovar du XVIIIe siècle.
6. _______________ – C'est une brosse à dents de Philippe Stark.
7. _______________ – Ce sont les invités.
8. _______________ – C'est Juliette, ma voisine.

4 **Complétez, selon le modèle, avec les adjectifs ci-dessous (au choix).**
facile, difficile, désaltérant, agréable, reposant, fatigant, compliqué, nécessaire, ennuyeux.
La vodka, *c'est bon !*

1. La musique, _______________
2. L'argent, _______________
3. La bière, _______________
4. Les femmes, _______________
5. La gymnastique, _______________
6. Les embouteillages, _______________
7. Les exercices, _______________
8. Le football, _______________

DIE BERUFSBEZEICHNUNG

Paul est médecin. ***Il est*** *médecin généraliste.*
C'est un *médecin renommé.*

- Berufsbezeichnungen stehen im Französischen wie im Deutschen ohne Artikel, weil sie wie die Angabe der Nationalität, Religion etc. wie ein Adjektiv behandelt werden:

  Je suis ***secrétaire****.* *Vous êtes* ***ingénieur****.*
  Keith est ***médecin****. Il est* ***anglais****. Il est* ***protestant****. Il est* ***marié****.*

- Wie im Deutschen steht der Artikel nur, wenn eine nähere Erläuterung folgt:

  Paul est ***un*** *professeur* ***exceptionnel****.*
  Marie est ***une bonne*** *secrétaire.*

⚠ • Kein Artikel steht jedoch, wenn die Erläuterung nicht die Person, sondern den Berufszweig betrifft:

Je suis ***secrétaire bilingue.*** *Je suis* ***une*** *bonne secrétaire.*

- Für die 3.P.Sg. verwendet man *c'est* bei Namen und Substantiven mit Artikel oder näherer Angabe, *il est* nur mit Adjektiv oder Berufsbezeichnungen (ohne Artikel):

  C'est *Jacques Dutronc.* ***Il est*** *blond.*
  C'est mon *voisin.* ***Il est*** *sympathique.*
  C'est un *chanteur.* ***Il est*** *chanteur.*

⚠ • Es heißt: Es heißt nicht:

C'est un *médecin.* ~~*Il*~~ *est un…*
C'est mon *médecin.* ~~*Il*~~ *est mon…*

- Für viele Berufsbezeichnungen gibt es keine feminine Form:

  Paul est { *professeur.* / *médecin.* / *écrivain.* }
  Marie est { *professeur.* / *médecin.* / *écrivain.* }

- Beispiele für maskuline und feminine Berufsbezeichnungen:

  homme au foyer/femme au foyer
  infirmier/infirmière
  retraité/retraitée
  chanteur/chanteuse

EXERCICES

1 **Répondez aux questions selon le modèle.**

– Quelle est la profession de monsieur Dupont ? (chirurgien compétent)

– *Il est chirurgien. C'est un chirurgien compétent.*

1. – Quelle est la profession de monsieur Bocuse ? (cuisinier renommé)
   – ____________________
2. – Quelle est la profession de monsieur Jeannet ? (maire apprécié)
   – ____________________
3. – Quelle est la profession de mademoiselle Castel ? (couturière parisienne)
   – ____________________
4. – Quelle est la profession de monsieur et madame Verdon ? (comptables précis)
   – ____________________
5. – Quelle est la profession de madame Beretta ? (styliste originale)
   – ____________________
6. – Quelle est la profession de monsieur Holmes ? (détective perspicace)
   – ____________________
7. – Quelle est la profession de monsieur Livingstone ? (explorateur imprudent)
   – ____________________
8. – Quelle est la profession de madame Varda ? (cinéaste française)
   – ____________________

2 **Complétez les phrases avec « un »/« une », « il est »/« elle est » ou « c'est », si nécessaire.**

1. Robert Doisneau est __________ photographe. __________ un très grand photographe.
2. Marie est architecte. __________ architecte d'intérieur. __________ notre architecte.
3. Patricia Kaas est __________ chanteuse. __________ une chanteuse très douée.
4. Jean est __________ professeur de gymnastique : __________ le professeur de mon fils.

3 **Complétez le dialogue suivant.**

A : – Qui est cet homme ? **B :** – *C'est* Paul Marat. *C'est* un ami de Julie.

A : – Qu'est-ce qu'il fait ? **B :** – __________ journaliste : __________ un journaliste très connu.

A : – Et qui est cette femme ? **B :** – __________ la mère de Julie.

A : – __________ sa mère ?! __________ très jeune ! Qu'est-ce qu'elle fait ? **B :** – __________ pédiatre.

A : – Julie est mariée ? **B :** – Non, __________ célibataire.

A : – Qu'est-ce qu'elle fait, maintenant ? **B :** – Maintenant, __________ professeur de yoga.
__________ bouddhiste et __________ végétarienne convaincue !

6 POSSESSIVBEGLEITER UND -PRONOMEN

***mon** appartement*	***ma** voiture*	***mes** livres*
le mien	***la mienne***	***les miens***

DER POSSESSIVBEGLEITER richtet sich wie ein Adjektiv in Geschlecht und Zahl nach dem Substantiv, zu dem er gehört, also anders als im Deutschen nicht nach dem Geschlecht des Besitzers.

(Je)	***mon** père*	***ma** mère*	***mes** parents*
(Tu)	***ton** oncle*	***ta** tante*	***tes** cousins*
(Il/Elle)	***son** fils*	***sa** fille*	***ses** enfants*
(Nous)	***notre** gendre*	***notre** belle-fille*	***nos** petits-enfants*
(Vous)	***votre** ami*	***votre** amie*	***vos** amis*
(Ils/Elles)	***leur** voisin*	***leur** voisine*	***leurs** voisins*

⚠ • *On est ici avec **notre** grand-mère.* (*on = nous*)
*Quand on est vieux on parle de **son** passé.* (*on = tout le monde*)

• Bei Körperteilen steht statt des Possessivbegleiters der bestimmte Artikel, wenn durch den Zusammenhang klar ist, welcher Person der Körperteil gehört:

Ma tête est brûlante. Aber: *J'ai mal à la tête (à ~~ma~~ tête).*

♪ • Possessivbegleiter und Substantiv werden außer vor „aspiriertem h" gebunden:

ses enfants (z) *nos étudiants* (z) Aber: *mes / **h**éros préférés*

♪ • *Ma, ta, sa* wird vor Vokal und „stummem h" zu *mon, ton, son*:

***mon** amie* ***ton** erreur* ***son h**ésitation*

DAS POSSESSIVPRONOMEN richtet sich in Geschlecht und Zahl nach dem Substantiv, das es ersetzt:

	Mask. Sg.	Fem. Sg.	Mask. Pl.	Fem. Pl.
(Je)	***le mien***	***la mienne***	***les miens***	***les miennes***
(Tu)	***le tien***	***la tienne***	***les tiens***	***les tiennes***
(Il/Elle)	***le sien***	***la sienne***	***les siens***	***les siennes***
(Nous)	***le nôtre***	***la nôtre***	***les nôtres***	***les nôtres***
(Vous)	***le vôtre***	***la vôtre***	***les vôtres***	***les vôtres***
(Ils/Elles)	***le leur***	***la leur***	***les leurs***	***les leurs***

EXERCICES

1 **Complétez avec « mon », « ma » ou « mes ».**
Ma mère est à Paris.

1. ________ frère est aux Bahamas.
2. ________ amis sont en vacances.
3. ________ clés sont sur la table.
4. ________ acteur préféré est Alain Delon.
5. ________ actrice préférée est Isabelle Huppert.
6. ________ lunettes sont dans le tiroir.
7. ________ enfants sont à la plage.
8. ________ téléphone est en panne.
9. ________ école est fermée.
10. ________ appartement est minuscule.

2 **Refaites l'exercice précédent avec « son », « sa » ou « ses ».**

____

____

3 **Complétez le texte avec « son », « sa », « ses », « leur » ou « leurs ».**

Marc et Sylvie sont prêts à partir en voyage de noces : *leurs* places d'avion sont réservées, ________ valises sont faites, ________ arrivée à Venise est prévue pour le 15 février. Sylvie est nerveuse parce que ________ cheveux sont trop longs (________ coiffeur est malade), ________ habits sont trop grands (depuis ________ régime) et ________ amie Nathalie n'est pas à Paris. ________ excitation est mauvaise pour ________ ligne (________ appétit est terrible), mais ________ attitude incohérente est excusable car c'est un moment très spécial dans ________ vie...

4 **Complétez à la forme négative ou affirmative.**
– Ces clés sont à Cathy ? – Oui, *ce sont les siennes.* /Non, *ce ne sont pas les siennes.*

1. – Cette écharpe est à Marie ? – Oui, ____________ - **2.** – Ces lunettes sont au professeur ? – Non, ____________ - **3.** – Ces papiers sont à la secrétaire ? – Oui, ____________ - **4.** – Ces livres sont aux étudiants ? – Non, ____________ - **5.** – Ces gants sont à vous ? – Oui, ____________ - **6.** – Cette voiture est la vôtre ? – Non, ____________ - **7.** – Ce stylo est à Vincent ? – Non, ____________ - **8.** – Ce livre est à vous ? – Oui, ____________

5 **Complétez selon le modèle.**
Ton professeur est français, *le mien* est belge.

1. Ta mère est brune, ____________ est blonde. - **2.** Tes sœurs sont petites, ____________ sont grandes. - **3.** Vos yeux sont noirs, ____________ sont bleus. - **4.** Votre voiture est verte, ____________ est blanche. - **5.** Votre père est dentiste, ____________ est plombier. - **6.** Vos enfants sont sages, ____________ sont des démons.

7 VERWANDTSCHAFTS- UND GRUPPENBEZEICHNUNGEN

DIE VERWANDTSCHAFTSBEZEICHNUNGEN

le père/la mère = les parents
le fils/la fille = les enfants
l'oncle/la tante
le neveu/la nièce = les neveux
le grand-père/la grand-mère = les grands-parents
le petit-fils/la petite-fille = les petits-enfants
le grand-oncle/la grand-tante
le petit-neveu/la petite-nièce = les petits-neveux

- *Grand-* bezeichnet Vorfahren, *petit-* Nachfahren.
- ***Les** parents* sind die Eltern, ***des** parents* die Verwandten allgemein (Onkel, Tanten etc.).

■ Angeheiratete Verwandte sind:

le mari/la femme
le beau-père/la belle-mère
le beau-frère/la belle-sœur
le gendre (= le mari de la fille)
la belle-fille (= la femme du fils)

- Stiefeltern werden ebenfalls *belle-mère* und *beau-père* = *beaux-parents* genannt.
- Die Wortverbindungen mit *beau-* für die Schwiegerfamilie gehen auf eine alte Form der Respektbezeugung zurück.

BEZEICHNUNGEN für GRUPPEN

- *Des/les gens* bezeichnet eine unbestimmte Anzahl von Personen:

  *Il y a **des gens** dans la rue.*
  ***Les gens** pensent que…*

- *Tout le monde* [=jeder]:

  ***Tout le monde** aime les vacances…*

- *Personnes* bezeichnet eine bestimmte Anzahl von Personen:

  *Il y a **dix personnes** dans la rue.*
  ***Quelques personnes** pensent que…*

- *Le monde entier* [=die ganze Welt]:

  *Max voyage dans **le monde entier.***

EXERCICES

1 **Complétez avec le terme de parenté correspondant, selon le modèle.**

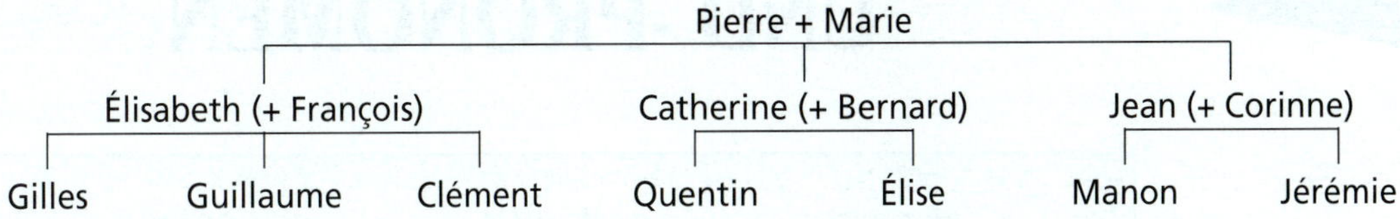

– Qui est Élise pour Jean ? – *C'est sa nièce.*

– Qui est Quentin pour Jean ? – ______

– Qui est Pierre pour Bernard ? – ______

– Qui sont Élisabeth, Catherine et Jean pour Pierre et Marie ? – ______

– Qui est François pour Jean ? – ______

– Qui sont Pierre et Marie pour Gilles et Manon ? – ______

2 **Complétez les phrases avec « fils », « fille », « enfants », etc.**

1. – Qui étaient ______ de Louis XIII ? – Je crois que Marie de Médicis était sa mère et Henri IV était son père.
2. – Napoléon Ier n'était pas le père de Napoléon III ? – Non, c'était le frère de son père, c'est-à-dire son ______ .
3. Frédéric Mitterrand est le fils du frère de François Mitterrand ? – Oui, je crois que c'est son ______ .
4. Le cinéaste Jean Renoir était le ______ du peintre impressionniste Auguste Renoir ? – Oui, Auguste Renoir était son père.

3 **Complétez le texte avec « gens », « personnes », « tout le monde » ou « le monde entier ».**

Mon beau-père est un grand journaliste : il voyage dans ______ . Il parle souvent à la télévision et, dans la rue, ______ le reconnaît. Il parle cinq ou six langues couramment et il peut interviewer plusieurs ______ à la fois en plusieurs langues. Les ______ pensent en général qu'il est français, mais en réalité il est roumain. Il connaît très bien plusieurs ______ du monde de la politique et du spectacle et il a des amis dans ______ .

4 **Présentez votre famille, selon le modèle.**

C'est Chris : c'est mon frère. Il est ingénieur. C'est Anne : c'est ma sœur. Elle est lycéenne.
Ce sont mes parents, Monique et André. Mon père est assureur. Ma mère est diététicienne.

______

______

______

8 DEMONSTRATIVBEGLEITER UND -PRONOMEN

ce *garçon*	***cette*** *fille*	***ces*** *enfants*
ce *fauteuil*	***cette*** *chaise*	***ces*** *meubles*

DER DEMONSTRATIVBEGLEITER richtet sich in Geschlecht und Zahl nach dem Substantiv, zu dem er gehört:

ce *garçon* ***cette*** *fille* ***ces*** *enfants*

- Er bezeichnet wie im Deutschen eine ganz bestimmte Person oder Sache:

  Ce *bâtiment est mon école.* ***Cette*** *femme est très grande.*

- Er kann etwas räumlich Nahes oder Entferntes bezeichnen:

  Cette *planète (où nous sommes) est la Terre.*
  Cette *planète (dans le ciel) est Vénus.*

  • Um die räumliche Entfernung auszudrücken, fügt man häufig *là-bas* hinzu:

  Cette planète, ***là-bas****, c'est Jupiter.*

♪ • Außer vor „aspiriertem h" wird in der Aussprache gebunden:

*ce**s*** ***o**iseaux* (z) *ce**s*** ***é**tudiants* (z) Aber: *ces /* ***h****éros*

♪ • Vor Vokal und „stummem h" wird *ce* zu *cet*:

~~*ce*~~ *ami* → ***cet a****mi* ~~*ce*~~ *hiver* → ***cet h****iver*

DAS DEMONSTRATIVPRONOMEN ermöglicht es, eine Wortwiederholung zu vermeiden und zwischen zwei Dingen zu unterscheiden:

Tu veux ce gâteau ? – Non, je préfère | ***celui-ci.*** = der nähere
| ***celui-là.*** = der entferntere

- Wird auf nur eine Sache verwiesen, sind *-ci* und *-là* austauschbar, doch steht meist *celui-là*:

Mask. Sg.	***Ce***	*monument est l'Opéra.*	***Celui-ci/là***	*est la Madeleine.*
Fem. Sg.	***Cette***	*église est Notre-Dame.*	***Celle-ci/là***	*est la Sainte-Chapelle.*
Mask. Pl.	***Ces***	*tableaux sont de Klee.*	***Ceux-ci/là***	*sont de Braque.*
Fem. Pl.	***Ces***	*sculptures sont de Moore.*	***Celles-ci/là***	*sont de Miró.*

EXERCICES

1 **Complétez les phrases avec « ce », « cette », « cet » ou « ces ».**
Ce café est excellent !

1. ________ problème est complexe.
2. ________ poires sont trop mûres.
3. ________ acteur est insupportable.
4. ________ bijoux sont très beaux !
5. ________ histoire est terrible !
6. ________ homme est dangereux.
7. ________ livre est passionnant.
8. ________ alcool est trop fort.

2 **Complétez avec un adjectif démonstratif.**
Je connais bien *ce* garçon et *cette* fille.

1. – Regarde ________ petit chat et ________ petit chien : ils sont adorables ! - **2.** – ________ chaussures et ________ chapeau, au fond, dans la vitrine, sont horribles ! - **3.** – Je voudrais ________ tarte aux pommes et ________ éclair au café. - **4.** – Mets ________ assiettes dans le placard et ________ couteaux dans le tiroir.

3 **Mettez les phrases suivantes au féminin.**

1. Cet homme charmant est veuf. ________
2. Ce nouveau vendeur est très sérieux. ________
3. Cet homme est doux et chaleureux. ________
4. Ce garçon est un peu fou ! ________
5. Ce danseur est merveilleux. ________

4 **Refaites l'exercice précédent au pluriel.**

5 **Complétez avec l'adjectif ou le pronom, selon le modèle.**
J'adore *cette* maison, là, à gauche ; moi, je préfère *celle-là*, à droite !

1. – N'achète pas ________ vin, il est trop fort, achète ________ . - **2.** – Prenez ________ chaise, moi, je prends ________ . - **3.** – Faites développer ________ photos, mais pas ________ . - **4.** – J'adore ________ livre. – Moi, je préfère ________ . - **5.** – ________ enfants sont mes amis et ________ sont mes cousins.

6 **Faites des phrases selon le modèle.**
livre cassette cartes postales stylo dossier
Je voudrais ce livre et celui-ci. / Je voudrais ce livre et celui-là.

____

____

9 *IL Y A* UND *C'EST*

*Dans la rue, **il y a** une voiture verte : **c'est** une Jaguar.*

Die unpersönliche Konstruktion *il y a* [=wörtlich: es hat dort] weist auf das Vorhandensein einer Sache oder die Anwesenheit einer Person an einem bestimmten Ort hin. Sie entspricht dem deutschen „es gibt" bzw. „(dort) ist/sind".

VORHANDENSEIN und IDENTIFIZIERUNG

■ ***IL Y A*** verweist auf die Existenz einer Sache/Person an einem bestimmten Ort:

Dans la rue,
Sur la place, | ***il y a*** *des arbres en fleurs.*
Dans mon jardin,

- Es heißt: *Dans la rue, il y a un…*
  Es heißt nicht: *Dans la rue, ~~c'est~~ un…*

- Das unpersönliche *il y a* steht immer im Singular, auch wenn ein Substantiv im Plural folgt:

  *Dans la rue, **il y a*** | ***un*** *homme.*
  | ***dix*** *hommes.*

- Es kann auch auf nicht unmittelbar Sichtbares verweisen:

  Dans mon pays, il y a *des lacs et des montagnes.*

■ ***C'EST*** und ***CE SONT*** verweisen auf eine sichtbare oder durch *il y a* eingeführte Sache bzw. Person:

Regarde, | ***c'est*** *un cerisier du Japon.*
| ***ce sont*** *des danseurs du Bolchoï.*

*À Budapest, **il y a** un fleuve : **c'est** le Danube.*
*Dans le bureau, **il y a** une dame blonde, **c'est** la secrétaire.*

(Zur Verneinung von *il y a* vgl. S. 48)

EXERCICES

1 **Complétez par « il y a » ou « c'est »/« ce sont », selon le modèle.**
Dans le journal, *il y a* la photo d'une très belle femme : *c'est* une actrice américaine.

1. Dans la cour, _______ deux enfants : _______ les enfants de la concierge. - **2.** Dans mon quartier, _______ un restaurant très connu : _______ un restaurant russe. - **3.** Au musée d'Art moderne, _______ une très belle exposition : _______ une exposition sur les impressionnistes allemands. - **4.** Devant l'hôtel, _______ une dizaine de personnes : _______ des touristes italiens.

2 **Complétez les phrases selon le modèle.**
Dans mon portefeuille, *il y a une photo : c'est la photo de ma fille.*
il y a des photos : ce sont les photos de mes enfants.

Sur mon bureau, ____

____

Dans ma chambre, ____

____

Dans mon sac, ____

____

3 **Complétez les phrases selon le modèle.**
Au centre de Londres, *il y a* un très grand parc : *c'est* Hyde Park.

1. À New York, _______ un musée très important : _______ le musée Guggenheim.
2. En Grèce, _______ des trésors archéologiques : _______ des monuments de l'époque classique.
3. En Suisse, _______ beaucoup de stations de ski : _______ des stations très animées en hiver.
4. Sur la Seine, _______ des bateaux pour la promenade : _______ les bateaux-mouches.
5. Près de Paris, à Marne-la-Vallée, _______ un grand parc d'attraction : _______ Euro-Disney.

4 **Sur le modèle précédent, donnez quelques informations sur votre ville, votre région, votre pays.**

5 **Complétez avec « c'est/ce sont », « il y a », « il est », « elle est », selon le cas.**

Dans ma rue, _______ un hôtel. _______ un petit hôtel. Il n'est pas très moderne, mais _______ vraiment très charmant. Dans certaines chambres, _______ un balcon et sur la table, _______ toujours des fleurs, _______ en général des roses. L'hôtel est souvent complet car _______ très connu et _______ toujours beaucoup d'étudiants français et étrangers. La propriétaire est une vieille dame, _______ un peu bavarde mais _______ très gentille.

10 DIE ORTSANGABE (1)

STÄDTE, LÄNDER, KONTINENTE

*Je suis **à** Madrid, **en** Espagne.* *Vous êtes **à** Tokyo, **au** Japon.*

■ Städte stehen in der Regel ohne Artikel:

Paris
Vienne
Tokyo

Ausnahme: *Le Havre, Le Caire, La Haye*

■ Länder und Kontinente dagegen stehen im allgemeinen mit dem bestimmten Artikel:

***la** France*
***le** Japon*
***les** États-Unis*
***l'**Afrique*

Ausnahme: *Chypre, Haïti, Israël, Cuba*

■ Länder auf *-e* sind meist feminin:

la** Suiss**e
la** Russi**e
la** Holland**e

Ausnahme: *le Mexique, le Zaïre, le Cambodge, le Mozambique*

■ ***À, EN*** und ***AU(X)*** geben an, wo man sich aufhält oder wohin man sich begibt:

• *À* bei Städtenamen und Ländern ohne Artikel:

*Je suis / **à** vais*	*Paris.* *Lisbonne.* *Madrid.*
à	*Cuba.* *Hawaï.*
Ausnahme:	***en** Israël*

• *En* bei fem. Ländern und Kontinenten:

*Je suis / **en** vais*	*France.* *Italie.* *Russie.*
en	*Europe.* *Afrique.*

• *Au* bei mask. Ländern, *aux* bei Ländern im Plural:

*Je suis / **au** vais*	*Brésil.* *Canada.* *Japon.*
aux	*États-Unis.* *Pays-Bas.*

♪ • Vor Ländern im Maskulinum Singular, die mit Vokal beginnen, wird ebenfalls *en* benutzt:

~~au~~ Iran → ***en** Iran* (n)

~~au~~ Angola → ***en** Angola* (n)

EXERCICES

1 **Complétez avec l'article défini, si nécessaire.**
Le Maroc.

_______ France, _______ Japon, _______ Chine, _______ Chili, _______ États-Unis, _______ Russie, _______ Pakistan, _______ Canada, _______ Tahiti, _______ Tibet, _______ Suède, _______ Bulgarie, _______ Portugal, _______ Hongrie, _______ Monaco, _______ Finlande, _______ Pérou, _______ Grèce.

2 **Faites des phrases selon le modèle.**
Pise (Italie) : *Pise est en Italie.*

1. Caracas (Venezuela)
____

2. Athènes (Grèce)
____

3. Osaka (Japon)
____

4. Copenhague (Danemark)
____

5. Oslo (Norvège)
____

6. Bahia (Brésil)
____

7. Munich (Allemagne)
____

8. Bagdad (Irak)
____

3 **Complétez le texte avec « à », « en » ou « au(x) ».**

1. Le Grand Canyon est _______ États-Unis, _______ Amérique du Nord. - **2.** Le Fuji-Yama est _______ Japon, _______ Asie. - **3.** Les Chutes du Niagara sont _______ Amérique du Nord, _______ Canada et _______ États-Unis. - **4.** Le Kilimandjaro est _______ Afrique, _______ Kenya et _______ Tanzanie. - **5.** Le Canal de Suez est _______ Égypte, _______ Afrique du Nord. - **6.** Le « Pain de sucre » est _______ Rio de Janeiro, _______ Brésil.

4 **Complétez avec les possessifs, « être », et « à », « en », « au(x) », si nécessaire.**
Mes parents *sont à* Madrid, *en* Espagne.

1. _______ frère _______ _______ Alexandrie, _______ Égypte. - **2.** _______ sœur et moi, nous _______ _______ Boston, _______ États-Unis. - **3.** _______ oncle _______ _______ La Havane, _______ Cuba. - **4.** _______ cousine Beth _______ _______ Nicosie, _______ Chypre.

5 **Faites des phrases selon le modèle.**
Inde : Le Taj Mahal (tombeau célèbre) – Pérou : Machu Picchu (site archéologique très connu) – Italie : Etna et Vésuve (deux grands volcans) – Paris : Seine (fleuve).

En Inde, il y a un tombeau célèbre, c'est le Taj Mahal. _______________________________

PRÄPOSITIONEN zur Angabe des ORTES

***Dans** le bus, il y a des enfants. **Sur** le bus, il y a des affiches.*

■ *DANS, SUR, SOUS*

- *Dans* [=in] = im Innern eines geschlossenen Raumes:

  ***dans** la maison*
  ***dans** le tiroir*

- *Sur* [=auf] = auf einer (Ober-)Fläche:

  ***sur** le toit*
  ***sur** la photo*

- *À l'extérieur de* [=außerhalb] ≠ *dans*:

  ***à l'extérieur de** la maison*

- *Sous* [=unter] ≠ *sur*:

  ***sous** le parapluie*

⚠ • Es heißt: *Je suis dans le train.* Nicht: *Je suis ~~sur~~ le train.*

- *Dedans* [=darin], *dehors* [=draußen], *dessus* [=darauf] und *dessous* [=darunter] stehen ohne nachfolgendes Substantiv:

  L'adresse est sur l'enveloppe ? — *Oui, elle est **dessus.***
  La balle est sous le divan ? — *Oui, elle est **dessous.***
  Le chat est dans l'appartement ? — *Oui, il est **dedans.**/Non, il est **dehors.***

■ *AU-DESSUS (DE)* und *AU-DESSOUS (DE)*

- *Au-dessus* = über etwas, doch ohne Berührungskontakt:

  ***Au-dessus du** 5e étage, au 6e.*
  *Nous volons **au-dessus de** l'Atlantique.*

- *Au-dessous* = unter etwas, doch ohne Berührungskontakt:

  ***Au-dessous du** 5e étage, au 4e.*
  ***Au-dessous de** nos pieds coule la Seine.*

- *Sous* kann die Bedeutung von *au-dessous* besitzen:

  *Le chat est **sous** la table.*

■ FESTSTEHENDE AUSDRÜCKE

dans la rue	*sur la place*	*sur le boulevard*	*dans un fauteuil*
sur une chaise	*dans le journal*	*à la télévision*	*à la radio*

■ *À CÔTÉ (DE)/PRÈS (DE)* zeigen Nähe, *LOIN (DE)* Entfernung an:

*Bruxelles est **près de** Paris.* — *Moscou est **loin de** Paris.*

EXERCICES

1 **Faites des phrases avec « dans », « sur » et « à la », selon le modèle.**
Enveloppe (adresse, lettre) : *Sur l'enveloppe, il y a une adresse. Dans l'enveloppe, il y a une lettre.*

1. Bouteille (étiquette, cognac) ______________________________

____

2. Lac (bateaux, poissons) ______________________________

____

3. Télévision (livre, reportage) ______________________________

____

4. Avion (voyageurs, James Bond) ______________________________

____

5. Radio (foulard, concert de jazz) ______________________________

____

2 **Complétez avec « dans », « sur », « sous », « à la », etc.**
L'église Saint-Étienne-du-Mont est *sur* la place du Panthéon.

1. Le chat est ________ la cuisine ou ________ le balcon ? - **2.** Il y a beaucoup de galeries de peinture ________ la rue Dauphine. - **3.** Le père de Charles est toujours assis ________ un gros fauteuil en cuir jaune et sa mère ________ une petite chaise en paille. - **4.** Regarde, il y a Kim Basinger ________ télévision. - **5.** Le cinéma Le Champo est ________ la rue des Écoles ou ________ le boulevard Saint-Michel ? - **6.** Nous déjeunons souvent dehors ________ l'herbe, ________ les arbres. - **7.** Ce soir, il y a un bon concert ________ radio.

3 **Complétez avec « dessus », « dessous », « dedans » ou « dehors ».**
– Les enfants sont dans la maison ? – Oui, ils sont *dedans.*

1. – Le prix est marqué sous le vase : regardez, il est collé ______________________________
2. – Ma veste n'est pas dans l'armoire ! – Mais si, regarde bien, elle est ______________________________
3. – Il y a une étiquette sur ta valise ? – Oui, regarde, elle est collée ______________________________
4. – Le chien n'a pas le droit d'entrer dans ce restaurant, laissez-le ______________________________
5. – Un cadeau est caché sous ta serviette : regarde vite ______________________________
6. – La balle est sur le lit ? – Non, elle est ______________________________

4 **Faites des phrases en utilisant des expressions de lieu.**
Table/Vase/Lustre/Tapis/Chat   Lit/Balle/Veste/Pantoufles

Le vase est sur la table, ______________________________
La balle est sous le lit, ______________________________

11 DAS VERB *AVOIR*

J'	***ai***	*un passeport.*
Tu	***as***	*une carte d'identité.*
Il / ***Elle*** / ***On***	***a***	*vingt ans.*
Nous	***avons***	*un garçon et une fille.*
Vous	***avez***	*des enfants ?*
Ils / ***Elles***	***ont***	*froid.*

Auf *avoir* folgt in der Regel ein Substantiv:

J'ai une moto. *Vous avez un vélo.*

DIE ALTERSANGABE

- Sie erfolgt im Französischen im Unterschied zum Deutschen mit dem Verb *avoir*.

  Es heißt: *J'**ai** vingt ans.* Nicht: *Je ~~suis~~ vingt ans.*
  *Mon père **a** quarante ans.*

⚠ • *Il **est** jeune.* (*être*+Adjektiv) *Il **a** vingt ans.* (*avoir*+Substantiv)

AVOIR FAIM, AVOIR FROID usw.

- In vielen feststehenden Wendungen wird *avoir*+Substantiv ohne Artikel benutzt. Sie drücken häufig Unwohlsein, Schmerz oder Mangel aus:

*J'**ai***	*chaud.*	*J'**ai***	*besoin (de)…*	*J'**ai** mal*	*à la tête.*
	froid.		*envie (de)…*		*au dos.* usw.
	faim.		*tort.*		
	soif.		*raison.*		
	sommeil.				
	peur (de)…				

⚠ • Bei den oben genannten Ausdrücken steht *très* an Stelle von *beaucoup*:

J'ai très faim. Nicht: *J'ai ~~beaucoup~~ faim.*

EXERCICES

1 **Répondez aux questions au choix.**

– Vous avez un appartement ou une maison ? – *J'ai un appartement.*

1. – Vous avez une, deux ou trois chambres ? – ______
2. – Vous avez des meubles anciens ou modernes ? – ______
3. – Vous avez un grand ou un petit salon ? – ______
4. – Vous avez un chauffage électrique ou à gaz ? – ______
5. – Vous avez des voisins calmes ou bruyants ? – ______

2 **Complétez les phrases avec « avoir » et les articles manquants.**

– Vous *avez un* stylo bleu ? – Non, *j'ai un* stylo noir.

1. – Cathy ______ moto ? – Oui, ______ Yamaha. - **2.** – Les voisins ______ chien ? – Oui, ______ chien et deux chats. - **3.** – Jean ______ appartement à Paris ? – Non, ______ appartement en banlieue. - **4.** – Les étudiants ______ examen en décembre ? – Non, ______ examen en mars. - **5.** – Paul et toi, vous ______ diplômes ? – Oui, ______ licence d'histoire.

3 **Complétez les phrases avec les verbes ci-dessous.**

avoir faim, avoir sommeil, avoir peur, avoir mal (à).

Il est tard, le bébé est fatigué : *il a sommeil.*

1. Il est midi : nous ______ .
2. Mon chien n'est pas très courageux : il ______ des souris !
3. Les enfants sont chez le dentiste : ______ aux dents.
4. Mon mari est chez le kiné : ______ au dos.

4 **Répondez librement.**

1. – Quel âge avez-vous ?
   – ______
2. – Quel âge a Tintin d'après vous ?
   – ______
3. – Quel âge a l'humanité ?
   – ______

5 **Faites des phrases selon le modèle, en utilisant « avoir besoin de ».**

grammaire/apprendre le français - dictionnaire/faire les exercices - argent/partir en vacances visa/partir en voyage - faire du sport/rester en forme - parler français/travailler en France

Pour apprendre le français, j'ai besoin d'une grammaire. ______

______

______

6 **Faites des phrases selon le modèle, en utilisant « avoir envie de ».**

jus d'orange ; café ; glace//aller voir une exposition ; aller au théâtre ; aller au cinéma//manger au restaurant ; manger chez sa mère ; manger au McDonald's

J'ai envie d'un jus d'orange. Mon mari a envie d'un café. Les enfants ont envie d'une glace.

______

*J'ai **l'habitude** d'aller au bureau en taxi.*
*Je **n'**ai **pas de** voiture. Je **n'**ai **pas le** permis de conduire.*

AVOIR LE TEMPS, AVOIR L'HABITUDE usw.

- In den meisten Fällen folgt auf *avoir* ein Substantiv mit Artikel. Oft drückt eine solche Wendung eine Möglichkeit, Absicht oder Bereitschaft aus:

avoir	***le** temps (de)* ***l'**habitude (de)*	*avoir*	***l'**intention (de)* ***l'**occasion (de)*

- Weitere Ausdrücke:

*Elle **a l'air** en forme (fatigué, triste etc.).*
*Vous **avez de la chance**.*
*Nous **avons du mal** à comprendre le chinois.*

Aber: *La réunion **a lieu** | vendredi.*
à Londres.

DIE ARTIKEL bei der VERNEINUNG mit *AVOIR*

- In einem verneinten Satz mit *avoir* werden *un*, *une* und *des* durch *de* ersetzt:

*Vous avez **un** chien ?*	*– Non, je **n'**ai **pas de** chien.*
*Vous avez **une** voiture ?*	*– Non, je **n'**ai **pas de** voiture.*
*Vous avez **des** enfants ?*	*– Non, je **n'**ai **pas d'**enfants.*
*Il y a **un** livre dans le tiroir ?*	*– Non, il **n'**y a **pas de** livre.*
*Il y a **une** lampe sur la table ?*	*– Non, il **n'**y a **pas de** lampe.*
*Il y a **des** fruits dans le frigo ?*	*– Non, il **n'**y a **pas de** fruits.*

- Der unbestimmte Artikel bleibt nur erhalten, wenn die verneinte Antwort eine Richtigstellung ist:

*Vous avez **une** Citroën ?*	*– **Pas une** Citroën, mais une Renault !*

- Dagegen bleibt der bestimmte Artikel im verneinten Satz immer erhalten:

*Vous avez **le** permis de conduire ?*	*– Non, je **n'**ai **pas le** permis.*
*Vous avez **les** Pages jaunes ?*	*– Non, je **n'**ai **pas les** Pages jaunes.*

EXERCICES

1 **Répondez aux questions, selon le modèle.**

– Vous avez l'occasion de parler français dans votre pays ?
– Oui, j'ai l'occasion de parler français.

1. – Vous avez vraiment l'intention de partir en Égypte en août ?
   – ______
2. – Avez-vous l'habitude de la chaleur ?
   – ______
3. – Est-ce que vous avez l'intention de prendre un charter ?
   – ______
4. – Est-ce que vous avez le temps de préparer votre voyage ?
   – ______

2 **Répondez à la forme négative.**

– Vous avez une voiture ?
– Non, je n'ai pas de voiture.

– Vous avez le permis de conduire ?
– Non, je n'ai pas le permis (de conduire).

1. – Vous avez un chien ? – ______
2. – Vous avez un jardin ? – ______
3. – Vous avez le téléphone ? – ______
4. – Il y a un square près de chez vous ? – ______
5. – Est-ce qu'il y a une agence de voyage ? – ______

3 **Complétez les phrases selon le modèle.**

– J'ai une lithographie de Dali.
– Ah, vous aussi, vous avez une lithographie de Dali !

1. – J'ai la double nationalité.
   – ______
2. – J'ai un permis international.
   – ______
3. – J'ai une 404 coupé.
   – ______
4. – J'ai des lentilles de contact.
   – ______
5. – J'ai du cholestérol.
   – ______

4 **Posez les questions selon le modèle, en utilisant une expression avec « avoir ».**

– Il fait seulement 15 °.
– Vous n'avez pas froid ?

1. – Il est midi passé !
   – ______
2. – Ce plat est trop salé !
   – ______
3. – Il est deux heures du matin.
   – ______
4. – Il fait très sombre dans cette rue.
   – ______
5. – Il fait plus de 30 ° !
   – ______

EXERCICES

1 **Complétez le texte avec le verbe « avoir ».**

Franck et Brigitte sont mes voisins. Ils *ont* deux enfants : Lou et Marcus. Marcus ________ huit ans, comme mon fils, Antoine. Il ________ les yeux bleus et les cheveux noirs, comme lui. Lou ________ trois ans. Elle ________ aussi les yeux bleus, mais elle ________ les cheveux blonds. Brigitte et moi, nous ________ la même baby-sitter, Virginie. Elle ________ seulement dix-neuf ans, mais elle ________ beaucoup d'expérience, car elle ________ cinq frères et sœurs. Mon fils ________ un petit chien, Bill. Les enfants de Brigitte ________ un chat, un singe et un perroquet, mais Virginie ________ beaucoup de patience et elle ________ bon caractère.

2 **Répondez aux questions à partir du texte précédent.**

1. – Franck et Brigitte ont des enfants ? – ________________________________
2. – Quel âge ont Antoine et Marcus ? – ________________________________
3. – Quel âge a la baby-sitter ? – ________________________________
4. – Les enfants ont des animaux domestiques ? – ________________________________
5. – La baby-sitter a mauvais caractère ? – ________________________________

3 **Répondez selon le modèle en utilisant les verbes « être » et « avoir ».**
En général, vous êtes nerveux/nerveuse, quand vous avez un examen ?
Oui, quand j'ai un examen, je suis toujours nerveux/nerveuse.

1. – Vous êtes à l'heure, en général, quand vous avez un rendez-vous ?
   – ________________________________
2. – Quand vous êtes en retard, vous avez toujours une bonne excuse ?
   – ________________________________
3. – Est-ce que vous êtes de mauvaise humeur, quand vous êtes fatigué(e) ?
   – ________________________________
4. – Vous avez de la température, quand vous êtes enrhumé(e) ?
   – ________________________________

4 **Complétez les phrases avec le verbe « être » et « avoir », selon le modèle.**
Paul *est* blond, il *est* grand et *il a* les yeux bleus.

1. Je ____________ marié, je ____________ trente ans et ____________ deux enfants.
2. Mon fils et ma fille ____________ à la maison : ____________ la grippe.
3. Eva ____________ très riche : ____________ une Rolls et un chauffeur.
4. Je ____________ pressée : ____________ rendez-vous à 10 heures chez le dentiste.
5. Il ____________ minuit, je ____________ fatiguée et ____________ sommeil.

EXERCICES

1 **Mettez le texte à la forme affirmative puis négative, selon le modèle.**

un petit studio	une maison de campagne
une vieille voiture	un garage
des jeans	un costume
des écharpes	une cravate
des meubles en pin	des meubles en acajou
le temps de lire	le temps d'écrire à sa famille
envie de voyager	envie de travailler dans un bureau
besoin de faire du sport	besoin de maigrir

Il a un petit studio. Il n'a pas de maison de campagne. ___

2 **D'après ces « offres d'emploi », faites des phrases selon le modèle.**

Secrétaire commerciale. Bilingue. 30 ans environ. 5 ans minimum d'expérience en entreprise. Organisée. Sens des responsabilités. Autonome. Disponible.

Directeur des ventes. 40 ans environ. Expérience internationale. Dynamique. Goût des relations humaines.

Comédien. 25 ans environ. Petit. Brun. Yeux clairs. Cheveux longs. Athlétique.

1. *Vous êtes secrétaire commerciale, vous êtes bilingue, vous avez environ trente ans,* ___
2. ___
3. ___

3 **Dans la salle où vous êtes, est-ce qu'il y a des plantes vertes ? un téléphone ? un canapé ? des rideaux ? un fauteuil ? une armoire ? un miroir ?**

___

12 DAS ADJEKTIV (2)

*un **jeune** homme **brun** avec une bicyclette **verte***

DIE STELLUNG DES ADJEKTIVS

■ In der Regel steht das Adjektiv im Französischen anders als im Deutschen nach dem Substantiv:

*une chemise **blanche***   *un livre **intéressant***   *un exercice **difficile***

■ Einige sehr häufig verwendete und kurze Adjektive stehen jedoch vor dem Substantiv:
bon/mauvais beau/joli petit/grand/gros nouveau/jeune/vieux double/demi autre/même

*une **petite** maison*   *une **jolie** robe*   *un **gros** livre*

• Zahlen stehen ausnahmslos vor dem Substantiv:

*les **trois** mousquetaires*   *les **sept** nains*   *le **septième** art*

• Bei Substantiven mit vorangestelltem Adjektiv steht die Zahl vor dem Adjektiv:

*les **deux derniers** films de Fellini*   *les **trois premiers** exercices*

■ Zum Ausdruck einer Abfolge werden *premier*, *dernier* und *prochain* vorangestellt:

*le **premier** candidat*   *le **prochain** candidat*   *le **dernier** candidat*

⚠ • Bei Zeitangaben stehen *dernier* und *prochain* jedoch nach dem Substantiv:

mardi | ***dernier*** / ***prochain***   *le mois* | ***dernier*** / ***prochain***

■ Sonderformen:

♪ • Vor Vokal und „stummem h" werden *beau*, *vieux* und *nouveau* zu *bel*, *vieil*, *nouvel*:

un ~~beau~~ acteur → *un **bel** acteur*   *un ~~vieux~~ homme* → *un **vieil** homme*
un ~~nouveau~~ ordinateur → *un **nouvel** ordinateur*

• *Des* wird vor einem Adjektiv zu *de*:

~~des~~ beaux livres → ***de** beaux livres*   *~~des~~ bons amis* → ***de** bons amis*

♪ • Zwischen Adjektiv und Substantiv wird in der Aussprache gebunden:

*un peti**t** ‿ enfant* (t)   *de petit**s** ‿ enfants* (z)

EXERCICES

1 **Faites des phrases selon le modèle.**
garçon (petit) yeux (immenses)
un petit garçon avec des yeux immenses

1. monsieur (vieux) barbe (blanche) ____________
2. fille (belle) jambes (longues) ____________
3. dame (brune) lunettes (noires) ____________
4. poisson (gros) ventre (jaune) ____________
5. appartement (beau) terrasse (petite) ____________
6. voiture (grosse) coffre (grand) ____________
7. livres (précieux) illustrations (belles) ____________
8. whisky (double) glaçons (deux) ____________
9. pantalons (bleus) chemises (blanches) ____________
10. exercices (trois) exemples (faciles) ____________

2 **Mettez les adjectifs à la bonne place.**
Le *vieil* oncle ___ de Charles est encore un *bel* homme ___ (vieux/beau).

1. Mon ______ appareil photo ______ est un ______ appareil ______ (nouveau/très bon).
2. Le ______ jour ______ de la semaine est un ______ jour ______ (premier/difficile).
3. Les ______ premières ______ parties sont des ______ chapitres ______ (deux/intéressants).
4. Les ______ trois ______ exercices sont des ______ exercices ______ (derniers/difficiles).
5. La ______ station de métro ______ est la ______ station ______ (prochaine/dernière).

3 **Répondez selon le modèle.**
– Cet immeuble est très vieux ? *– Oui, c'est un vieil immeuble.*

1. – Cet acteur est très beau ! – ____________
2. – Ces chaussures sont neuves ? – ____________
3. – Cet ordinateur est nouveau ? – ____________
4. – Votre professeur est jeune ? – ____________
5. – Ces œufs sont très gros ! – ____________

4 **Complétez avec « des », « de » ou « d' ».**

1. La styliste Emmanuelle Kahn a toujours ______ grosses lunettes. - **2.** Les contes de Leo Perutz sont ______ histoires étranges. - **3.** Les contes de Perrault sont ______ belles histoires. - **4.** Apportez-moi ______ autres photos de votre famille. - **5.** Les vieux bistrots de Paris sont ______ endroits magnifiques.

SONDERFÄLLE

Einige Adjektive können vor und nach dem Substantiv stehen. Sie ändern dabei jedoch ihre Bedeutung:

*un très **grand** homme*
[=ein ganz bedeutender Mann]

*un homme très **grand***
[=ein sehr großgewachsener Mann]

*un **curieux** voisin*
[=ein seltsamer Nachbar]

*un voisin **curieux***
[=ein neugieriger Nachbar]

*une **seule** femme*
[=eine einzige Frau]

*une femme **seule***
[=eine einsame Frau]

*mon **ancien** immeuble*
[=mein ehemaliges Wohnhaus]

*un immeuble **ancien***
[=ein sehr altes Gebäude]

Grand, *petit* und *vieux* können auch quantitative Bedeutung haben:

*un **grand** voyageur*
[=jemand, der häufig reist]

*un **petit** consommateur*
[=jemand, der wenig verbraucht]

*un **vieux** client*
[=jemand, der bereits seit langer Zeit Kunde ist]

NEUF oder *NOUVEAU* ?

- *Neuf* = „fabrikneu" (nachgestellt):

  *Paul a une voiture **neuve** ?*
  – Oui, c'est la dernière Citroën.

- *Nouveau* =„neu im Vergleich zu etwas Bisherigem" (vorangestellt):

  *Paul a une **nouvelle** voiture ?*
  – Oui, c'est une vieille Jaguar magnifique.

- *Neuf* wird für Sachen benutzt:

  *un stylo **neuf***
  *des chaussures **neuves***

- *Nouveau* verweist auf eine Veränderung:

  *une **nouvelle** adresse*
  *un **nouveau** mari*

- *Neuf/neuve ≠ vieux/vieille*:

  *une **vieille** voiture*
  *une voiture **neuve***

- *Nouveau/nouvelle ≠ ancien/ancienne*:

  *un **ancien** professeur*
  *un **nouveau** professeur*

- Um nach Neuigkeiten zu fragen, sagt man jedoch:

  *Quoi de **neuf** ? = Qu'est-ce qui est nouveau dans votre vie ?*

EXERCICES

1 **Faites l'exercice selon le modèle.**
Médor (chien, animal/gros, très doux)
Médor est un gros chien, mais c'est un animal très doux.

1. Dustin Hoffman (homme, acteur/petit, grand)
____
2. Alexandre (enfant, écolier/agité, studieux)
____
3. Madame Claude (femme, voisine/seule, bruyante)
____
4. Les ordinateurs portables (objets, appareils/pratiques, chers)
____
5. Le mari de Nadia (mari, sculpteur/mauvais, bon)
____
6. Kitty (femme, actrice/belle, mauvaise)
____
7. Monsieur Barlou (maire, voyou/respecté, ancien)
____
8. Mademoiselle Éléonore (voisine, femme/réservée, curieuse)
____

2 **Complétez les phrases avec « neuf », « nouveau », « vieux », « ancien » ou « grand ».**
Ma voiture est une Peugeot de 1962 : c'est une *vieille* voiture !

1. Je dois vous donner mon ______________ numéro de téléphone.
2. J'ai mal aux pieds parce que mes chaussures sont ______________ .
3. Je connais Patricia depuis hier : c'est ma ______________ copine !
4. Ma grand-mère est une ______________ dame de quatre-vingt-dix ans.
5. Marie a 25 ans et on se connaît depuis 15 ans : c'est une ______________ amie.
6. Estelle lit beaucoup, romans et poésie : c'est une ______________ lectrice.
7. Je regrette souvent mon ______________ travail, si agréable.
8. – Quoi de ______________ aujourd'hui, Monsieur Duranton ?

3 **Décrivez les appartements à partir de la fiche de l'agence immobilière.**

appartement : 250 m^2	immeuble : 1800	ascenseur : non	terrasse : oui
studio : 30 m^2	immeuble : 1995	ascenseur : oui	concierge : non

13 DIE ZAHLWÖRTER

DIE GRUNDZAHLEN

0	*zéro*		
1	*un*	11	*onze*
2	*deux*	12	*douze*
3	*trois*	13	*treize*
4	*quatre*	14	*quatorze*
5	*cinq*	15	*quinze*
6	*six*	16	*seize*
7	*sept*	17	*dix-sept*
8	*huit*	18	*dix-huit*
9	*neuf*	19	*dix-neuf*
10	*dix*		

20	*vingt*	*vingt* ***et*** *un*	*vingt-deux, vingt-trois…*
30	*trente*	*trente* ***et*** *un*	*trente-deux…*
40	*quarante*	*quarante* ***et*** *un*	*quarante-deux…*
50	*cinquante*	*cinquante* ***et*** *un*	*cinquante-deux…*
60	*soixante*	*soixante* ***et*** *un*	*soixante-deux…*
70	*soixante-**dix***	*soixante* ***et onze***	*soixante-**douze**…*
80	*quatre-vingt**s***	*quatre-vingt-un*	*quatre-vingt-deux…*
90	*quatre-vingt-**dix***	*quatre-vingt-**onze***	*quatre-vingt-**douze**…*

100	*cent*	*cent dix*
200	*deux cent**s***	*deux cent cinquante*
300	*trois cent**s***	*trois cent vingt*

1 000	*mille*	1 000 000	*un million*
10 000	*dix mille*	10 000 000	*dix million**s***
100 000	*cent mille*	1 000 000 000	*un milliard*
200 000	*deux cent mille*	10 000 000 000	*dix milliard**s***

- Für 70 und 90 gibt es in der französischsprachigen Schweiz und in Belgien eigene Wörter (*septante, nonante*), in der Schweiz auch für 80 (*huitante*).

- Die Formen **ein**hundert und **ein**tausend gibt es im Französischen nicht, es heißt immer nur *cent* bzw. *mille*.

EXERCICES

1 Écrivez en lettres les numéros de téléphone suivants.

Pharmacies (24 h/24) :	45 62 02 41	Police :	17	SAMU (médecins) :	15
Gares parisiennes :	45 82 50 50	Pompiers :	18	Cartes bleues volées :	42 77 11 90
Aéroport de Roissy :	48 62 22 80	Heure :	36 99	Radio Taxi :	47 39 47 39

Le numéro des gares parisiennes, *c'est le quarante-cinq, quatre-vingt-deux, cinquante, cinquante.*

____

____

____

2 Écrivez en lettres, votre numéro de téléphone, le numéro de vos parents, etc.

____

3 Complétez les phrases selon le modèle.

Dans une année, *il y a douze mois.*

1. Dans un mois, ____________
2. Dans une semaine, ____________
3. Dans un jour, ____________
4. Dans une heure, ____________
5. Dans une minute, ____________

4 Écrivez en lettres, selon le modèle.

France Culture (94.3) : *France Culture, c'est quatre-vingt-quatorze point trois.*

1. RFI (89.4) : ____________
2. France Inter (87.8) : ____________
3. France Info (105.9) : ____________
4. France Musique (92.6) : ____________
5. Radio Classique (101.5) : ____________

5 Faites les opérations (addition, soustraction, multiplication et division) selon les modèles.

6 *six*
\+ 25 *plus vingt-cinq*
= 31 *égale trente et un*

125 ____________
\+ 51 ____________
= 176 ____________

45 *quarante-cinq*
– 15 *moins quinze*
= 30 *égale trente*

69 ____________
– 18 ____________
= 51 ____________

75 *soixante-quinze*
× 2 *multiplié par deux*
= 150 *ça fait cent cinquante*

26 ____________
× 3 ____________
= 78 ____________

44 *quarante-quatre*
: 4 *divisé par quatre*
= 11 *ça fait onze*

72 ____________
: 6 ____________
= 12 ____________

SCHREIBWEISE

- Die Grundzahlen sind in der Regel unveränderlich:

  *« Les **Quatre** Saisons »* *« Les **Sept** Samouraïs »*

- ***VINGT*** und ***CENT*** erhalten im Plural ein *-s*:

  quatre**-vingt**s ***trois** cent**s***

  • In der Aussprache wird dabei vor Vokal und „stummem h" gebunden:

  *quatre-vingt**s** **a**ns* (z) *trois cent**s** **h**eures* (z)

  • Folgt jedoch noch eine weitere Zahl, wird kein *-s* angehängt:

  quatre-vingt-trois *trois cent cinquante*

- ***MILLE*** ist im Gegensatz zu ***MILLION*** und ***MILLIARD*** unveränderlich:

  trois mille hommes
  *trois million**s** de marks* *dix milliard**s** de francs*

- Nur bis 100 werden Zehner und Einer durch *et* oder Bindestrich verbunden:

  dix-sept *soixante-douze* *vingt **et** un* Aber: *cent un*

AUSSPRACHE

• Bei *cinq, six, sept, huit, neuf* und *dix* wird der Endkonsonant generell gesprochen; er lautet bei *six* und *dix* also *-s*.

• Folgt ein Wort, das mit Konsonant beginnt, bleibt bei *cinq, six, huit* und *dix* der Endkonsonant jedoch stumm:

cinq cents *six livres* *huit jours* *dix personnes* Ausnahme: *dix-neuf* (z)

• *Six* und *dix* ändern die Aussprache vor Vokal und „stummem h" zu:

six adultes (z) *dix amis* (z) *dix-huit jours* (z)

• Nur vor *ans* und *heures* wird *neuf* gebunden zu:

neuf heures (v) *neuf ans* (v)

• Das *-t* von *vingt* ist außer in den Zahlen von 21 bis 29 stumm.

EXERCICES

1 **Écrivez les chèques correspondants aux achats, selon le modèle.**
Gants (320) : *Trois cent vingt francs*

1. Chaussures (845) : ____________________
2. Écharpe (300) : ____________________
3. Manteau (1 500) : ____________________
4. Pull (399) : ____________________
5. Chemisier (440) : ____________________
6. Robe (895) : ____________________

2 **Écrivez en lettres, selon le modèle.**
« Les (39) *Trente-Neuf Marches* » est un film d'Alfred Hitchcock.

1. « Les (400) ____________________ Coups » est un joli film de François Truffaut.
2. « Les (24) ____________________ Heures du Mans » est une compétition automobile.
3. « Les (4) ____________________ Saisons » de Vivaldi est une musique très joyeuse.
4. « Les (101) ____________________ Dalmatiens » est un dessin animé de Walt Disney.
5. « (20 000) ____________________ Lieues sous les mers » est un roman de Jules Verne.

3 **Complétez les phrases selon le modèle.**
En France, il y a seulement (6) *six* chaînes de télévision.

1. En France, il y a environ (57 000 000) ____________________ de Français.
2. En moyenne les Français partent à la retraite à (65) ____________________ ans.
3. Il y a plus de (200) ____________________ cinémas à Paris.
4. Un bon repas dans un restaurant parisien coûte environ (300) ____________________ francs.
5. Le journal « Le Monde » est tiré à (600 000) ____________________ exemplaires.

4 **Prononcez les phrases suivantes.**

Le 5 et le 9 sont mes numéros fétiches. Neuf enfants de 9 ans, le 9 août à 9 heures.
10 personnes vous attendent depuis 10 heures. Il y a 6 erreurs à la page 6.
Le 23 juin, pour mes 21 ans, je reçois 82 personnes !

5 **Décrivez la monnaie de votre pays, selon le modèle.**
En France, il y a des pièces de cinq, dix, vingt et cinquante centimes, mais il n'y a pas de pièces de vingt-cinq centimes.

____

DIE ORDNUNGSZAHLEN

1er *premier*	11e *onzième*	21e *vingt et unième*
2e *deuxième*	12e *douzième*	30e *trentième*
3e *troisième*	13e *treizième*	31e *trente et unième*
4e *quatrième*	14e *quatorzième*	40e *quarantième*
5e *cinquième*	15e *quinzième*	50e *cinquantième*
6e *sixième*	16e *seizième*	60e *soixantième*
7e *septième*	17e *dix-septième*	70e *soixante-dixième*
8e *huitième*	18e *dix-huitième*	71e *soixante et onzième*
9e *neuvième*	19e *dix-neuvième*	80e *quatre-vingtième*
10e *dixième*	20e *vingtième*	91e *quatre-vingt-onzième*
100e *centième*	1 000e *millième*	1 000 000e *millionième*

- 1/2 *un demi* 1/3 *un tiers* 1/4 *un quart* 1/1 000e *un millième*
- 10 % *dix pour cent* 50 % *cinquante pour cent*

■ *NOMBRE* und *NUMÉRO* werden im Deutschen oft beide mit „Zahl" übersetzt:

- *Nombre* = Zahl/Anzahl:

  *Quel est le **nombre** d'abonnés ?*
  *Quel est le **nombre** de joueurs ?*

- *Numéro* = Zahl/Nummer:

  *Quel est votre **numéro** de téléphone ?*
  *Quel est le **numéro** du gardien de but ?*

■ *AN* und *ANNÉE* bedeuten im Deutschen beide „Jahr“:

- *An* beschreibt eine Zeiteinheit und wird mit den Grundzahlen benutzt:

  *Il a quarante **ans**.*
  *Cette église a deux cents **ans**.*
  *Je vais en Belgique deux fois par **an**.*

- *Année* unterstreicht die Dauer bzw. den Verlauf und wird mit Adjektiven und Ordnungszahlen verwendet:

  *Je suis là toute l'**année**.*
  *Cette **année** est une bonne **année** pour le vin.*
  *C'est la septième **année** que je vais en Italie à Noël.*
  *L'homme est sur la Terre depuis des millions d'**années**.*

- Analog zu *an/année* gibt es folgende parallele Begriffe:

*trois **jours***	*toute la **journée***
*ce **matin***	*toute la **matinée***
*ce **soir***	*toute la **soirée***

EXERCICES

1 **Complétez les phrases selon le modèle.**
– La concierge est au 1er étage ? – *Oui, elle est au premier.*

1. – Le docteur est au 2e étage ?
   – ____________________
2. – Les bureaux sont au 32e étage ?
   – ____________________
3. – Le directeur est au 41e étage ?
   – ____________________
4. – L'île Saint-Louis est dans le 4e arrondissement ?
   – ____________________
5. – C'est la 61e page du livre ?
   – ____________________
6. – C'est le 122e exercice ?
   – ____________________
7. – C'est la 250e représentation de « Hamlet » ?
   – ____________________
8. – C'est la 5e femme de Paul ?
   – ____________________
9. – La Sorbonne est dans le 5e arrondissement ?
   – ____________________
10. – La tour Eiffel est dans le 7e ?
   – ____________________

2 **Complétez les phrases avec « nombre » ou « numéro ».**
– Quel est votre *numéro* de téléphone, s'il vous plaît ?

1. – J'habite au ____________ 46 de la rue Henri-Barbusse.
2. – Quel est le ____________ de personnes prévu pour le dîner ?
3. – Un grand ____________ d'animaux sauvages est en voie d'extinction.
4. – Quel est le ____________ de votre passeport ?
5. – Le ____________ de naissances diminue en Europe.
6. – C'est fou le ____________ de choses qu'il faut emporter en voyage.
7. – Le ____________ gagnant est le 23 !
8. – Nous avons les places ____________ 12 et 13, en deuxième classe.

3 **Complétez le texte avec « an »/« année », « jour »/« journée », etc.**
Nous allons en Grèce chaque an*née*.

1. Je connais Isabelle depuis sept an ____ . - **2.** Je passe le/la soir ____ avec mes voisins. - **3.** Mon fils a douze an ____ . - **4.** Elle reste chez elle toute le/la jour ____ . - **5.** Passez me voir dans le/la matin ____ . - **6.** Je vous souhaite un(e) très bon(ne) an ____ . - **7.** Je reste trois an ____ en France.

4 **Complétez le texte avec « an »/« année », « nombre »/« numéro », « il y a »/« c'est ».**

Notre magazine a vingt ________ cette ________. Dans le ________ 1000 du 6 septembre, ________ un supplément de 20 pages : ________ notre album souvenir qui commence par la rencontre de trois vieux amis, un 14 juillet, au milieu d'un grand ________ d'inconnus.

14 ZEITANGABEN (1)

Aujourd'hui, ***nous sommes*** *le 3 février.* ***C'est*** *l'hiver.*

TAG, DATUM und JAHRESZEIT

- Für die Datumsangabe verwendet man *nous sommes*+Datum oder *on est*+Datum:

  Nous sommes *le 21 juin.*
  On est *lundi.*

  Umgangssprachlich auch:
  C'est *lundi.*

  • Vor dem Datum steht immer der bestimmte Artikel:

  Chambéry, ***le*** *8 novembre 1988*

  • Bei der Angabe des Wochentags steht der Artikel vor dem Tag:

  Nous sommes ***le*** *mercredi 18 août.*

  • Es heißt *le premier*, aber *le deux*, *le trois* usw.:

  Nous sommes ***le premier*** *ou* ***le deux*** *?*

- Die Wochentage heißen im Französischen: *lundi, mardi, mercredi, jeudi, vendredi, samedi, dimanche.*

  • *Lundi* = ein bestimmter Montag:

  Lundi, *je suis à Berlin.*

  • *Le lundi* = jeden Montag/montags:

  Le lundi *et* ***le jeudi****, je suis à Lyon.*

  • *Le+matin/après-midi/soir* = vormittags/nachmittags/abends:

  Demain, je serai chez moi ***le matin****. (= toute la matinée)*

- Die Monate lauten: *janvier, février, mars, avril, mai, juin, juillet, août, septembre, octobre, novembre, décembre.*

  Nous sommes | ***en*** *juillet.* / ***en*** *août.*

  Nous sommes | ***au*** *mois de juillet.* / ***au*** *mois d'août.*

- Die Jahreszeiten sind: *le printemps, l'été, l'automne, l'hiver.*

  • Zur Angabe der Jahreszeit steht *au* vor Konsonant, *en* vor Vokal und „stummem h":

  Nous sommes ***au*** *printemps,* ***en*** *été,* ***en*** *automne,* ***en*** *hiver.*

- Zur Angabe des Jahres verwendet man *en,* zur Angabe des Jahrhunderts *au*:

  Nous sommes ***en*** *1995,* ***au*** *XXe siècle /* ***en*** *1789,* ***au*** *XVIIIe siècle.*

EXERCICES

1 **Écrivez la date selon le modèle.**

mardi 25/06 jeudi 12/01 dimanche 15/08 vendredi 12/12 lundi 27/02

Aujourd'hui, c'est mardi. Nous sommes le vingt-cinq. Nous sommes en juin.

____

____

2 **Écrivez en lettres selon le modèle.**

Paris, 5/10/1983 : *Fait à Paris, le cinq octobre mille neuf cent quatre-vingt-trois.*

1. Marseille, 19/11/1978 : ______________________________
2. Nice, 3/01/1925 : ______________________________
3. Aix, 12/08/1990 : ______________________________

3 **Complétez le texte avec les éléments manquants « le », « en », « au », si nécessaire.**

Ma mère n'est pas jeune (elle est née ____ 31 août 1930), mais c'est une excellente nageuse et, ____ été, nous passons ____ dimanche au bord de la mer. Fin août, il y a beaucoup de monde, surtout ____ week-end : nous partons ____ matin et nous rentrons ____ soir après la chaleur. En revanche, ____ printemps et ____ automne, nous sommes seules sur la plage.

4 **Écrivez en lettres selon le modèle.**

Simone de Beauvoir (9/01/1908) : *Elle est née en janvier, au vingtième siècle.*

1. Marcel Proust (10/07/1871) : ______________________________
2. J.-J. Rousseau (28/06/1712) : ______________________________
3. Marilyn Monroe (1/6/1926) : ______________________________
4. Albert Einstein (14/03/1879) : ______________________________
5. Napoléon (15/08/1769) : ______________________________

5 **Répondez aux questions selon le modèle.**

– Quel jour êtes-vous né(e) ?

– *Je suis né(e) le dix février mille neuf cent soixante-dix.*

1. – Quel jour sommes-nous ? – ______________________________
2. – Nous sommes au début ou à la fin du mois ? – ______________________________
3. – Donnez la date complète avec le jour, le mois, l'année et le siècle : ______________________________

____

UHRZEIT und WETTER

Quelle heure ***est-il*** *?* – ***Il est*** *10 heures.*
Quel temps ***fait-il*** *?* – ***Il fait*** *chaud.*

■ DIE UHRZEIT

- Die Zeitangabe erfolgt mit dem immer im Singular stehenden *Il est*:

Il est | ***une*** *heure.*
| ***dix*** *heures.*

- In der ersten Hälfte der Stunde werden die Minuten zur letzten Stunde dazugezählt, in der zweiten von der nächsten Stunde abgezogen:

8 h 00	*huit heures*	*9 h 00*	*neuf heures*
8 h 05	*huit heures cinq*	*8 h 55*	*neuf heures moins cinq*
8 h 10	*huit heures dix*	*8 h 50*	*neuf heures moins dix*
8 h 15	*huit heures* ***et*** *quart*	*8 h 45*	*neuf heures moins* ***le*** *quart*
8 h 30	*huit heures* ***et*** *demie*	*8 h 35*	*neuf heures moins vingt-cinq*
12 h = midi		*24 h = minuit*	

- Offizielle Zeitangaben werden wie im Deutschen gebildet:

20 h 45 vingt heures quarante-cinq *17 h 33 dix-sept heures trente-trois*

- Ein bestimmter Zeitpunkt wird mit *à* angegeben:

J'ai rendez-vous ***à*** *8 heures.* *Je travaille* ***à*** *10 heures.*

- Feststehende Wendungen:

J'ai rendez-vous à 8 heures.
- *Il est 7 h 45, je suis* ***en avance.***
- *Il est 8 heures : je suis* ***à l'heure.***
- *Il est 8 h 15, je suis* ***en retard.***

Il est 5 heures du matin : il est ***tôt.*** *Il est minuit et demie : il est* ***tard.***

■ DAS WETTER

- Das Wetter läßt sich mit drei unterschiedlichen unpersönlichen Konstruktionen beschreiben:

Il fait+Adjektiv		*Il y a*+Substantiv		*Il*+Verb	
Il fait	*chaud.*	***Il y a***	*du soleil.*	***Il***	*pleut.*
	froid.		*du vent.*		*neige.*
	beau.		*des nuages.*		*fait 10°.*
	mauvais.		*du brouillard.*		

- Es heißt: *Aujourd'hui, il fait froid.* Nicht: *Aujourd'hui, c'~~est~~ froid, il ~~est~~ froid.*

EXERCICES

1 **Transcrivez l'heure selon le modèle.**

7 h 45 : *Il est sept heures quarante-cinq. / Il est huit heures moins le quart.*

1. 9 h 10 : ______
2. 4 h 15 : ______
3. 12 h 25 : ______
4. 0 h 15 : ______
5. 15 h 45 : ______
6. 20 h 50 : ______
7. 6 h 30 : ______
8. 24 h 00 : ______
9. 3 h 12 : ______
10. 2 h 30 : ______

2 **Complétez les phrases avec « il est », « tard », « tôt », « en retard », « en avance », « il fait », « il y a »**

1. – Il est une heure et demie, viens te coucher : ______
2. – Couvrez-vous bien : dehors, ______
3. – Faites bien attention sur les routes : ______ du brouillard.
4. – Pierre n'est pas encore là ! Il ______ comme d'habitude.
5. – Nous sommes en retard, Paul ? – Non, au contraire, ______
6. – Le bébé se réveille très ______ : à 5 heures du matin !

3 **Complétez les phrases avec « il y a », « il fait », « il est », etc.**

1. Quand ______ 8 heures à Paris, ______ 4 heures à São Paulo.
2. Aujourd'hui, ______ très froid et ______ du brouillard.
3. Dans les îles grecques, en été, ______ chaud, mais ______ toujours du vent.
4. C'est l'heure du journal télévisé : ______ huit heures.
5. C'est le premier jour du printemps : ______ pleut mais ______ très doux.

4 **Répondez aux questions (exercice libre).**

1. – Quelle heure est-il ? ______
2. – Quelle heure est-il à New York ? ______
3. – Quel temps fait-il ? ______
4. – Nous sommes en quelle saison ? ______
5. – Nous sommes en quelle année ? ______
6. – Il fait froid ou il fait chaud, dans votre pays, en janvier ? ______
7. – Il fait froid au Brésil en février ? ______
8. – En août, dans votre pays, quel temps fait-il ? ______
9. – Quelle est la température de la salle ? ______

15 DIE UNBESTIMMTEN BEGLEITER UND PRONOMEN

*J'ai **tous** les disques des Beatles. Je connais **toutes** leurs chansons. **Quelques-unes** sont fantastiques.*

DER UNBESTIMMTE BEGLEITER steht vor einem nicht durch Artikel oder Zahlen näher bestimmten Substantiv.

- *Quelques*, *plusieurs*, *certain(e)s* und *différent(e)s* gibt es nur im Plural:

  ***quelques** exercices* — ***certaines** difficultés*
  ***plusieurs** possibilités* — ***différentes** solutions*

- *Chaque* steht immer im Singular:

  ***Chaque** jour est nouveau.*

- *Tout*, *toute*, *tous*, *toutes* stimmen in Geschlecht und Zahl mit dem nachfolgenden Substantiv überein:

  ***Tout le** texte est clair.* — ***Tous les** textes sont clairs.*
  ***Toute la** page est claire.* — ***Toutes les** pages sont claires.*

  • *Tous* und *toutes* mit einer Zeitangabe haben die Bedeutung von *chaque*:

  tous les jours (= chaque jour) — *toutes les nuits (= chaque nuit)*

⚠ • „Jeder zweite Tag" heißt im Französischen: *tous les deux jours*
Nicht: *~~chaque deuxième~~ jour*

DAS UNBESTIMMTE PRONOMEN steht ohne Substantiv:

- Nach *quelques-un(e)s*, *plusieurs*, *certain(e)s* steht das Verb im Plural, nach *chacun(e)* im Singular:

  *Voilà vos photos : **quelques-unes sont** réussies, **plusieurs sont** ratées, **certaines sont** originales. **Chacune coûte** deux francs.*

- *Tout* bezieht sich auf Dinge, *tous* und *toutes* auf Dinge oder Personen:

  ***Tout** est prêt.* *Ils sont **tous** venus.* *Elles sont **toutes** arrivées.*

♪ • Beim unbestimmten Pronomen *tous* wird das -*s* gesprochen, beim unbestimmten Begleiter *tous* jedoch nicht:

  *Tou~~s~~ les étudiants sont là. Ils sont tou**s** là.*

EXERCICES

1 **Complétez au choix par « quelques », « plusieurs », « différent(e)s » ou « certain(e)s ».**
J'ai encore *quelques* disques 33 tours.

1. Ma machine à écrire a ______ types d'écriture. - **2.** ______ parties du livre sont très complexes. - **3.** Je fais du tennis ______ fois par semaine. - **4.** La bibliothèque a ______ manuscrits du XVIe siècle. - **5.** Dans ______ pays, il y a encore des régimes dictatoriaux. - **6.** ______ médicaments ont ______ contre-indications.

2 **Complétez par « quelques » ou « quelques-uns », « chaque » ou « chacun ».**
Nous avons *quelques* produits nouveaux. *Quelques-uns* sont révolutionnaires.

1. ______ produit est écologique. ______ a un label de qualité. - **2.** J'ai ______ pièces de monnaie anciennes. ______ sont de 1850. - **3.** Mes enfants ont ______ leur chambre. ______ chambre a un bureau. - **4.** Attendez ! ______ son tour ! ______ passager a un ticket avec un numéro ! - **5.** Il y a beaucoup de détails dans votre article. ______ est important. ______ explication est utile. - **6.** ______ passages du livre sont ennuyeux. ______ sont même illisibles.

3 **Complétez par « tout », « toute », « tous » ou « toutes ».**
Tous les documents et *toutes* les lettres sont sur votre bureau.

1. ______ vos idées et ______ vos propositions sont intéressantes. - **2.** J'ai lu ______ les livres de Balzac ! - **3.** Je suis ______ la journée à la bibliothèque. - **4.** Je suis ______ le temps très calme. - **5.** Vous êtes ______ les matins chez vous ? - **6.** Je passe une visite médicale ______ les deux ans. - **7.** Je suis abonné : j'ai le journal ______ les jours dans ma boîte aux lettres. - **8.** J'ai mal à la tête : je prends un cachet ______ les 2 heures. - **9.** ______ les vendredis après-midi, je suis chez le coiffeur. - **10.** ______ les employés ont une augmentation de salaire. ______ le monde est content.

4 **Répondez selon le modèle.**
– Tous les magasins sont fermés ? – *Ils sont tous fermés.*

1. – Tous les étudiants sont inscrits ? ______
2. – Tous nos clients sont satisfaits ? ______
3. – Tous vos produits sont recyclables ? ______
4. – Tous les documents sont dans l'armoire ? ______

5 **Faites des descriptions selon le modèle.**
Dans mon salon, il y a plusieurs tableaux : j'ai quelques lithographies...

1 Complétez le texte avec les mots manquants (avec élision si nécessaire).

1. Je m'appelle Roberto Bastos. Je ________ brésilien. Je ________ trente-quatre ans. Je ________ grand, brun, et je ________ les yeux noirs. Je ________ professeur de littérature. Je ________ marié et je ________ trois enfants. Ma femme ________ vingt-huit ans. Elle ________ dessinatrice publicitaire. ________ une artiste connue dans notre pays.

2. Ma femme et moi, nous ________ de Rio, mais actuellement, nous ________ Paris pour un an. Je ________ en congé sabbatique : les vacances à Paris, ________ merveilleux ! Nous ________ un petit appartement dans le quartier du Marais. Dans ce quartier, ________ beaucoup de choses intéressantes. À côté de ________ nous, ________ le musée Picasso. ________ un très beau musée.

3. Quand ________ beau, nous allons pique-niquer ________ la place des Vosges, ________ un banc, avec les pigeons (________ des pigeons partout à Paris, ________ des pigeons très parisiens et très mondains...).

4. En ce moment, ________ midi à Paris et ________ huit heures à Rio. Nous sommes ________ février, ________ l'hiver. ________ France, ________ froid, mais ________ Brésil, ________ très chaud : ________ 35 ° en moyenne, dans la journée. Dans les rues de Rio, ________ beaucoup de monde : ________ le Carnaval.

La nuit, ________ les places, ________ des orchestres très populaires. ________ les Écoles de Samba. ________ les plages, ________ matin, ________ beaucoup de surfistes et de jeunes footballeurs.

2 Complétez le texte avec les éléments manquants (avec élision si nécessaire).

1. Mon anniversaire est le seize novembre et ________, Paul ? Ah ! tu es taureau comme ________ mari : il est né ________ dix-huit mai. Il ________ trente ans comme toi.

2. Cette année, je fête mon anniversaire dans le Midi, en Provence. ________ souvent très beau en novembre : ________ l'été de la Saint-Martin.

3. Dans les vignes, ________ beaucoup de monde : ________ l'époque des vendanges. Mon oncle ________ agriculteur. ________ aussi apiculteur (________ un très bon apiculteur : ________ miel est connu dans toute la région). Oh : comme je ________ envie de partir. Je ________ besoin de retrouver tout cela. Mais je n'ai pas ________ vacances avant le mois prochain...

1 Écrivez les chiffres en lettres.

1. La tour Eiffel date de la fin du (XIXe) ____________________ siècle. Elle se compose de (2,5 millions) ____________________ de rivets, assemblés par (300) ____________________ monteurs acrobates, de (1887) ____________________ à (1889) ____________________ .

2. La tour Eiffel mesure (300) ____________ mètres de hauteur. Avec l'antenne de télévision installée en (1959) ____________________ , elle mesure (320,75) ____________________ mètres. La tour pèse plus de (7 000) ____________________ tonnes.

3. Le Pont-Neuf est le plus vieux pont de Paris : commencé au (XVIe) ____________________ siècle, il a été achevé en (1604) ____________________ .

4. Au (XVIe) ____________________ siècle, les Champs-Élysées sont encore des champs et des marais. La reine Marie de Médicis y fait planter des arbres en (1616) ____________________ pour ses promenades royales. En (1709) ____________________ , on baptise cette allée les « Champs-Élysées ».

2 Complétez les phrases (avec élision si nécessaire).

1. Christian ____________ pédiatre : ____________ très bon médecin et ____________ très doux avec les enfants.
2. Je ____________ enrhumée : je ____________ froid, ____________ de la fièvre et je ____________ mal à la tête.
3. En général, les musées sont fermés ____________ mardi, mais aujourd'hui, exceptionnellement, ____________ ouverts.
4. Regarde : il y a Buster Keaton ____________ télévision. Il est magnifique avec ____________ grands yeux tristes : ____________ un très grand acteur.
5. Je téléphone souvent à ____________ mère, ____________ deux jours environ.
6. J'adore ____________ veste, là, dans la vitrine. – Moi, je préfère ____________, mais ____________ est très chère !
7. Regarde ____________ oiseau dans ____________ cage, ____________ vraiment magnifique !
8. Je suis ____________ restaurant, à côté ____________ cinéma Le Rex, avec ____________ cousine.
9. ____________ grand-père ____________ soixante-dix ans. ____________ un peintre très connu.

16 DIE VERBEN AUF -*ER*: DAS PRÄSENS

Je	*dîn-**e***	*tôt.*
Tu	*dîn-**es***	*tard.*
Il / Elle / On	*dîn-**e***	*à neuf heures.*
Nous	*dîn-**ons***	*au restaurant.*
Vous	*dîn-**ez***	*chez Pierre.*
Ils / Elles	*dîn-**ent***	*à dix heures.*

Die überwiegende Mehrheit der französischen Verben sind Verben auf *-er*. Auch die meisten der neu entstandenen Verben (*téléphoner*, *faxer*, *photocopier* usw.) gehören zu dieser Gruppe.

BILDUNG DER VERBFORMEN

- Die Bildung der Verbformen geschieht durch das Anhängen der Personalendungen *-e, -es, -e, -ons, -ez, -ent* an den Infinitivstamm (=Infinitiv ohne *-er*):

***dîn**-er :*	*je **dîn**-e*	*vous **dîn**-ez*
***parl**-er :*	*je **parl**-e*	*vous **parl**-ez*

AUSSPRACHE

♪ • Bis auf die Endungen der 1. und 2. P. Pl. sind alle Endungen stumm. Es wird nur der Stamm gesprochen:

*je **parl**-~~e~~*	*tu **parl**-~~es~~*	*il **parl**-~~e~~*	*ils **parl**-~~ent~~*
Aber:	*nous **parl-ons***	*vous **parl-ez***	

⚠ • Bei Verben auf *-ier* gehört das *-i* zum Infinitivstamm und wird folglich gesprochen:

*étudi-er : **j'étudi**-e* *appréci-er : **j'appréci**-e*

♪ • *Je* wird vor Vokal und „stummem h" zu *j'*:

j'arrive *j'habite*

EXERCICES

1 **Répondez personnellement aux questions selon le modèle.**
– Vous parlez français ? anglais ? espagnol ? grec ?
– *Je parle allemand.*

1. – En général, vous déjeunez à midi, à une heure, à deux heures ?
– ______
2. – En général, vous dînez à sept heures et demie, à huit heures, à neuf heures ?
– ______
3. – Vous habitez à Paris, à Londres, à Amsterdam ?
– ______
4. – Vous habitez dans le centre, en banlieue, à la campagne ?
– ______
5. – Vous étudiez le français seul ou avec un professeur ?
– ______

2 **Posez les questions selon le modèle.**
En général, je marche beaucoup, et vous, *vous marchez beaucoup ?*

1. En général, je commence le travail à 9 heures, et vous, ______
2. Normalement, je termine à 18 heures, et vous, ______
3. En général, je dîne pendant le journal télévisé, et vous, ______
4. D'habitude, je mange très légèrement le soir, et vous, ______
5. En général, je regarde la télévision après le dîner, et vous, ______

3 **Complétez le dialogue à la forme affirmative, puis négative.**
– Paul travaille avec Annie ? – Oui, il *travaille avec Annie.*
– *Non, il ne travaille pas avec Annie.*

1. – Les enfants dînent avec nous, ce soir ? – Oui, ils ______
– ______
2. – Votre mari rentre tôt du travail ? – Oui, il ______
– ______
3. – Paule habite loin d'ici ? – Oui, elle ______
– ______
4. – Vous restez ici ce week-end ? – Oui, nous ______
– ______
5. – Vos filles passent les vacances avec vous ? – Oui, elles ______
– ______

BESONDERHEITEN in SCHREIBWEISE und AUSSPRACHE

*Je je**tte** tout et je recommen**c**e à zéro.*
*Nous je**t**ons tout et nous recommen**ç**ons à zéro.*

Die Verb-Endungen sind je nach Personalform unterschiedlich, aber der Unterschied ist nicht in allen Fällen hörbar:

*Je parl**e** mal français. Et toi, tu parl**es** bien ?*
*Je parl**e** assez bien, mais mes parents parl**ent** très bien.*

- Endet ein Infinitivstamm auf *-g-* oder *-c-* , muß vor *-ons* zum Erhalt der Aussprache *-ge-* oder *-ç-* geschrieben werden:

*voya**g**-er :*	*nous voya**ge**ons*
*commen**c**-er :*	*nous commen**ç**ons*

Manche Verben auf *-er* besitzen zwei Stämme. Sie haben den Infinitivstamm nur in der 1. und 2. P. Pl. und in den übrigen Personen einen anderen Verbstamm. Dies sind:

- Verben mit stummem *-e-* oder *-é-* in der letzten Stammsilbe:

Infinitiv	hörbare Endungen (*nous, vous*)	stumme Endungen (*je, tu, il(s), elle(s)*)	
*ach**e**ter*	*vous ach**e**tez*	*j'ach**è**te*	Accent grave
*l**e**ver*	*nous l**e**vons*	*elle l**è**ve*	Accent grave
*préf**é**rer*	*vous préf**é**rez*	*il préf**è**re*	Accent grave
*esp**é**rer*	*nous esp**é**rons*	*elle esp**è**re*	Accent grave
			oder
*appe**l**er*	*vous appe**l**ez*	*j'appe**ll**e*	Verdoppelung des Konsonanten
*je**t**er*	*nous je**t**ons*	*je je**tt**e*	Verdoppelung des Konsonanten

- Verben auf *-yer*:

*env**oyer***	*vous env**oy**ez*	*j'env**oi**e*	*-y-* → *-i-*
*ess**uyer***	*nous ess**uy**ons*	*j'ess**ui**e*	*-y-* → *-i-*

- Verben auf *-ayer*:

payer	*vous **pay**ez*	*je **pai**e/je **pay**e*	beide Formen möglich
*ess**ayer***	*nous ess**ay**ons*	*j'ess**ai**e/j'ess**ay**e*	beide Formen möglich

EXERCICES

1 **Complétez avec les terminaisons manquantes.**
Nous dans*ons*.

1. Vous fum ________ ? - **2.** Elles travaill ________ . - **3.** Ils bavard ________ . - **4.** Tu pleur ________ ? - **5.** Elles étud ________ . - **6.** Nous écout ________ . - **7.** Je chant ________ . - **8.** Tu dessin ________ . - **9.** Elle regard ________ .

2 **Mettez le texte au pluriel.**
Mon fils aime beaucoup la musique. Il achète deux à trois disques par semaine. Il mange et il travaille avec la radio allumée. Il chante des airs d'opéra sous la douche et il joue du rock dans le garage.

Mes enfants aiment beaucoup la musique. ________________________________
____
____
____

3 **Remplacez « je » par « nous », et « nous » par « je ».**
Je commence un roman. Je change d'adresse. J'espère avoir du succès.
Nous *commençons un roman. Nous changeons d'adresse. Nous espérons avoir du succès.*

1. Je partage un appartement. Je nettoie la cuisine. Je jette les vieux papiers.
Nous ____

2. Nous rejetons ces propositions. Nous suggérons des modifications. Nous appelons un juriste.
Je ____

3. Je dirige une entreprise. J'engage des employés. Je place de l'argent.
Nous ____

4. Nous essayons un nouvel ordinateur. Nous changeons notre matériel. Nous payons par chèque.
Je ____

5. Nous voyageons. Nous emmenons des amis. Nous envoyons des cartes postales.
Je ____

4 **Complétez le texte avec les verbes manquants.**

1. Je parle seulement français, mais mes enfants ________________ français, anglais et italien. - **2.** Vous commencez le travail à 9 heures, mais nous, nous ________________ à 7 h 30 ! - **3.** Nous achetons souvent des roses et vous, vous ________________ parfois des fleurs ? - **4.** Ma cousine et moi, nous avons le même prénom, nous nous ________________ « Éléonore » toutes les deux. - **5.** Mon père change de voiture chaque année, mais nous, nous ________________ de voiture tous les cinq ans.

EXERCICES

1 **Répondez aux questions selon le modèle.**

– Vous travaillez le samedi, en ce moment, Annette ?

– Oui, *en ce moment, je travaille le samedi.*

1. – Vous aimez la cuisine chinoise, François ? – Oui, ____________________
2. – Vous cherchez un appartement dans le centre, Julie ? – Oui, ____________________
3. – Vous restez deux mois à Paris, Roger ? – Oui, ____________________
4. – Vous jouez aux échecs, Antoine ? – Oui, ____________________
5. – Vous fumez beaucoup, Jacqueline ? – Oui, ____________________
6. – Vous étudiez le chinois, John ? – Oui, ____________________
7. – Vous parlez italien, Christine ? – Oui, ____________________
8. – Vous copiez tous vos dossiers sur disquette, Marie ? – Oui, ____________________

2 **Mettez les terminaisons manquantes.**

1. Je regard ______ rarement la télévision : je préf ______ écouter la radio.
2. Mes enfants ador ______ jouer au tennis et parfois ils jou ______ tout le weed-end.
3. Tu travaill ______ beaucoup trop et tu ne mang ______ pas assez.
4. Les voisins parl ______ fort et se disput ______ souvent.
5. À midi, nous mang ______ souvent à la cantine et nous bavard______ entre amis.
6. Mon mari fum ______ le cigare, et moi, je fum ______ des cigarillos.
7. Tu cherch ______ un appartement ? Tu regard______ les petites annonces ?
8. J'invit ______ des amis français et ils me corrig ______ quand je prononc ______ mal.
9. Vous pass ______ vos vacances à Moscou ou vous rest ______ à Paris ?
10. Nous étud ______ la règle et nous recommen ______ les exercices.

3 **Répondez librement aux questions selon le modèle.**

– Où déjeunez-vous en général ? – *En général, je déjeune à la cafétéria.*

1. – Où habitez-vous, actuellement ? – ____________________
2. – Quelle langue parlez-vous, habituellement ? – ____________________
3. – En général, où dînez-vous, le soir ? – ____________________
4. – Où passez-vous les vacances, d'habitude ? – ____________________
5. – Quel journal achetez-vous, normalement ? – ____________________
6. – En ce moment, vous travaillez ou vous étudiez ? – ____________________
7. – Vous payez le loyer en liquide ou par chèque ? – ____________________
8. – Vous gardez ou vous jetez les vieux journaux ? – ____________________

EXERCICES

1 **Complétez les phrases avec les verbes manquants.**

1. Je joue mal aux échecs, mais toi, tu ________________ bien ! - **2.** Mon mari travaille dans le centre, mais moi je ________________ en banlieue. - **3.** Ma mère cuisine très bien, et vous, vous ________________ ? - **4.** Mes amis apprécient le calme de la campagne mais moi, ________________ l'animation de la ville. - **5.** Vous étudiez le français, mon fils ________________ le chinois.

2 **Complétez le texte avec les verbes ci-dessous (avec l'élision si nécessaire).**

dîner	écouter	téléphoner	regarder	jouer
rentrer	préférer	préparer	aimer	enlever

Le soir, quand je *rentre* à la maison, je ________________ mon manteau et mes chaussures et je ________________ mon répondeur téléphonique. Ensuite, je ________________ à un ou deux amis, puis je ________________ quelque chose pour le dîner. Mon mari et mes enfants ________________ manger des pâtes, moi, je ________________ la soupe. Nous ________________ rapidement dans la cuisine, puis nous ________________ la télévision quand il y a quelque chose d'intéressant ou nous ________________ au scrabble en famille.

3 **Répondez aux questions selon le modèle.**

Pharmacie	(9 h 15 - 20 h)	Bus	(6 h 05 - 23 h 55)	Séance	(20 h 15)
Film	(20 h 35 - 22 h 15)	Musée	(10 h - 19 h 45)		

– La pharmacie ouvre à huit heures ? – *Non, elle ouvre à neuf heures et quart.*

1. – La pharmacie ferme à sept heures ? – ________________
2. – Le premier bus passe à cinq heures ? – ________________
3. – La séance commence à quelle heure ? – ________________
4. – Le film se termine à quelle heure ? – ________________
5. – Le musée ferme à quelle heure ? – ________________

4 **Commentez ce sondage (Sofres) sur les préférences alimentaires des Français en écrivant les pourcentages.**

	Gigot	Steak au poivre	Bœuf bourguignon	Cassoulet
Hommes	41 %	27 %	31 %	23 %
	Gigot	Sole	Turbot	Pot-au-feu
Femmes	45 %	31 %	28 %	22 %

Quarante et un pour cent des hommes aiment le gigot. ________________

____

____

____

____

17 ZEITANGABEN (2)

DIE ANGABE der DAUER im PRÄSENS

*Je travaille **depuis** 1982.* *Je suis à Paris **pour** trois mois.*

■ ***DEPUIS*** [=seit] gibt den Beginn einer noch andauernden Handlung oder eines Zustands an:

Je suis professeur	***depuis** 1981.* ***depuis** 15 ans.*	(mit Datum oder Zeitraum)

- Am Anfang eines Satzes benutzt man für „seit" häufig *Il y a… que* oder *Ça fait… que*:

  ***Il y a** deux heures **que** je suis là.*
  ***Ça fait** deux heures **que** je suis là.*

■ ***POUR*** [=für die Dauer von] bezeichnet die voraussichtliche Dauer:

*Je suis en stage **pour** trois ans.*
*J'ai un traitement **pour** six mois.*

Vergangenheit	Gegenwart	Zukunft
depuis →		***pour*** →
*Je suis à Paris **depuis** deux mois.*		*Je suis à Paris **pour** six mois.*

■ ***PENDANT*** [=während] gibt die Dauer eines Vorgangs an:

*Le matin, je me brosse les cheveux **pendant** cinq minutes.*

- *Pendant* kann wegfallen, wenn die Zeitangabe unmittelbar auf das Verb folgt. Am Anfang des Satzes muß *pendant* jedoch immer stehen:

  Je dors huit heures, je travaille dix heures, je fais deux heures de sport.
  ***Pendant** deux heures, je ne pense à rien, je fais du sport.*

■ ***EN*** [=innerhalb von] gibt den Zeitraum an, der für eine Handlung benötigt wird:

*Je fais six kilomètres **en** une heure.*
*En général, je déjeune **en** dix minutes.*

(Vgl. auch S. 188)

EXERCICES

1 **Répondez personnellement aux questions.**

– Vous êtes en France depuis un mois ? six mois ? un an ?

– *Je suis en France depuis trois mois.*

1. – Vous êtes au lycée (à l'université) depuis 1989 ? 1993 ? 1995 ?

   – ______________________________

2. – Vous êtes à la même adresse depuis dix ans, cinq ans, trois ans ?

   – ______________________________

3. – Vous êtes dans cette salle depuis dix minutes ? deux heures ? une demi-heure ?

   – ______________________________

4. – Vous avez ce livre depuis combien de temps ?

   – ______________________________

2 **Faites des phrases selon le modèle.**

ONU (1945) Espèce humaine (2 millions d'années) La Banque mondiale (1944)
Le globe terrestre (4 milliards d'années) Le tunnel sous la Manche (1994)

L'ONU existe depuis mille neuf cent quarante-cinq. ______________________________

____

3 **Refaites les deux exercices précédents en utilisant « ça fait ... que » ou « il y a ... que » (quand c'est possible).**

Ça fait trois mois que je suis en France. ______________________________

4 **Complétez les phrases avec « depuis », « pour », « pendant » ou « en » (si nécessaire).**

Ma mère cuisine *(pendant)* cinq ou six heures et elle fait à manger *pour* trois jours.

1. ________ deux heures, tous les matins, j'étudie le français. - **2.** Mon mari ne fume plus ________ trois semaines, c'est un record ! - **3.** Mon fils travaille comme serveur ________ huit jours et il est déjà fatigué. - **4.** Certains enfants regardent la télévision ________ deux à trois heures par jour ! - **5.** Nous n'avons pas de chance : ________ notre arrivée, il pleut sans interruption. - **6.** Cette promotion est valable ________ les deux mois à venir. - **7.** Si vous louez une voiture ________ plus de dix jours, vous avez un tarif spécial.

5 **Faites des phrases en utilisant les expressions de temps étudiées.**

trois exercices (5 minutes) de la gymnastique (2 heures) du rock acrobatique (1993)

Je fais ______________________________

____

18 DAS ADVERB

ADVERB und ADJEKTIV

Il comprend ***vite*** *et il parle* ***bien****. Il travaille* ***beaucoup****.*

Adjektive beschreiben Substantive oder das Verb *être* näher. Adverbien beschreiben alle übrigen Verben, Adjektive und auch andere Adverbien näher. Im Gegensatz zu Adjektiven sind Adverbien unveränderlich.

- *Rapide* (≠ *lent*) ist ein Adjektiv:

  C'est un train ***rapide.***
  Ces trains sont ***lents.***

- *Vite* (≠ *lentement*) ist ein Adverb:

  Il roule ***vite.***
  Ils roulent ***lentement.***

- *Bon* (≠ *mauvais*) ist ein Adjektiv:

  Alain est un ***bon*** *acteur.*
  Lili est une ***mauvaise*** *actrice.*

- *Bien* (≠ *mal*) ist ein Adverb:

  Il joue ***bien.***
  Elle joue ***mal.***

⚠ • *C'est bon* wird nur für Sinneswahrnehmungen, *c'est bien* für alle anderen Urteile benutzt:

C'est bon, | *le chocolat. / le soleil.*

C'est bien, | *le cinéma. / le français.*

- Weitere Bedeutungen von *bon* und *bien*:

Vous pouvez venir demain? – Oui, ***c'est bon.***	(Einverständnis)
Le Louvre est fermé aujourd'hui. – ***Ah bon !***	(Überraschung)
Ça fait ***bien*** *trente francs ? – Oui, c'est* ***bien*** *ça !*	(Bestätigung)

- *Beaucoup* steht bei Verben:

  Il parle ***beaucoup.***
  J'aime ***beaucoup*** *Pierre.*

- *Très* steht bei Adjektiven oder Adverbien:

  Il est ***très*** *bavard.*
  Il parle ***très*** *vite.*

⚠ • *Beaucoup* und *très* können nicht kombiniert werden:

Es heißt: *Il dort beaucoup.*

Es heißt nicht: *Il dort ~~très~~ beaucoup.*

- *Très* steht bei Ausdrücken mit *avoir* (vgl. S. 46):

Es heißt: *J'ai très froid.*

Es heißt nicht: *J'ai ~~beaucoup~~ froid.*

- *Beaucoup* und *bien* variieren die Bedeutung von *aimer*:

J'aime ***bien*** *Marie.*	*J'aime* ***beaucoup*** *Marie.*	*J'aime Marie.*
(Sympathie)	(Freundschaft)	(Liebe)

EXERCICES

1 **Répondez en utilisant « vite », « rapide », « lent » ou « lentement ».**
Le service dans ce restaurant n'est pas très *rapide.*

1. Ce journaliste parle trop ____________, je ne le comprends pas. - **2.** Dans une partie de Ping-Pong, les joueurs sont très ____________. - **3.** Il est interdit de conduire ____________ dans les villes. - **4.** Épelez ____________ votre nom, je vais le noter. - **5.** Parfois il est plus ____________ de prendre le train que l'avion. - **6.** Les trains de campagne sont très ____________.

2 **Complétez le texte avec « bon », « mauvais », « bien » ou « mal ».**
Votre idée de transformer mon studio en deux pièces est une *bonne* idée.

1. J'ai envie d'aller voir un ____________ film et de dîner dans un ____________ restaurant. - **2.** Ne mélangez pas le vin rouge et le vin blanc : c'est ____________ pour l'estomac. - **3.** Mettez le basilic dans un bocal au frigo : c'est un ____________ truc pour le conserver. - **4.** Je vous félicite pour vos ____________ résultats, continuez, c'est ____________ ! - **5.** Sébastien danse ____________ : attention à vos pieds, Mademoiselle ! - **6.** Gérard est un ____________ ami, mais il a ____________ caractère.

3 **Complétez les phrases avec « beaucoup » ou « très » (si nécessaire).**
Dans les Alpes, en hiver, il fait *très* froid en altitude.

1. Le matin, je mange ____________ peu, mais je bois ____________ beaucoup de lait. - **2.** Gérard Depardieu est un acteur ____________ populaire et ____________ sympathique. - **3.** Marc est ____________ enrhumé et il tousse ____________ beaucoup. - **4.** La nuit, je rêve ____________ et le matin, je suis ____________ fatiguée ! - **5.** Le TGV roule ____________ vite et c'est un train ____________ confortable. - **6.** Il fait ____________ chaud et j'ai ____________ soif. - **7.** À Paris, les gens sont toujours ____________ pressés et ____________ tendus.

4 **Complétez la lettre avec « bon », « bien », « mal », « vite », « lent » et « lentement ».**

Chers parents, Capri, le 15.05.95

Je vais ____________ et je m'amuse ____________. Giorgio a plein de ____________ copains et de ____________ idées ! On fait des concours de vélo et de natation : Giorgio nage ____________ mais je suis plus ____________ à vélo (on chronomètre !). La mère de Giorgio est napolitaine : elle parle très ____________ et je ne comprends presque rien de ce qu'elle dit. Mais elle est gentille et elle cuisine ____________ : la cuisine italienne, c'est ____________ ! J'apprends l'italien mais je ne suis pas doué, mes progrès sont ____________, j'apprends ____________ et je parle très ____________. Ce n'est pas grave, tout le reste va ____________. Je termine ____________ ma lettre parce qu'il y a un match à la télé.

Grosses bises, Loulou.

*Je mange **rarement** chez moi. Je dîne **souvent dehors**.*

ADVERBIEN auf *-MENT*

■ Die meisten Adverbien werden durch das Anhängen von *-ment* an die feminine Form des Adjektivs gebildet:

lent	*lente*	***lente**ment*	
doux	*douce*	***douce**ment*	
heureux	*heureuse*	***heureuse**ment*	
sec	*sèche*	***sèche**ment*	Ausnahme: *gentil* → *gentiment*

- Endet das Maskulinum des Adjektivs auf Vokal, wird *-ment* an die maskuline Form gehängt:

poli	***poli**ment*	
absolu	***absolu**ment*	
modéré	***modéré**ment*	
vrai	***vrai**ment*	Ausnahme: *gai* → *gaiement*

- Endet das Maskulinum des Adjektivs auf *-ent* oder *-ant*, erhält das Adverb die Endung *-emment* bzw. *-amment*, wobei die Endung *-ent/-ant* des Adjektivs wegfällt:

récent	*réc**emment***
fréquent	*fréqu**emment***
suffisant	*suffis**amment***

Aber: *lent* → *lentement*

♪ • Bei Adverbien werden *-e-* und *-a-* vor *-mm-* wie *-a-* ausgesprochen.

■ Sonderfälle:

précis	*précis**é**ment*
profond	*profond**é**ment*
énorme	*énorm**é**ment*

ADVERBIEN der ZEIT und des ORTES

*Je travaille **toujours** le samedi.* — *Je ne travaille **jamais** le samedi.*
*Je regarde **souvent** la télévision.* — *Je regarde **rarement** la télévision.*
*J'achète **quelquefois** des magazines.*
*Je mange **de temps en temps** au restaurant.*

*Il fait chaud **dedans**, mais **dehors** il fait froid.*
*Paul est **ici** ? – Oui, il est **là**.*

EXERCICES

1 **Transformez les adjectifs en adverbes, selon le modèle.**

Doux → *doucement*

Chaud ______	Long ______	Poli ______	Léger ______	Fou ______
Sec ______	Sincère ______	Pauvre ______	Passif ______	Absolu ______
Rare ______	Vrai ______	Discret ______	Tranquille ______	Méchant ______
Régulier ______	Mou ______	Franc ______	Secret ______	Récent ______
Gentil ______	Énorme ______	Simple ______	Fréquent ______	Rapide ______

2 **Complétez les phrases selon le modèle.**

Ce camion est très lent. Il roule *lentement.*

1. Cet enfant est tranquille. Il joue ______
2. Cet élève est attentif. Il écoute ______
3. Cette femme est patiente. Elle attend ______
4. Ce garçon est très sérieux. Il travaille ______
5. Ce chauffeur est prudent. Il conduit ______

3 **Transformez les phrases selon le modèle.**

Roulez avec prudence. *Roulez prudemment.*

1. Parlez avec franchise. ______
2. Agissez avec discrétion. ______
3. Répondez avec fermeté. ______
4. Parlez-lui avec gentillesse. ______

4 **Répondez librement aux questions.**

tôt, tard, souvent, rarement, de temps en temps, quelquefois

– Vous dînez tard le soir ? – *Non, je dîne tôt. (Oui, je dîne tard.)*

1. – Vous dansez souvent ? – ______
2. – Vous regardez souvent la télévision ? – ______
3. – Vous parlez de temps en temps français ? – ______
4. – Vous regardez parfois la BBC ? – ______

5 **Faites des phrases avec les adverbes suivants :**

rarement, rapidement, fréquemment, vite, beaucoup, bien.

19 DIE MENGENANGABE

DIE ANGABE UNBESTIMMTER MENGEN

*Je mange **du** poisson avec **de la** salade et **des** légumes.*

DER TEILUNGSARTIKEL

- Um eine unbestimmte Menge unzählbarer Dinge zu bezeichnen, benutzt man den sogenannten Teilungsartikel: *de*+bestimmter Artikel. Im Deutschen steht das Substantiv hier ohne Artikel:

J'achète	***de la***	*viande.*	
	de l'	*huile.*	
	du	*poisson.*	(~~*de+le*~~ → *du*)
	des	*légumes.*	(~~*de+les*~~ → *des*)

- Der bestimmte Artikel bezeichnet eine Gesamtheit, der Teilungsartikel einen Teil aus der Gesamtheit, der mengenmäßig nicht bestimmt ist.

  Le lait est bon pour la santé.
  *Je bois **du** lait.*

⚠ • Es heißt: *Le matin, je bois **du** thé.*
*À midi, je mange **des** pâtes.*
Nicht: *Le matin, je bois ~~le~~ thé.*
À midi, je mange ~~les~~ pâtes.

- Der Teilungsartikel steht vor allen Substantiven, die eine nicht zählbare Menge bezeichnen:

  *En Afrique du Sud, il y a **du** pétrole, **de l'**or et **des** diamants.*
  *Dans la rue, il y a **des** gens, **du** bruit et **de la** musique.*
  *Quand j'ai **de la** fièvre, je bois **de l'**eau.*

- *Des* kann unbestimmter Artikel (Plural von *un/une*) oder Teilungsartikel (*de+les*) sein. Im Deutschen steht das Substantiv in beiden Fällen ohne Artikel:

  *Il y a **des** bananes dans le frigo.* (zwei, drei…)
  *Il y a **des** rillettes dans le frigo.* (~~*de+les*~~)

♪ • *De* verschmilzt mit *le* und *les*, aber nicht mit *la* und *l'*:

  *Je mange **de la** salade avec **de l'**huile, **du** vinaigre et **des** épices.*

EXERCICES

1 **Complétez le texte avec les partitifs manquants.**
Je mange *de la* viande avec *de la* salade.

Le matin, je mange ______ pain avec ______ beurre et ______ confiture. Mon mari boit ______ café et mange ______ fromage ! Ma fille mange seulement ______ biscuits. À midi, nous mangeons ______ poisson ou ____________ viande avec ______ légumes et ______ fruits. Je bois ______ vin, mon mari boit ______ eau et ma fille boit ______ Coca. Le soir, nous mangeons ______ riz, ______ pâtes ou ____________ soupe. Ma fille mange ______ frites avec ______ ketchup, ou ______ crêpes avec ______ chocolat et ______ bananes. D'après elle, il y a ______ magnésium dans le chocolat, ______ calcium dans les crêpes et ______ potassium dans les bananes : ça donne ____________ force et ______ tonus (mais aussi ______ kilos !).

2 **Faites des phrases selon le modèle.**

MENU

Entrées :	Potage	– Qu'est-ce que vous avez comme entrées ?
	Salade mixte	– *Nous avons du potage, de la salade*
	Poireaux vinaigrette	*et des poireaux vinaigrette.*
Viandes :	Steak tartare	____________
	Faux-filet grillé	____________
	Poulet à la basquaise	____________
Poissons :	Sole meunière	____________
	Morue à la provençale	____________
	Filets de daurade	____________
Desserts :	Tarte aux pommes	____________
	Crème caramel	____________
	Salade de fruits	____________

3 **Décrivez les ressources agricoles des pays, selon le modèle.**
France : blé, orge, raisins... Brésil : sucre, café, maïs, bananes... Grèce : raisins, olives, tabac... Japon : riz, sucre, mandarines... Togo : manioc, coton, cacao.

En France, il y a du blé, ____________

____

____

____

DIE ANGABE BESTIMMTER MENGEN

*Je mange beaucoup **de** viande. Je bois un peu **de** vin.*
*Je ne mange pas **de** gâteaux. Je ne bois jamais **de** café.*

■ Nach Mengenangaben steht nur *de*:

*Je mange **cent grammes de** viande.*
*Je bois **beaucoup de** café.*
*J'achète **deux bouquets de** fleurs.*

⚠ • Es heißt: *Il a beaucoup d'amis.* Nicht: *Il a beaucoup ~~des~~ amis.*

DIE VERNEINUNG

■ In der Verneinung wird der Teilungsartikel durch *de* ersetzt:

Je mange de la salade.	*Je **ne** mange **pas de** salade.*
*Je bois souvent **du** thé.*	*Je **ne** bois **jamais de** thé.*
*Il y a **du** vin pour tout le monde.*	*Il **n'**y a **plus de** vin.*

• Nur bei einer Richtigstellung oder Konkretisierung bleibt der Teilungsartikel auch in der Verneinung erhalten (vgl. auch Erhalt des unbestimmten Artikels in der Verneinung S. 48):

*C'est **du** miel ? – Non, ce **n'**est **pas du** miel, c'est de la confiture.*

ZUSAMMENFASSUNG

Il y a	***de la** viande ?* ***du** café ?* ***des** pommes ?*	unbestimmte Menge
Il y a	*un kilo **de** viande.* *une tasse **de** café.* *beaucoup **de** pommes.*	bestimmte Menge oder Verneinung
Il n'y a pas	***de** viande.* ***de** café.* ***de** pommes.*	

EXERCICES

1 **Complétez les phrases avec les partitifs manquants.**

1. Le panaché, c'est *de la* bière avec un peu ________ limonade. Le café liégois, c'est ________ café avec ________ glace au café et un peu ________ chantilly. La moresque, c'est ________ pastis avec un peu ________ sirop d'orgeat et beaucoup ________ eau.

2. Dans la soupe au pistou, il y a un demi-kilo ________ courgettes, quatre cents grammes ________ haricots verts, trois cents grammes ________ haricots blancs et rouges, 200 grammes ________ carottes, six cuillerées ________ huile d'olive, ________ sel, ________ poivre, ________ basilic et quatre gousses ________ ail ; dans ma recette, il n'y a pas ________ pommes de terre.

3. Dans la pizza « Quatre Saisons », il y a ________ jambon, ________ sauce tomate, ________ champignons et ________ fromage ; dans la « Marinara », il y a seulement ________ sauce tomate et ________ ail, il n'y a pas ________ jambon.

2 **Répondez aux questions selon le modèle.**

SANDWICHS

« Fermier » :
Jambon, cornichons, beurre
« Chef » :
Rosbif, carottes, mayonnaise
« Mixte » :
Salade, tomates, jambon, beurre

SALADES

« Niçoise » :
Tomates, olives, thon, huile d'olive
« Frisée » :
Salade frisée, lardons, croûtons, vinaigrette
« Indienne » :
Poulet, maïs, soja, tomates

– Qu'est-ce qu'il y a dans la salade « Frisée » ?
– *Il y a de la salade frisée, des lardons et des croûtons.*

1. – Est-ce qu'il y a du fromage dans la « Frisée » ? ____________________
2. – Qu'est-ce qu'il y a dans la salade « Niçoise » ? ____________________
3. – Est-ce qu'il y a du beurre dans le « Fermier » ? ____________________
4. – Il y a de la mayonnaise dans le sandwich « Mixte » ? ____________________
5. – Qu'est-ce qu'il y a dans le « Chef » ? ____________________
6. – Il y a du vinaigre dans l'« Indienne » ? ____________________

3 **Dites ce que vous mangez dans la journée et en quelle quantité.**

____
____
____
____

20 DAS PRONOMEN *EN*

Vous mangez du fromage ? *– Oui, j'**en** mange beaucoup.*
Vous avez des enfants ? *– Oui, j'**en** ai trois.*

DAS PRONOMEN *EN* [=davon] ersetzt eine Wortgruppe und steht direkt vor dem Verb. Es ersetzt:

- Mengenangaben mit Teilungsartikel, Mengenwort, Zahl, unbestimmtem Artikel. Anders als im Deutschen können Mengenangaben im Französischen niemals allein stehen, sie brauchen ein Substantiv oder *en*. Wird eine bestimmte Menge bezeichnet, steht die Mengenangabe nun am Ende des Satzes.

Vous buvez du café ? *– Oui, j'**en** bois.*
Vous mangez de la salade ? *– Oui, j'**en** mange.*
Vous avez des enfants ? *– Oui, j'**en** ai **deux**.*
Il y a trente étudiants ? *– Oui, il y **en** a **trente**.*
Il y a assez de pain ? *– Oui, il y **en** a **assez**.*
Vous avez un stylo ? *– Oui, j'**en** ai **un**.* Nicht: *Oui, j'~~ai un~~.*

- Verben mit *de*:

*Il parle **de** son travail ?* *– Oui, il **en** parle souvent.*
*Ils s'occupent **de** ce projet ?* *– Oui, ils s'**en** occupent.*
*Elle revient **de** la piscine ?* *– Oui, elle **en** revient.*

• *En* ersetzt jedoch keine Personen. Man verwendet hier *de*+betontes Personalpronomen (vgl. S. 130):

Vous parlez de votre père ? *– Oui, je parle **de lui**.*

- Feststehende Ausdrücke mit *en*:

*Au revoir: **je m'en vais**.*
Je ne supporte plus cette situation, | ***j'en ai assez** !*
| ***j'en ai marre** !* (umgangssprachlich)
*Je suis fatigué, **je n'en peux plus**.*
*Je ne lui pardonne pas, **je lui en veux**.*
*Tout cela n'est pas grave, **ne vous en faites pas**.*

DIE VERNEINUNG

• Die Verneinungspartikeln *ne… pas* umschließen die von *en*+Verb gebildete Einheit:

*Vous **n'**en achetez **pas** ?* *Il **n'**y en a **plus**.*

• Der unbestimmte Artikel bleibt nur in der bejahten Form erhalten:

*Vous avez **un** stylo ? – Oui, j'**en** ai **un**. – Non, je n'**en** ai pas.*

EXERCICES

1 **Répondez aux questions selon le modèle.**

– Vous mangez souvent de la viande ? – *Oui, j'en mange souvent.*

1. – Vous mangez du pain à tous les repas ? ______
2. – Vous achetez quelquefois du pain complet ? ______
3. – Vous avez beaucoup de livres de grammaire ? ______
4. – Vous parlez souvent de votre travail ? ______
5. – Vous parlez quelquefois de votre passé ? ______

2 **Répondez aux questions.**

– Vous avez quatre enfants ? – Oui, *j'en ai quatre.*

1. – Votre mari a neuf sœurs ? – Oui, ______
2. – Vous avez beaucoup de neveux et nièces ? – Oui, ______
3. – Est-ce que les enfants parlent souvent de leurs cousins ? – Oui, ______
4. – Est-ce que vous achetez beaucoup de cadeaux ? – Oui, ______
5. – Est-ce que vous racontez parfois des histoires ? – Oui, ______
6. – Est-ce que vos enfants ont un chien ? – Oui, ______
7. – Il y a un parc près de votre immeuble ? – Oui, ______
8. – Il y a beaucoup de jardins dans Paris ? – Oui, ______

3 **Répondez à la forme négative, selon le modèle.**

– Vous avez un ordinateur ? – *Non, je n'en ai pas.*

1. – Paul parle de sa vie privée ? ______
2. – Vos parents ont un jardin ? ______
3. – Votre fils mange du fromage ? ______
4. – Votre professeur a des lunettes ? ______
5. – Vous avez de la monnaie ? ______
6. – Il y a une bouteille d'eau dans le frigo ? ______
7. – Il y a une poste près d'ici ? ______
8. – Les voisins ont des enfants ? ______

4 **Posez la question et répondez selon le modèle.**

tomates (2)	beurre (un peu)	lait (0)	jambon (2 tranches)
yaourts (beaucoup)	viande (100 grammes)	œufs (0)	

– Est-ce qu'il y a des tomates dans le frigo ? – Oui, il y en a deux.

______

21 DIE ORTSANGABE (2)

Je passe mes vacances ***en*** *Provence ou* ***en*** *Angleterre.*
Je viens ***de*** *Marseille. Mon mari vient* ***du*** *Devonshire.*

DER AUFENTHALTSORT wird mit *en* oder *dans le(s)* angegeben (vgl. S. 42):

- *En*+fem. Provinzen und Bundesstaaten:

  en | *Bretagne*, *Bavière*, *Californie*

- *Dans le*+mask. Provinzen und Bundesstaaten:

  dans le | *Cantal*, *Wisconsin*, *Devonshire*

- *Dans les*+Regionen und Provinzen im Plural:

  dans les | *Alpes*, *Andes*, *Landes*

DER HERKUNFTSORT wird mit *de*, *du* und *des* angegeben:

- *De*+Städtename:

  Je viens ***de*** | *Rome.* / *Prague.* / *Madrid.*

- *De*+fem. Land, Bundesstaat, Provinz, Kontinent:

  Je viens ***de*** | *Belgique.* / *Californie.* / *Provence.*

- *Du*+mask. Land, Bundesstaat, Provinz:

  Je viens ***du*** | *Maroc.* / *Wisconsin.* / *Poitou.*

- *Des*+Ländernamen, Regionen, Provinzen im Plural:

  Je reviens ***des*** | *Etats-Unis.* / *Andes.* / *Landes.*

- Diese Regeln gelten auch in Wortgruppen:

  le café ***de*** *Colombie*
  les fruits ***de*** *Provence*
  le fromage ***des*** *Pyrénées*
  la reine ***d'****Angleterre*
  le café ***du*** *Brésil*
  le foie gras ***du*** *Périgord*
  les Indiens ***des*** *Etats-Unis*
  le roi ***du*** *Maroc*

♪ • *De* wird vor Vokal und „stummem h" zu *d'*, vor „aspiriertem h" bleibt *de* dagegen erhalten:

les ambassades ***d'****Égypte et* ***d'****Iran*

Aber: *les ambassades* ***de*** */* ***H****ollande et* ***de*** */* ***H****ongrie*

EXERCICES

1 **Complétez avec « en », « dans le » ou « dans les ».**

1. Beaucoup d'Anglais ont des résidences secondaires *en* Normandie ou __________ Dordogne, les Américains préfèrent s'installer __________ Bourgogne ou __________ Bretagne, les Belges, eux, vont __________ Provence, __________ Vaucluse ou __________ Bouches-du-Rhône.
2. Nous avons un châlet __________ Tyrol, et une petite maison __________ Abruzzes, __________ Italie.
3. Gene passe ses vacances __________ Mississippi et Peter __________ Ohio.
4. Les coureurs du Tour de France sont aujourd'hui __________ Cévennes, ils vont aller aussi __________ Alpes, __________ Massif Central et __________ Alsace.
5. Le Mont-Saint-Michel est __________ Bretagne ou __________ Normandie ?

2 **Répondez selon le modèle.**
– Vos parents sont suédois ?
– Oui, ils viennent *de Suède.*

1. – Panaït est roumain ? – Oui, il vient __________
2. – Votre cousin est espagnol ? – Oui, il vient ______
3. – Vos amis sont brésiliens ? – Oui, ils viennent ___
4. – Michael est australien ? – Oui, il vient ________
5. – Carole est canadienne ? – Oui, elle vient _______

3 **Indiquez l'origine du produit.**
Poires (Provence)
Ce sont des poires de Provence.

Café (Colombie) Morue (Portugal)

____

Avocats (Israël) Tomates (Maroc)

____

Riz (Thaïlande) Beurre (Normandie)

____

4 **Complétez le texte avec « du », « de », « d' » ou « des ».**

1. Ma cousine vient *du* Maroc et son mari vient _______ Tunisie. - **2.** L'actuel directeur vient _______ Hollande et le chef du personnel vient _______ Espagne. - **3.** Notre société exploite le gaz _______ Norvège, _______ Nigeria et _______ Italie. - **4.** L'ambassade _______ Allemagne se trouve près du consulat _______ Brésil. - **5.** Les oranges _______ Maroc coûtent moins cher que les oranges _______ Espagne. - **6.** D'après moi, les mangues _______ Antilles et _______ Brésil sont les meilleures.

5 **Complétez les phrases avec « du », « de », « d' », « à », « en » ou « au ».**

1. Je cherche des tapis anciens *d'*Afganistan, _______ Chine et _______ Pakistan. - **2.** L'équipe _______ Hongrie doit rencontrer l'équipe _______ Zaïre dimanche. - **3.** Albert est un médecin anglais qui a soigné les Indiens _______ Amazonie, les Aborigènes _______ Australie et les Esquimaux _______ Groenland. - **4.** L'ambassadeur _______ États-Unis a rencontré l'ambassadeur _______ Russie _______ Helsinki _______ Finlande avant d'aller _______ Pékin, _______ Chine. - **5.** Les coureurs du Tour de France sont aujourd'hui _______ Angleterre, ils viennent _______ Portugal et ils vont aller _______ Belgique.

22 DIE STEIGERUNG

*Paul est **plus** riche **que** Jean, mais il travaille **moins**.*

DER KOMPARATIV

- Beim Komparativ werden *plus* [=mehr], *aussi* [=genauso] oder *moins* [=weniger] vor das Adjektiv bzw. Adverb gestellt und *que* vor den Begriff, auf den sich der Vergleich bezieht:

*Jean est **plus** rapide **que** Pierre.*
*Jean est **aussi** rapide **que** Paul.*
*Jean est **moins** rapide **que** Jim.*

*Jean travaille **plus** vite **que** Pierre.*
*Jean travaille **aussi** vite **que** Paul.*
*Jean travaille **moins** vite **que** Jim.*

- Bei Verben wird *plus/autant/moins* nachgestellt, bei Substantiven vorangestellt:

*Alain gagne { **plus** / **autant** / **moins** } **que** Jean.*

*Alain a { **plus** / **autant** / **moins** } **d'**argent **que** Jean.*

- Der zweite Teil des Vergleichs wird gelegentlich weggelassen:

*Paul travaille **moins,** mais il est **plus** riche (que Jean).*

- Es heißt: *Jean est aussi dynamique que Pierre.*
  Nicht: *Jean est aussi dynamique ~~comme~~ Pierre.*

- *Comme* [=wie] steht nur in vergleichenden Sätzen ohne *plus/aussi/moins*:

*Elle est belle **comme** le jour.*
***Comme** toi, j'aime la neige.*

DER SUPERLATIV

DER SUPERLATIV wird gebildet, indem *le*, *la*, *les* vor *plus/moins* treten und vor das Bezugswort *de* gesetzt wird:

*Zoé est **la** plus grande **de** la classe.*
*Marc est **le** moins grand (**de** la classe).*

- Zur besonderen Hervorhebung wird auch *c'est… qui* benutzt:

***C'est** Paul **qui** est le plus grand.*
***C'est** Annie **qui** écrit le mieux.*

- Steht *plus* am Satzende, wird das -*s* gesprochen, ebenso wie in *plus que*:

*C'est Jean qui gagne le plu**s**, mais il travaille plu**s** que les autres.*

EXERCICES

1 **Comparez aujourd'hui et autrefois en utilisant les comparatifs manquants.**

(–) Aujourd'hui, les travaux ménagers sont *moins* durs *qu'*autrefois.

1. (+) Le niveau de vie est ____________ élevé ____________ autrefois.
2. (–) Les aliments sont ____________ naturels ____________ avant.
3. (+) Les femmes sont ____________ indépendantes ____________ autrefois.
4. (–) Les voyages sont ____________ dangereux ____________ dans le passé.
5. (–) La nature est ____________ sauvage ____________ avant.
6. (=) L'être humain est ____________ mystérieux ____________ autrefois.
7. (+) Les informations circulent ____________ vite ____________ au siècle dernier.
8. (+) Les gens vivent ____________ longtemps ____________ avant.
9. (=) Les hommes se battent ____________ aveuglément ____________ autrefois.

2 **Complétez le texte avec « aussi » ou « autant de ».**

Les chiens ne sont pas *aussi* indépendants *que* les chats.

1. Philippe achète ____________ vêtements ____________ sa femme.
2. Il n'y a pas ____________ touristes ____________ l'année dernière.
3. Ma fille est ____________ grande ____________ moi.
4. Les Italiens ne mangent pas ____________ beurre ____________ les Français.
5. Souvent, au bar, l'eau coûte ____________ cher ____________ le vin !

3 **Faites des phrases au comparatif puis au superlatif, selon le modèle.**

	Salaire	Temps de travail
Marie	10 000 F/mois	35 heures/semaine
Claire	8 000 F/mois	44 heures/semaine
Julie	12 000 F/mois	35 heures/semaine
Rachel	10 000 F/mois	39 heures/semaine

Claire gagne moins que Rachel, mais elle travaille plus (qu'elle).

____

____

____

____

C'est Julie qui gagne le plus.

____

____

____

EXERCICES

1 Créez des phrases selon le modèle, en utilisant le vocabulaire ci-dessous.

chaud tôt près vieux cher vite

Il fait 25 ° à Paris et il fait 20 ° à Lisbonne.

Il fait plus chaud à Paris qu'à Lisbonne.

1. Pierre arrive au bureau à 8 h 30 et Claire à 10 heures.

____

2. La voiture roule à 150 km/heure et la moto à 180 km/heure.

____

3. Alain a 50 ans et Adrien 40 ans.

____

4. La pizzeria est à environ 300 mètres et le restaurant à 500 mètres.

____

5. Le disque compact coûte 150 francs et la cassette 80 francs.

____

2 Répondez avec « plus (que) », « moins (que) » ou « autant (que) ».

Jean dort huit heures, Marie six : *Jean dort plus (que Marie).*

1. Catherine travaille vingt heures, Alain trente-cinq : _______________
2. Gilles mange deux croissants et un yaourt, Julie un yaourt : _______________
3. Pierre gagne 10 000 F par mois. Anaïs gagne aussi 10 000 F : _______________
4. Michael lit un livre par semaine, Suzanne quatre livres par mois : _______________

3 Faites des comparatifs, en accordant les adjectifs, selon le modèle.

l'huile/l'eau (+ lourd) *L'huile est beaucoup plus lourde que l'eau.*

1. l'argent/l'or (– précieux) _______________
2. l'acier/le fer (+ résistant) _______________
3. la soie/le lin (+ léger) _______________
4. l'essence/l'électricité (+ polluant) _______________
5. le pétrole/l'uranium (– rare) _______________
6. les roses/les œillets (+ fragile) _______________
7. la laine/le polyester (+ chaud) _______________
8. les pommes/les pêches (– cher) _______________
9. la couleuvre/la vipère (– dangereux) _______________
10. la fusée/l'avion (+ rapide) _______________

EXERCICES

1 **Complétez avec « plus » ou « moins », selon le modèle.**
– L'argent, c'est important. – Oui, mais la santé, *c'est encore plus important.*

1. – La mer, c'est reposant. – Oui, mais la montagne, ______
2. – Le lin, ce n'est pas chaud. – Oui, mais le coton, ______
3. – La soie, c'est doux. – Oui, mais le satin, ______
4. – Le veau, ce n'est pas gras. – Oui, mais le poisson, ______
5. – Les hommes, c'est compliqué. – Oui, mais les femmes, ______

2 **Faites des phrases avec les comparatifs de supériorité .**
– André est très beau. – Oui, mais Julien *est plus beau* que lui.

1. – Anne est très intelligente. – Oui, mais Estelle ______ qu'elle.
2. – Jim et Bill sont désordonnés. – Oui, mais Léo ______ qu'eux.
3. – Le voisin est vraiment gentil. – Oui, mais sa femme ______ que lui.
4. – Christophe est un peu fou ! – Oui, mais Charlotte ______ que lui.

3 **Répondez en utilisant un superlatif, selon le modèle.**
– Gérard Depardieu est un acteur français très connu.
– *Oui, je pense que c'est l'acteur français le plus connu.*

1. – Le Pont-Neuf est un très vieux pont.
   – ______
2. – Le Marais est un quartier très intéressant.
   – ______
3. – La rue de Vaugirard est une rue très longue.
   – ______
4. – Les magasins de la rue Saint-Honoré sont très chers.
   – ______
5. – Les restaurants de Montmartre sont très touristiques.
   – ______

4 **Faites des phrases au superlatif selon le modèle.**
chanteur connu   bel acteur   belle ville   livre passionnant   profession intéressante
homme politique célèbre   événement marquant   beau prénom de fille (de garçon)

À mon avis, Jacques Brel est le chanteur français le plus connu...

______

______

MEILLEUR und *MIEUX*

*Le gâteau est **meilleur** que la tarte. Julie cuisine **mieux** que Paula.*

Im Komparativ sind *bon* und *bien* unregelmäßig. *Mauvais* und *mal* werden dagegen regelmäßig gesteigert.

■ ***MEILLEUR*** [=besser] ist die Steigerung von *bon*. Es wird in Geschlecht und Zahl angeglichen:

*Le bordeaux blanc est **bon.***	*Le bordeaux rouge est **meilleur.***
*La tarte de Sonia est **bonne.***	*La tarte de Magda est **meilleure.***
*Les sorbets au citron sont **bons.***	*Les sorbets à la fraise sont **meilleurs.***
*Les glaces au café sont **bonnes.***	*Les glaces au chocolat sont **meilleures.***

- Die mit *aussi* und *moins* gebildeten Steigerungsstufen von *bon* und *mauvais* regelmäßig:

  aussi bon/moins bon — *aussi mauvais/moins mauvais*

- Neben der regelmäßigen Steigerung von *mauvais* benutzt man auch die Form *pire*:

  plus mauvais oder *pire*

- Die Superlative von *bon* und *mauvais* lauten ***le** meilleur* und ***le** plus mauvais* bzw. *le pire*:

*Ce vin est **le** meilleur.*	*Ce vin est **le** plus mauvais/le pire.*
*Ces fruits sont **les** meilleurs.*	*Ces fruits sont **les** plus mauvais/les pires.*

■ ***MIEUX*** [=besser] ist die Steigerung von *bien*, *plus mal* ist diejenige von *mal*:

*John chante **bien.***	*Cathy chante **mieux.***
*John chante **mal.***	*Cathy chante **plus mal.***

- Die mit *aussi* und *moins* gebildeten Steigerungsstufen sind für *bien* und *mal* regelmäßig:

  aussi bien/moins bien — *aussi mal/moins mal*

- Die Superlative von *mieux* und *mal* lauten ***le** mieux* und ***le** plus mal*:

  *C'est Luis qui parle **le** mieux.*
  *C'est Bruno qui parle **le** plus mal.*

- *Il vaut mieux* wird am Satzanfang dem gleichbedeutenden *c'est mieux* vorgezogen:

  *Réserver avant de partir, **c'est mieux.** – Oui, **il vaut mieux** réserver avant de partir.*

  (*Bon* und *bien* vgl. auch S. 78)

EXERCICES

1 **Complétez les phrases avec « bon », « bien », « mieux » ou « meilleur ».**
La crème caramel, *c'est bon,* mais les profiteroles, *c'est meilleur.*

1. Le poisson congelé, ________________, mais le poisson frais, ________________.
2. Visiter Paris en bus, ________________, mais visiter Paris à pied, ________________.
3. Le vin blanc, ________________, mais le champagne, ________________.
4. Les crêpes au sucre, ________________, mais les crêpes au chocolat, ________________.
5. Parler deux langues, ________________, mais parler trois langues, ________________.

2 **Donnez le superlatif, selon le modèle.**
Selon Michel, l'alcool de poire est le digestif *le meilleur du monde.*

1. D'après Federico, les rigatoni sont les pâtes ________________________________
2. À mon avis, la vodka polonaise est la vodka ________________________________
3. D'après Philip, le whisky irlandais est le whisky ________________________________
4. Selon moi, le Dom Pérignon est le champagne ________________________________

3 **Complétez les phrases avec « mieux », « le mieux » ou « meilleur », « le meilleur ».**

1. Selon Pierre, on mange *mieux* à la cafétéria qu'au restaurant : le steak est ________ et les frites sont ________ . - **2.** Mon père danse ________ que moi : de toute la famille, c'est lui qui danse ________ . - **3.** Le café italien est sans aucun doute ________ . - **4.** Pierre travaille ________ que Paul et ses résultats sont ________ . - **5.** Votre gâteau est ________ que le mien, vous cuisinez ________ que moi ! - **6.** De tous les étudiants, c'est John qui parle ________ français, mais c'est Ann qui a ________ accent. - **7.** Cette année, les cerises sont ________ que l'année dernière. - **8.** La pizza de « Pietro » est vraiment ________ de Paris !

4 **Complétez les phrases selon le modèle.**
– Partir quinze jours, *c'est bien, mais partir un mois, c'est mieux.*
– Oui, *il vaut mieux partir un mois.*

1. – Dormir six heures par nuit, ________________________________
   – Oui, ________________________________
2. – Faire une heure de gymnastique, ________________________________
   – Oui, ________________________________
3. – Partir en week-end le samedi, ________________________________
   – Oui, ________________________________
4. – Utiliser une machine à écrire, ________________________________
   – Oui, ________________________________

23 DAS VERB *ALLER*

Je	***vais***	*à Paris.*
Tu	***vas***	*à Rome.*
Il / Elle / On	***va***	*en Grèce.*
Nous	***allons***	*au Maroc.*
Vous	***allez***	*au cinéma.*
Ils / Elles	***vont***	*à la piscine.*

Das Verb *aller* ist unregelmäßig und besitzt mehrere Verbstämme:

*Je **vais** à Rome.* *Vous **allez** à Madrid.* *Ils **vont** à Berlin.*

ALLER+ORTSANGABE

- *Aller* steht normalerweise mit einer Ortsangabe:

  *Je vais **à** Berlin.*
  *Ils vont **chez** des amis.*
  *Vous allez **dans** la salle douze.*

- Die Ortsangabe kann durch *y* [=dort(-hin)] ersetzt werden:

  *On **y** va ? – Allons-**y** !*

ALLER EN TRAIN, ALLER EN AVION usw.

- Bei Verkehrsmitteln steht in den meisten Fällen die Präposition *en*:

  Je vais à Madrid | ***en** voiture.* / ***en** train.* / ***en** avion.*

- In einigen festen Wendungen findet sich aber auch *à*:

  Il va au village | ***à** pied.* / ***à** bicyclette.* / ***à** cheval.*

EXERCICES

1 **Répondez aux questions selon le modèle.**

– Vous allez à la montagne, en hiver ? – *Oui, je vais à la montagne en hiver.*

1. – Vous allez à la mer en été ? – __________
2. – Vous allez parfois au théâtre ? – __________
3. – Vous allez régulièrement au cinéma ? – __________
4. – Vous allez au restaurant, le samedi ? – __________
5. – Vous allez quelquefois à la campagne ? – __________

2 **Faites des phrases en utilisant « avoir » et « aller », selon le modèle.**

mal à la gorge/médecin   mal aux dents/dentiste   mal aux yeux/oculiste   mal au dos/kiné

Quand j'ai mal à la gorge, je vais chez le médecin. __________

____

3 **Complétez les phrases, selon le modèle.**

Je *vais au* Danemark *en* avion.

1. Ils _____ _____ Angleterre _____ ferry.
2. Vous _____ _____ Belgique _____ train ?
3. Il _____ _____ Angola _____ bateau.
4. Elles _____ _____ Mexique _____ avion.
5. Tu _____ _____ Hollande _____ car ?

4 **Complétez le texte suivant avec le verbe « aller » et les prépositions manquantes.**

1. Ma femme et moi, nous *allons au* bureau _____ voiture, mon fils _____ université _____ bus et ma fille _____ école _____ pied.
2. Quand nous _____ Grèce, nous _____ d'Athènes à Héraklion _____ avion, d'Héraklion à Santorin _____ bateau et, à Santorin, nous _____ au village _____ cheval, ou plutôt _____ dos d'âne. Ensuite, nous circulons dans l'île _____ jeep, _____ bicyclette ou _____ pied.
3. – Est-ce que vous _____ Norvège avec toute la classe la semaine prochaine ? – Oui, les professeurs et les étudiants _____ Oslo _____ charter et ensuite, ils _____ quelques jours à la montagne _____ voiture, avec leurs amis.

5 **Décrivez vos déplacements habituels dans la journée, selon le modèle.**

À huit heures, je vais au bureau.
À midi, __________

____

24 DAS PRONOMEN *Y*

Vous allez ***à*** *Rome en train ? – Non, j'****y*** *vais en avion.*

Das Pronomen *y* [=dort, dorthin] ersetzt Ortsangaben und mit *à* eingeleitete Wortgruppen. *Y* steht unmittelbar vor dem Verb. Nur *en* kann zwischen *y*+Verb treten.

Y als Ersatz für ORTSANGABEN

Paul va à Lyon.	*Il* ***y*** *va en voiture.*
Anne habite dans un hôtel.	*Elle* ***y*** *habite depuis un mois.*
Jean est sur les Champs-Élysées.	*Il* ***y*** *est depuis midi.*

Y als Ersatz für MIT *À* EINGELEITETE WORTGRUPPEN

(jedoch nicht bei Personen):

Je pense ***à*** *mon pays.*	*J'****y*** *pense souvent.*
Je participe ***à*** *ce projet.*	*J'****y*** *participe.*
Je réfléchis ***à*** *sa proposition.*	*J'****y*** *réfléchis.*

■ Bei Personen erfolgt die Ersetzung durch *à*+betontes Personalpronomen (vgl. S. 130):

Je pense ***à*** *mon père.*	*Je pense* ***à lui.***
Je pense ***à*** *mes amis.*	*Je pense* ***à eux.***

IN DER VERNEINUNG

umschließen die Verneinungspartikeln *ne … pas* die von *y*+Verb gebildete Einheit:

Je ***n'****y vais* ***pas.*** *Je* ***n'****y pense* ***pas.*** *Il* ***n'****y en a* ***plus.***

FESTSTEHENDE WENDUNGEN

Paul est un connaisseur en vin : ***il s'y connaît.***
Je ne suis pas responsable : ***je n'y suis pour rien.***
Voilà, ***ça y est,*** *c'est fini !*

EXERCICES

1 Répondez aux questions au choix.

– Vous restez à Genève deux ou trois jours ?
– *J'y reste trois jours.*

1. – Vous allez à l'aéroport à cinq heures ou à six heures ?
   – ______________________
2. – Vous êtes à Paris pour deux ou trois mois ?
   – ______________________
3. – Vous allez chez le dentiste mardi ou mercredi ?
   – ______________________
4. – Vous retournez à Berlin la semaine prochaine ou le mois prochain ?
   – ______________________
5. – Vous restez en Allemagne deux ou trois jours ?
   – ______________________

2 Répondez en utilisant « y », selon le modèle.

– Je vais à la piscine à 16 heures, et vous ? – *J'y vais aussi à 16 heures.*

1. – Nous allons au théâtre jeudi soir, et vous ? ______________________
2. – Mon frère va en Grèce en juillet. Et vos enfants ? ______________________
3. – Mes amis vont aux États-Unis pour Noël. Et votre fils ? ______________________
4. – Je vais chez le coiffeur vendredi. Et vous ? ______________________
5. – Nous allons au cinéma samedi soir. Et Paula ? ______________________

3 Répondez aux questions à partir du texte en utilisant « y ».

Ce soir, Antoine va au Grand Palais avec son amie Isabelle. Ils s'intéressent tous les deux à la peinture et ils vont toujours ensemble voir les expositions. Il fait beau aujourd'hui, Antoine et Isabelle vont marcher le long de la Seine jusqu'au Grand Palais. La femme d'Antoine, Gloria, ne s'intéresse pas à l'art. En général, elle s'intéresse plutôt à la science et aux techniques. Ce soir, Gloria va à La Villette à bicyclette avec François, le mari d'Isabelle.

1. Antoine va au Grand Palais avec Gloria ? ______________________
2. Gloria s'intéresse à la science ? ______________________
3. Elle s'intéresse à la peinture ? ______________________
4. Antoine va au Grand Palais en voiture ? ______________________
5. Gloria et François vont à La Villette en métro ? ______________________

4 Répondez négativement à l'exercice n° 2 : *Je n'y vais pas.*

25 DIE ORTS- UND ZEITANGABE (3)

*Je travaille **environ** dix heures : **de** huit heures **à** dix-huit heures.*

■ ***À*** gibt einen konkreten Punkt in Zeit oder Raum an:

*Je termine mon travail **à** dix-huit heures.*
*Nous sommes **à** Paris (**à** l'école, **au** deuxième étage).*

■ ***DE... À*** erfaßt einen Zeitraum oder einen räumlichen Abstand:

*Je travaille **de** huit heures **à** midi, **du** lundi **au** vendredi.*
*Il y a huit cents kilomètres **de** Paris **à** Avignon.*

■ ***JUSQU'À*** nennt einen Endpunkt in Zeit und Raum:

*En France, on travaille en général **jusqu'à** soixante ans.*
*Le TGV Atlantique va **jusqu'au** Croisic.*

■ ***À PARTIR DE*** bezeichnet einen Anfangspunkt in Zeit oder Raum:

*L'horaire d'hiver commence **à partir du** 22 septembre.*
*Il y a des embouteillages **à partir de** Versailles.*

■ ***ENVIRON*** und ***VERS*** stehen vor einer ungefähren Angabe:

- *Environ* wird hauptsächlich bei Angaben zu Zeitdauer oder Mengen verwendet:

*Je mets **environ** cinq minutes pour rentrer chez moi.*
*Il y a **environ** soixante millions de Français.*

⚠ • *Vers* steht bei Richtungs- und Uhrzeitangaben. Aber: Bei *Il est*+Uhrzeit muß *environ* stehen:

*Je cours **vers** la porte* *Nous dînons **vers** huit heures.* *Il est **environ** minuit.*

■ ***ENTRE*** und ***PARMI***

- *Entre*: Auswahl oder Plazierung zwischen zwei Elementen:

*«B» est **entre** «A» et «C».*
***Entre** des roses et des tulipes, j'hésite.*

- *Parmi*: Auswahl oder Plazierung zwischen mehr als zwei Elementen:

«B» est une lettre parmi les lettres de l'alphabet.
*Les roses sont **parmi** mes fleurs préférées.*

- *Entre nous, entre eux* bedeutet „unter Ausschluß anderer":

***Entre nous,** je vais vous dire un secret : parmi nous, il y a un espion.*

EXERCICES

1 **Complétez avec « à », « de », « jusqu'à » ou « à partir de », avec les contractions si nécessaire.**
Je suis en vacances *jusqu'à* mercredi.

1. Je suis au bureau ________ neuf heures ________ vingt heures. - **2.** Thierry me donne toujours rendez-vous ________ cinq heures ________ Café de la gare. - **3.** Nous sommes à Paris ________ la semaine prochaine. - **4.** Est-ce que ce bus va ________ la gare de Lyon ? - **5.** Les soldes d'hiver commencent en général ________ 15 janvier.

2 **Complétez le texte avec les prépositions « à », « de », « environ », « vers », etc.**

Je travaille *à* Orly, ________ l'aéroport, ________ premier étage, ________ guichet n° 7. Je commence ________ 5 heures pile et je termine ________ minuit, minuit et quart. Parfois, je travaille sans interruption ________ 7 heures du soir le lundi ________ 7 heures du soir le mardi. Je n'ai pas de voiture : je vais ________ Denfert ________ Orly en bus. Je mets ________ trois quarts d'heure pour rentrer chez moi et le mardi j'arrive ________ neuf heures. Quand j'ai fini de dîner, il est ________ onze heures. Je me couche ________ minuit.

3 **Complétez les phrases avec « environ » ou « vers ».**
Je déjeune *vers* treize heures.

1. Le matin, je me lève ________ 7 heure et demie : je dors ________ sept heures. - **2.** Appelez-moi ________ huit heures, après le travail, ou ________ l'heure du déjeuner. - **3.** Ici, à Rio, il est ________ midi et il fait ________ quarante-cinq degrés ! - **4.** Je me suis promené ________ la rue Saint Honoré et j'ai dépensé ________ 800 dollars !

4 **Complétez les phrases avec « parmi » ou « entre ».**
Est-ce qu'il y a un médecin *parmi* les spectateurs ?

1. Choisissez au hasard ________ ces cartes. - **2.** Des bateaux-mouches circulent en permanence ________ la tour Eiffel et Notre-Dame. - **3.** S'il faut choisir ________ la ville et la campagne, je préfère la ville. - **4.** À Paris, le métro ne circule plus ________ 1 h 15 et 5 h 30 du matin.

5 **Complétez le texte avec « à », « environ », « jusqu'à », « entre » ou « parmi ».**

Il est ________ seize heures. Paul est dans un petit cinéma ________ droite de la fontaine Saint-Michel, ________ cinquante mètres du métro. Il est assis ________ deuxième rang ________ une dame rousse et un monsieur barbu. En attendant le film, il prépare son programme de la soirée. Il hésite ________ un concert de jazz et une pièce de théâtre. Il est ________ Paris seulement ________ mardi prochain et il a du mal à choisir ________ tous les spectacles qui passent actuellement.

26 DIE VERBEN AUF *-IR*, *-RE* UND *-OIR*

*Je **finis** de dîner. Je **mets** mon manteau. Je **reçois** une lettre.*
*Vous **finissez** de dîner. Vous **mettez** un pull. Vous **recevez** une carte.*

Die Verben auf *-ir*, *-re*, *-oir* bilden die Personalformen im Präsens auf *-s*, *-s*, *-t*, *-ons*, *-ez*, *-ent*.

VERBEN mit ZWEI STÄMMEN

■ Verben auf ***-IR***: Singular- und Pluralstamm sind unterschiedlich, entweder durch:

- Stammverkürzung im Singular um den Endkonsonanten:

  partir *je **par**-s* vous ***part**-ez* Ebenso: *sortir, sentir, dormir*

- Stammerweiterung im Plural um *-ss-*:

  finir *je **fini**-s* *vous **fini-ss**-ez* Ebenso: *choisir, réfléchir, ralentir, jaunir, fleurir rougir, guérir, grossir, vieillir, salir*

- *Cueillir*, *ouvrir* und *offrir* werden wie die Verben auf *-er* konjugiert:

  cueillir *je cueille* *vous cueillez* *offrir* *j'offre* *vous offrez*
  ouvrir *j'ouvre* *vous ouvrez*

⚠ • Ausnahme: *venir* ist unregelmäßig (vgl. S. 104).

■ Verben auf ***-RE*** sind meist unregelmäßig. Es gilt jedoch:

♪ • Im Singular ist der Endkonsonant des Infinitivstamms bei Verben auf *-tre* und *-dre* stumm:

  entendre *j'entend-s* *vous enten**d**-ez* Ebenso: *mettre, répondre, vendre, perdre*

- Häufig ändert oder verdoppelt sich im Plural der Endkonsonant des Infinitivstamms:

écrire	*j'écris*	*vous écri**v**ez*	Ebenso: *transcrire, inscrire*
lire	*je lis*	*vous li**s**ez*	Ebenso: *suffire, élire,* Verben auf *-uire* und *-dire*
éteindre	*j'éteins*	*vous étei**gn**ez*	Ebenso: *craindre, peindre, joindre*
mettre	*je mets*	*vous me**tt**ez*	Ebenso: *battre, promettre*
connaître	*je connais*	*vous connai**ss**ez*	Ebenso: *naître, paraître*
vivre	*je vis*	*vous vivez*	Ebenso: *revivre, survivre, suivre*

- Bei den Verben auf *-dre* endet die 3. P. Sg. auf *-d* statt auf *-t*:

  répondre *il répond* Ebenso: *entendre, vendre, perdre*

⚠ • Ausnahmen: *prendre, boire, faire* und *dire* (vgl. S. 104)
(Vgl. auch die Tabelle der Verbformen S. 248ff.)

EXERCICES

1 **Répondez à la première personne.**
– Vous partez tout de suite ? – *Oui, je pars tout de suite.*

1. – Vous vivez à Paris ? – Oui, ____________________
2. – Vous dormez bien la nuit ? – Oui, ____________________
3. – Vous suivez des cours de français ? – Oui, ____________________
4. – Vous partez à sept heures ? – Oui, ____________________

2 **Complétez les phrases avec les verbes manquants.**
Marie ferme les volets pour dormir, mais moi, je *dors* la fenêtre ouverte.

1. Le matin, je pars à neuf heures, mais Marie et les enfants ________ à huit heures. - **2.** Je vis en France depuis cinq ans, mais mes parents ________ aux États-Unis. - **3.** Nous sortons très peu : tous nos amis ________ plus que nous. - **4.** Je suis un cours de yoga et mes enfants ________ un cours de karaté.

3 **Complétez les phrases suivantes (avec l'élision si nécessaire).**
attendre conduire battre entendre lire éteindre

1. – Vous *attendez* depuis longtemps ? – Je ________________ depuis un quart d'heure. - **2.** – On conduit à gauche, en Norvège ? – Non, les Scandinaves ________________ à droite. - **3.** – Mes enfants me battent aux échecs, mais je les ________________ au Scrabble. - **4.** – Vous entendez bien au fond de la salle ? – Non, nous ________________ très mal. - **5.** – Thierry lit « Le Monde » mais ses amis ________________ « Libération ». - **6.** – Vous ________________ la lumière s'il vous plaît, il faut tout éteindre avant de partir.

4 **Complétez les phrases avec les verbes ci-dessous selon le modèle.**
guérir choisir grossir vieillir salir rougir applaudir réfléchir
Vous *choisissez* toujours très bien vos cravates.

1. Attention les enfants : vous __________ la moquette avec vos chaussures. - **2.** Certaines plantes __________ parfaitement les douleurs d'estomac. - **3.** Les vins rouges __________ mieux que les vins blancs. - **4.** Quand tu joues aux échecs, tu __________ vraiment trop longtemps. - **5.** Nous __________ toujours quand nous passons une semaine chez ta mère. - **6.** Quand les comédiens saluent, les gens __________. - **7.** Les jeunes filles d'aujourd'hui ne __________ plus comme avant, elles sont beaucoup moins timides !

5 **Complétez le texte.**

Les feuilles jaun ____________________, le ciel pâl ____________________,
les raisins mûr____________________, les colchiques fleur ____________________,

VERBEN mit DREI STÄMMEN

*Vous **voulez** une salade et de l'eau ? – Non, mes filles **veulent** une salade et de l'eau, moi, je prends un steak et je bois du vin.*

- Verben auf ***-OIR*** sind nicht zahlreich, werden aber häufig benutzt. Sie haben jeweils einen eigenen Stamm für die 1. – 3. P. Sg., die 1./2. P. Pl. und die 3. P. Pl.

devoir	*je*	***doi**-s*	*nous*	***dev**-ons*	*ils / elles*	***doiv**-ent*
	tu	***doi**-s*	*vous*	***dev**-ez*		
	il / elle / on	***doi**-t*				

vouloir		*pouvoir*		*recevoir*	
je	***veu**x*	*je*	***peu**x*	*je*	***reçoi**s*
tu	***veu**x*	*tu*	***peu**x*	*tu*	***reçoi**s*
il	***veu**t*	*il*	***peu**t*	*il*	***reçoi**t*
nous	***voul**ons*	*nous*	***pouv**ons*	*nous*	***recev**ons*
vous	***voul**ez*	*vous*	***pouv**ez*	*vous*	***recev**ez*
ils	***veul**ent*	*ils*	***peuv**ent*	*ils*	***reçoiv**ent*

⚠ • Ausnahmen: *voir* und *savoir* sind unregelmäßig und haben nur zwei Stämme:

voir	*je*	***voi**-s*	*nous*	***voy**-ons*	*ils*	***voi**-ent*
savoir	*tu*	***sai**-s*	*nous*	***sav**-ons*	*ils*	***sav**-ent*

UNREGELMÄßIGE VERBEN

Être, *avoir* und *aller* vgl. Lektion 1, 11 und 23.

boire		*faire*		*dire*		*prendre*		*venir*	
je	*bois*	*je*	*fais*	*je*	*dis*	*je*	*prends*	*je*	*viens*
tu	*bois*	*tu*	*fais*	*tu*	*dis*	*tu*	*prends*	*tu*	*viens*
il	*boit*	*il*	*fait*	*il*	*dit*	*il*	*prend*	*il*	*vient*
nous	*buvons*	*nous*	*faisons*	*nous*	*disons*	*nous*	*prenons*	*nous*	*venons*
vous	*buvez*	*vous*	*faites*	*vous*	*dites*	*vous*	*prenez*	*vous*	*venez*
ils	*boivent*	*ils*	*font*	*ils*	*disent*	*ils*	*prennent*	*ils*	*viennent*

(Vgl. auch die Tabelle der Verbformen S. 248ff.)

EXERCICES

1 **Répondez et posez des questions selon le modèle.**

– Qu'est-ce que vous buvez le matin ? (jus d'orange)

– *Je bois du jus d'orange, et vous, qu'est-ce que vous buvez ?*

1. – Qu'est-ce que vous prenez à la pause ? (un chocolat)

   – ______________________________

2. – Où allez-vous après le cours ? (à l'hôtel)

   – ______________________________

3. – Qu'est-ce que vous faites ce soir ? (des exercices)

   – ______________________________

4. – Quand est-ce que vous venez nous voir ? (en début de soirée)

   – ______________________________

2 **Mettre le texte au pluriel.**

Mon fils veut faire une petite fête pour son anniversaire. Il prend son carnet d'adresses et il choisit une

Mes jumeaux ______________________________

quinzaine de personnes, mais comme il connaît plus de garçons que de filles, il dit à ses amis d'amener

____

des copines. La veille de la fête, il reçoit beaucoup de coups de téléphone et le jour de la fête, il est tout

____

excité : il attend une trentaine de personnes et il doit tout préparer ! Il descend au deuxième et au premier

____

étage car il veut mettre un petit mot sur la porte des voisins pour s'excuser du bruit. Ensuite, il met des

____

disques d'ambiance, il fait des cocktails de fruits et il attend les premiers invités.

____

3 **Complétez cet extrait de « La Vie en rose » d'Édith Piaf.**

Quand il me ________ dans ses bras, (prendre)
Qu'il me ________ tout bas, (parler)
Je ________ la vie en rose ; (voir)
Il me ________ des mots d'amour, (dire)
Des mots de tous les jours,
Et ça me ________ quelque chose... (faire)
Et lorsque je l' ________ (apercevoir)
Alors je ________ en moi, (sentir)
Mon cœur qui ________ . (battre)

EXERCICES

1 **Faites des phrases selon le modèle.**

Vouloir faire des crêpes — *Les enfants veulent faire des crêpes.*

Avoir du lait, de la farine et des œufs — *Ils* ______________________
Prendre un grand saladier — ______________________
Mettre d'abord la farine — ______________________
Faire un puits au milieu — ______________________
Casser les œufs au centre — ______________________
Battre longtemps les œufs — ______________________
Mettre le lait petit à petit — ______________________
Faire chauffer l'huile — ______________________
Mettre une petite louche dans la poêle — ______________________
Faire frire cinq minutes — ______________________
Faire flamber au Grand Marnier — ______________________
Mettre du sucre — ______________________

2 **Répondez avec les verbes « sortir », « partir », « venir », « faire », « prendre », « aller » ou « mettre ».**

– Quand vous sortez de chez vous, vous prenez le métro ?
– *Oui, quand je sors de chez moi, je prends le métro.*

1. – Quand vous allez au bureau, vous partez de chez vous à huit heures ?
– ______________________

2. – Quand vous venez ici, à l'école, vous prenez l'autobus ?
– ______________________

3. – Quand vous prenez l'autobus, vous mettez moins de temps ?
– ______________________

4. – Quand vous allez à Nice, vous prenez le train ?
– ______________________

5. – Quand vous faites un exercice, vous mettez environ cinq minutes ?
– ______________________

3 **Mettez au pluriel.**

1. Il peut venir ce soir. — Ils ______________________
2. Elle sait conduire une moto. — Elles ______________________
3. Elle connaît le russe. — Elles ______________________
4. Il doit rentrer tôt. — Elles ______________________
5. Il boit du thé. — Ils ______________________

EXERCICES

1 Complétez avec les verbes ci-dessous.
« prendre », « apprendre », « comprendre » ; « venir », « revenir », « se souvenir ».

1. Qu'est-ce que vous ________ comme dessert ?
2. Mes amis ________ le train à cinq heures.
3. Marie ________ un poème par cœur.
4. Mes amies ________ à conduire.
5. Nous ne ________ pas bien cette phrase.

1. Paul ________ chez nous ce soir.
2. Tu ________ au cinéma avec nous ?
3. Attendez-moi, je ________ tout de suite.
4. Vous vous ________ de votre rendez-vous ?
5. Je ne me ________ pas de son nom.

2 Mettez le texte au pluriel.

Le matin, Pierre va au bureau en autobus. Il attend parfois huit à dix minutes dans le froid et il met trente-cinq minutes environ pour arriver à l'Opéra, mais il n'est pas pressé car il a un horaire très flexible. Il prend toujours le même bus à la station Châtelet et avant de partir, il boit un café au Sarah-Bernhardt. Dans le bus, il lit presque entièrement le journal. Il peut même préparer sa journée de travail : il écrit quelques mots dans son agenda, il fait des calculs, il prend des notes. Quand il descend à l'Opéra, il a l'impression d'être en vacances. Il a envie de regarder les vitrines et les passants. Il ne se sent pas aussi fatigué que lorsqu'il est obligé de prendre le métro. Pierre prend le même bus que Marie et Laura, mais il ne les connaît pas, ou pas encore...

Marie et Laura ____

____

____

____

____

3 Complétez le dialogue avec les verbes « prendre », « vouloir », « pouvoir ».

Le serveur : – Vous ________ un apéritif, Messieurs-dames ?
M. Duteil : – Pas pour moi, et toi chérie ? Tu ________ quelque chose ?
Mme Duteil : – Est-ce que je ________ avoir un verre de sauternes ?
Le serveur : – Sans problèmes. Vous ________ la carte des vins ?
M. Duteil : – Oui, merci. Mais qu'est-ce que nous ________, Danièle ?
Mme Duteil : – J'ai envie d'une côte de bœuf mais c'est pour deux : est-ce que tu ________ partager avec moi ?
M. Duteil : – D'accord, mais est-ce que je ________ avoir des légumes verts à la place des frites ?
Le serveur : – Qu'est-ce que vous ________ : des haricots verts ou des épinards ?

4 Imaginez la suite du dialogue.

____

____

METTRE, PRENDRE, FAIRE

*Mon fils **fait du** patin à roulettes et il **joue du** saxophone.*
***Ça fait** un peu de bruit : nous **faisons isoler** sa chambre...*

PRENDRE und *METTRE*

- *Prendre*+Gegenstände:

  *Je **prends** mon parapluie.*

- *Prendre*+Speisen oder Getränke:

  *Je **prends** un steak.*
  *Il **prend** une bière.*

- *Mettre*+Kleidungsstücke:

  *Je **mets** une cravate pour aller au bureau.*

- *Prendre*+Verkehrsmittel:

  *Je **prends** le métro.*

- Weitere Verwendungen von *prendre*:

  *Je **prends** un bain, une douche.*
  *Elle **prend** une décision.*

- *Mettre*+Zeitangaben:

  *Je **mets** une heure pour aller au bureau.*

- Mit *ça* kann statt *mettre*+Zeitangabe auch *prendre*+Zeitangabe stehen:

  *Les transports, ça prend du temps. **Ça** me **prend** une heure par jour.*

FAIRE DU, JOUER AU, JOUER DU

- *Faire*+***de***+alle Sportarten:

  *Je fais | **du** tennis.*
  *| **de la** gymnastique.*

- *Jouer*+***à***+einige Sportarten:
  Jouer+***à***+alle Spiele:

  *Je joue | **au** tennis.*
  *| **aux** cartes.*

- *Jouer*+***de***+Musikinstrumente:

  *Je joue **du** piano.*
  *Il joue **de la** guitare.*

- Weitere Bedeutungen von *faire*:

  faire la cuisine (cuisiner)
  faire les courses (faire des achats)
  faire la vaisselle (laver les plats etc.)
  Il fait beau. (météo)

FAIRE+INFINITIV [=jemanden veranlassen, etwas zu tun]

*Je ne répare pas moi-même ma voiture : je la **fais réparer.***
*Ma femme se coupe les cheveux elle-même, mais moi, je **me** les **fais couper.***

- *Faire*+Infinitiv kann auch bei einer Redewendung mit *faire* stehen:

  *J'ai **fait faire** le ménage et j'ai **fait faire** les courses avant votre arrivée.*

EXERCICES

1 **Complétez les phrases avec les verbes manquants.**

1. Il fait froid : je ____________ un manteau et je ____________ un parapluie. - **2.** Le trajet est très long : je ____________ une heure pour arriver chez moi. - **3.** À midi, je ____________ seulement une salade et un café. - **4.** Tous les soirs, je ____________ squash avec David. - **5.** Mon fils Mathieu ____________ piano et ____________ guitare. - **6.** Toute la famille participe au ménage : mon mari ____________ la vaisselle, ma fille ____________ les lits, mon fils ____________ les courses et je ____________ la cuisine. - **7.** Quand Paul est invité chez Laura, il ____________ deux heures pour se préparer et il ____________ ses plus jolis vêtements.

2 **Complétez avec les verbes manquants.**

En été, toute la famille *fait* du sport : mon mari et mes fils ____________ du jogging le matin et l'après-midi, ils ____________ au volley ou au foot. Ma fille et moi, nous ____________ du tennis en fin de matinée et quelquefois, l'après-midi, nous ____________ du cheval. Quand il ____________ froid, nous ____________ aux échecs ou nous écoutons de la musique. Parfois ma fille Béatrice ____________ du piano, mon fils Julien ____________ de la clarinette et leur amie Charlotte ____________ du violoncelle.

3 **Répondez aux questions selon le modèle.**
– Est-ce que vous repassez vos chemises vous-même ? – *Non, je les fais repasser.*

1. – Est-ce que vous lavez votre linge vous-même ?
– ____

2. – Est-ce que c'est vous qui faites le ménage ?
– ____

3. – Vous faites toutes vos traductions vous-même ?
– ____

4. – C'est vous qui repeignez votre appartement ?
– ____

5. – C'est vous qui vous coupez les cheveux ?
– ____

4 **Répondez librement aux questions.**

1. – Est-ce que vous faites du sport ?
2. – Est-ce que vous jouez d'un instrument de musique ?
3. – Vous mettez combien de temps pour aller à l'université (au lycée, au bureau) ?
4. – Vous faites quelquefois la cuisine ? Vous faites souvent le ménage ?
5. – Vous vous faites couper les cheveux tous les mois ? Tous les deux mois ?

POUVOIR, DEVOIR, FALLOIR

*Vous **pouvez** payer avec votre carte de crédit, mais vous **devez** faire votre code. (Maintenant, **il faut** toujours faire un code.)*

POUVOIR+INFINITIV: „können" im Sinne von:

- fähig/in der Lage sein, etwas zu tun (weil man eine bestimmte Veranlagung hat):

  *Paul **peut** soulever cent kilos.*
  *Marie **peut** traduire trois langues en même temps.*

- die Erlaubnis haben, etwas zu tun:

  *Vous **pouvez** rester dans cette salle.*
  *Vous ne **pouvez** pas fumer ici.*

⚠ • Es heißt: *Je peux rester.*
Nicht: ~~*C'est possible pour moi de rester.*~~

- In einer Bitte mit *pouvoir* wird der Höflichkeit wegen das Conditionnel benutzt (vgl. S. 126):

  ***Pourriez-vous** fermer la fenêtre, s'il vous plaît ?*

DEVOIR+INFINITIV: „müssen" oder „nicht dürfen" im Sinne von:

- einem Zwang bzw. einer Verpflichtung gehorchen:

  *Je **dois** aller à la préfecture.*
  *Je ne **dois** pas sortir aujourd'hui.*

- eine Vermutung anstellen:

  *Il est cinq heures à Paris : il **doit** être neuf heures à Rio.*
  *Il y a des embouteillages : il **doit** y avoir un accident.*

⚠ • Es heißt: *Je dois partir.*
Nicht: ~~*C'est nécessaire pour moi de partir.*~~

FALLOIR+INFINITIV wird in der 3. P. Sg. mit unpersönlichem *il* benutzt und drückt eine Notwendigkeit aus:

***Il faut** manger pour vivre. (= On doit (tous) manger pour vivre.)*

(Zu *Il faut que*+Subjonctif vgl. S. 228)

EXERCICES

1 **Répondez avec le verbe « pouvoir », selon le modèle.**

– Est-ce que vous pouvez lire sans lunettes ? – *Oui, je peux lire sans lunettes.*
(– Non, je ne peux pas lire sans lunettes.)

1. – Est-ce que vous pouvez courir très longtemps ?
   – ______________________
2. – Est-ce que vous pouvez lire quelques mots d'anglais ?
   – ______________________
3. – Est-ce que vous pouvez travailler dans le bruit ?
   – ______________________
4. – Est-ce que vous pouvez faire vos calculs sans calculatrice ?
   – ______________________
5. – Est-ce que vous pouvez toucher le plafond de la main ?
   – ______________________

2 **Complétez le texte avec « devoir » ou « pouvoir ».**

– Excusez-moi Michèle, je suis pressée, je *dois* partir, est-ce que je ________ utiliser une minute votre téléphone : je ________ appeler un taxi et je ne ________ pas téléphoner de mon bureau parce qu'il y a une réunion. J'ai déjà installé mon répondeur : pendant mon absence, est-ce que vous ________ contrôler l'appareil ? Il s'arrête parfois inexplicablement (ça ________ être la prise électrique). Bon, je file, le taxi ________ déjà être en bas. Je vous appelle demain, si je ________ . Au revoir !

3 **Mettez « on peut » ou « on doit » à la forme négative ou affirmative, selon le modèle.**
Quand on prend l'avion...

1. *on doit* se présenter une heure avant le départ.
2. ________ avoir plus de vingt kilos de bagages.
3. ________ attacher sa ceinture au décollage.
4. ________ fumer pendant l'atterrissage.
5. ________ acheter des produits « hors taxe ».
6. ________ utiliser un ordinateur pendant le décollage.

4 **Complétez le texte avec « pouvoir », « devoir » ou « falloir ».**

1. En France, pour voter, ________ avoir dix-huit ans et ________ avoir un casier judiciaire vierge.
2. Les femmes ________ voter en France seulement depuis 1944 !
3. Pour être élu, le président de la République ________ rassembler la majorité des voix.
4. Pour être valables, les bulletins de vote ne ________ pas porter d'inscription.
5. Certains électeurs ______ voter par correspondance, mais ils ______ prouver qu'ils ne ______ pas se déplacer.

SAVOIR, CONNAÎTRE, VOULOIR

> *Je **sais** parler plusieurs langues, je **connais** l'informatique et la gestion. Je **veux** travailler à l'étranger. J'**espère** trouver rapidement un poste.*

■ *SAVOIR* und *CONNAÎTRE*: „können" im Sinne von „erlernt haben".

Connaître steht mit Substantiven, *savoir* mit Verben oder Verbalkonstruktionen.

- *Savoir*+Verb/Verbalkonstruktion:

  *Je **sais** conduire.*
  *Je **sais** où il habite.*
  *Je **sais** qu'il n'est pas d'accord.*

- *Connaître*+Substantiv:

  *Je **connais** le code de la route.*
  *Je **connais** son adresse.*
  *Je **connais** ses opinions.*

⚠ • Es heißt also: *Je sais que...*
Und nicht: *Je ~~connais~~ que...*

- Nur in der Bedeutung von „auswendig wissen" (*connaître par cœur)* kann *savoir*+Substantiv stehen:

  *Il **sait** mon numéro de téléphone. Elle **sait** sa leçon.*

■ *VOULOIR* [=wollen]

- *Vouloir* drückt einen Wunsch oder Willen aus:

  *Je **veux** des enfants.*
  *Je **veux** réussir.*

- Wird *vouloir* in einer Bitte verwendet, so steht es in der Höflichkeitsform, dem Conditionnel [=ich würde gern...] (vgl. *pouvoir* S. 110 und Conditionnel S. 126):

  *Je **voudrais** un paquet de cigarettes, s'il vous plaît.*
  *Je **voudrais** parler à Monsieur Dupond.*

- *Je veux bien = avec plaisir:*

  *Voulez-vous une tasse de café ? – **Je veux bien,** merci !*

⚠ • Nach Verben, die einen Wunsch oder Willen ausdrücken, steht keine Präposition:

Je désire
Je veux | *~~de~~ partir en vacances.*
Je souhaite
J'espère

(Zu *vouloir que*+Subjonctif vgl. S. 232)

EXERCICES

1 **Complétez les phrases avec « savoir » ou « connaître », selon le modèle.**

– Je *sais* parler anglais et je *connais* un peu l'Angleterre.

1. Maria ____________ beaucoup de recettes et elle ____________ bien cuisiner.
2. Vous ____________ les parents de François ? – Non, je ____________ seulement sa sœur.
3. Ma fille ne ____________ pas conduire, mais elle ____________ le code de la route.
4. Mon fils ____________ nager sous l'eau et il ____________ tous les poissons.
5. Vous ____________ ce que veut dire ce mot ? – Non, je ne ____________ pas cette expression.
6. Est-ce que vous ____________ qu'il est très tard ? – Oui, je ____________ qu'il faut partir.
7. Je ____________ que le train arrive à trois heures mais je ne ____________ pas le numéro du quai.
8. Vos parents ____________ que vous êtes ici ? – Oui, ma mère ____________ que je suis là.

2 **Complétez le texte avec « vouloir », « savoir » ou « connaître ».**

– Maman : je ____________ être actrice. Regarde : je ____________ danser. Je ____________ la valse, le rock, le tango et le cha-cha-cha. Je ____________ chanter, je ____________ au moins cent chansons ! Je ____________ devenir célèbre et je ____________ épouser un roi ou le président d'Amérique : je ____________ beaucoup de mots anglais !

3 **Complétez le dialogue avec : « vouloir », « pouvoir », « connaître », « savoir ».**

– Bonjour madame, je ____________ parler à Monsieur Pernod, s'il vous plaît.

– Il n'est pas là, mais je suis Mme Pernod, est-ce que vous ____________ laisser un message ?

– Oui, voilà, je suis Jules Porteau, un ami : je ____________ que M. Pernod ____________ acheter une BMW d'occasion. Je ____________ un très bon garage où il y a plusieurs bonnes affaires. S'il ____________, il ____________ me contacter chez moi, mais il ____________ aller directement sur place, au garage Campioni, 15 rue Bréal.

– Ah oui, je ____________ : c'est sur la nationale 8 ?

– Oui, c'est ça. S'il ____________, il ____________ dire qu'il vient de ma part.

4 **Posez les questions selon le modèle.**

1. Je viens d'Athènes. — *Vous venez d'Athènes ?*
2. Je connais plusieurs langues. — ____________
3. Je comprends l'arabe. — ____________
4. J'apprends le chinois. — ____________
5. Je sais faire la cuisine indienne. — ____________
6. Je connais la reine d'Angleterre. — ____________

5 **Imaginez un personnage, sur le modèle précédent.**

Elle est française. Elle vient de Grenoble. Elle fait du parachutisme... ____________

27 DIE REFLEXIVEN VERBEN

Je me lève *à huit heures.*
Nous nous connaissons *depuis cinq ans.*

Reflexive Verben (z.B. ***se*** *lever*, ***se*** *marier*, ***se*** *tromper*) werden durch das Reflexivpronomen auf das Subjekt des Satzes rückbezogen. Nicht alle Verben, die im Französischen reflexiv sind, sind es auch im Deutschen – und umgekehrt (***s****'endormir* - einschlafen; *rappeler* - **sich** erinnern an).

ECHTER RÜCKBEZUG: Das Reflexivpronomen steht, weil Subjekt und Objekt einer Handlung identisch sind:

Je couche ma fille et ***je me*** *couche.* (*me = moi-même*)
J'habille ma fille et ***je m'****habille.*

- Das Reflexivpronomen richtet sich nach der Person, auf die es sich bezieht:

Je	***me***	*couche*	*tôt.*
Tu	***te***	*couches*	*tard.*
Il / *Elle* / *On*	***se***	*couche*	*à dix heures.*
Nous	***nous***	*couchons*	*à minuit.*
Vous	***vous***	*couchez*	*à onze heures.*
Ils / *Elles*	***se***	*couchent*	*à huit heures.*

WECHSELSEITIGKEIT: Das Reflexivpronomen kann auch eine wechselseitige Beziehung zwischen Subjekt und Objekt ausdrücken:

Nous nous *connaissons bien. (l'un l'autre)*
Ils s'*aiment beaucoup.*

RÜCKBEZUG OHNE WIRKLICHE BEDEUTUNG: Bei vielen Verben ist die ursprüngliche Bedeutung des Rückbezugs nicht mehr nachvollziehbar:

s'*intéresser à,* ***s'****occuper de,* ***se*** *moquer de* etc.

DIE VERNEINUNG: Sie umschließt die aus Reflexivpronomen+Verb gebildete Einheit:

Je ***ne*** *me lève* ***pas*** *tôt.* *Nous* ***ne*** *nous connaissons* ***pas.***

EXERCICES

1 **Répondez aux questions au choix, selon le modèle.**
– Vous vous levez tôt ou tard, le samedi ? – *Le samedi, je me lève tard.*

1. – Vous vous réveillez tôt ou tard, le matin ? – ____________________
2. – Vous vous préparez vite ou lentement ? – ____________________
3. – Vous vous couchez avant ou après minuit ? – ____________________
4. – Vous vous endormez facilement ou avec difficulté ? – ____________________
5. – Vous vous souvenez de vos rêves ? Quelquefois ? Toujours ? – ____________________

2 **Répondez selon le modèle.**
– Paul se lève très tôt le lundi. Et vous ? – *Je me lève aussi très tôt.*

1. – Nous nous couchons plus tard le samedi.
   Et vos enfants ? – ____________________
2. – Ma femme se promène sur la plage.
   Et vos amis ? – ____________________
3. – Jacques s'intéresse à la politique.
   Et François ? – ____________________
4. – Je me repose le dimanche.
   Et vos étudiants ? – ____________________

3 **Refaites l'exercice à la forme négative :** – *Je ne me lève pas très tôt.*

4 **Mettez à la forme négative.**

1. Je m'intéresse au cricket. - **2.** Il se parfume beaucoup. - **3.** Nous nous arrêtons dans tous les bars. - **4.** Je me regarde souvent dans la glace. - **5.** Vous vous énervez facilement. - **6.** Elle se moque de vous. - **7.** Ils se trompent souvent. - **8.** Je me rappelle toutes les règles de grammaire.

____

____

____

5 **Complétez avec les pronoms et les négations manquants.**

Je *m'* appelle Michel. Mon père ______ appelle André. ______ ressemblons beaucoup : ______ habillons de la même manière et ______ intéressons aux mêmes choses. Souvent, on ______ énerve quand on parle de politique, mais on ______ fâche pas longtemps. Comme je suis le plus têtu, je ______ arrête pas de discuter le premier et souvent, je ______ contrôle plus, mais si on ______ bagarre beaucoup, tous les deux, on ______ amuse aussi beaucoup !

28 DIE OBJEKTPRONOMEN

*Je **le** regarde. Je **la** regarde. Je **les** regarde.*

Objektpronomen ersetzen ein Wort oder eine Wortgruppe, die im Satz die Funktion eines Objekts haben, und stehen direkt vor dem Verb. Durch die Objektpronomen wird eine Wortwiederholung vermieden:

*Je regarde **le garçon**.* — *Je **le** regarde.*

DIE DIREKTEN OBJEKTPRONOMEN ersetzen Dinge oder Personenbezeichnungen. Sie stimmen mit ihnen in Geschlecht und Zahl überein und antworten auf die Fragen *qui ?* [=wen?] und *quoi ?* [=was?]:

Mask. Sg.	*Je*	***le***	*regarde.*	*(le garçon)*
Fem. Sg.	*Je*	***la***	*regarde.*	*(la fille)*
Mask.Pl./Fem. Pl.	*Je*	***les***	*regarde.*	*(les garçons, les filles)*

■ Das direkte Objektpronomen hat folgende Formen:

Paul { ***me*** / ***te*** / ***le, la*** / ***nous*** / ***vous*** / ***les*** } *regarde.*

■ Bei *aimer* und *connaître* steht nur bei Personen *le/la/les*. Dinge werden durch *ça* ersetzt oder fallen weg:

J'aime Julie.	*Je l'aime comme une sœur.*	
Vous aimez le fromage ?	*Oui, j'aime ça.*	Statt: *Je ~~l'aime~~.*
Tu connais le bordeaux blanc ?	*Oui, je connais.*	Statt: *Je ~~le connais~~.*

■ **DIE VERNEINUNG** umschließt die von Pronomen+Verb gebildete Einheit:

*Je **ne** le regarde **pas.*** — *Je **ne** les connais **pas.***

■ ZUR AUSSPRACHE

• *Me, te, le, la* werden vor Vokal und „stummem h" zu *m', t', l'*:

*Il **m'**écoute.* — *Ils **t'**invitent.* — *Elle **l'**adore.*

EXERCICES

1 **Remplacez le complément par un pronom, selon le modèle.**
Je rencontre Paul tous les jours. *Je le rencontre tous les jours.*

1. Je connais Martine depuis quinze ans. ____________________
2. Ma mère arrose les fleurs le soir. ____________________
3. Je lis « Le Monde » de temps en temps. ____________________
4. Danièle emmène sa nièce au cinéma. ____________________
5. Judith invite Sophie et Clément au restaurant. ____________________

2 **Répondez aux questions selon le modèle.**
– Vous regardez le match chez Joseph ? – Oui, *je le regarde chez Joseph.*

1. – Vous achetez le journal le matin ? – Oui, ____________________
2. – Vous prenez le métro tous les jours ? – Oui, ____________________
3. – Vous faites les exercices le soir ? – Oui, ____________________
4. – Vous achetez les légumes au marché ? – Oui, ____________________
5. – Vous laissez vos clés à la concierge ? – Oui, ____________________

3 **Répondez à l'exercice précédent à la forme négative (en complétant librement).**

Non, je ne le regarde pas chez Joseph, je le regarde chez Éric. ____________________

____

4 **Complétez les réponses avec les verbes et les pronoms manquants.**
– Vous achetez vos chaussures à Paris ? – Non, *je les achète* à Florence !

1. – Alex emporte ses dossiers chez lui ? – Oui, ____________ pour le week-end.
2. – Marie nous invite ce soir ? – Non, ____________ demain soir.
3. – Vous connaissez bien cet homme ? – Non, ____________ seulement de vue.
4. – Attention : vous oubliez vos clés ! – Ah oui, ____________ tout le temps !
5. – Ta mère nous attend à cinq heures ? – Non, ____________ à six heures.
6. – Vous aimez le poulet au curry ? – Oui, ____________ .

5 **Répondez aux questions en utilisant un pronom complément.**

1. – Vous achetez le journal le matin ou le soir ? ____________________
2. – Vous regardez tous les soirs la télévision ? ____________________
3. – Vous écoutez la radio de temps en temps ? souvent ? jamais ? ____________________
4. – Vous invitez vos amis quelquefois ? très souvent ? rarement ? ____________________

DIE INDIREKTEN OBJEKTPRONOMEN

*Je téléphone **à** ma mère. Je **lui** téléphone le soir.*

■ Die indirekten Objektpronomen ersetzen Personenbezeichnungen, die mit der Präposition *à* stehen. Sie antworten auf die Frage *à qui ?* [=wem?]:

*J' écris **à** Jean.*	*Je **lui** écris.*
*J' écris **à** mes parents.*	*Je **leur** écris.*

• *Lui* und *leur* ersetzen maskuline wie feminine Personenbezeichnungen:

*Je parle **à** Jean/**à** Marie.*	*Je **lui** parle.*
*Je parle **aux** étudiants.* *Je parle **aux** étudiantes.*	*Je **leur** parle.*

• Die Formen des indirekten Objektpronomens lauten:

Paul { ***me*** / ***te*** / ***lui*** / ***nous*** / ***vous*** / ***leur*** } *parle.*

■ Die indirekten Objektpronomen stehen hauptsächlich bei Verben des Mitteilens und Austauschens, die mit der Präposition *à* stehen:

*parler **à***	*téléphoner **à***	*écrire **à***	*répondre **à***
*demander **à***	*emprunter **à***	*prêter **à***	*rendre **à***
*dire **à***	*offrir **à***	*sourire **à***	*souhaiter **à*** etc.

■ Auch andere häufig gebrauchte Verben, die mit *à* gebildet werden (z.B. *ressembler à*, *plaire à*, *aller à*), können mit dem indirekten Objektpronomen stehen:

*Sa fille **lui** ressemble.* *Paris **lui** plaît.* *Le rouge **lui** va bien.*

⚠ • *Penser à* steht mit betontem Personalpronomen (vgl. S. 130):

Je pense à Martin. *Je pense à **lui.*** *Il pense à **moi.***

■ **DIE VERNEINUNG** umschließt die Einheit aus Pronomen und Verb:

*Je **ne** lui téléphone **pas.*** *Je **ne** leur parle **plus.***

EXERCICES

1 **Répondez aux questions selon le modèle.**
– Vous parlez à votre professeur en français ? – *Oui, je lui parle en français.*

1. – Vous téléphonez à votre mère, le dimanche ? – ______
2. – Vous écrivez souvent à vos amis ? – ______
3. – Vous répondez rapidement à vos clients ? – ______
4. – Vous envoyez un cadeau à votre fille ? – ______
5. – Vous offrez des fleurs à votre femme ? – ______

2 **Lisez le texte et transformez-le selon le modèle.**
« Courrier des lecteurs »
Chaque année, Olivia me souhaite la fête des mères. Elle m'offre un petit cadeau et elle m'écrit une poésie. Elle me dit de jolies choses et elle me donne un paquet bien fermé, pour la surprise. (Chaque année, elle m'offre un collier de perles violettes.) Elle me sourit fièrement, elle me demande si ça me plaît, et elle me dit que le violet me va très bien ! Martine (Lyon).

Chaque année Olivia, la fille de Martine, lui souhaite la fête des mères. ______

______

______

______

______

3 **Mettez à la forme négative selon le modèle.**
Benoît m'invite chez lui. Il me présente ses sœurs. Il me fait visiter sa chambre. Il me prête ses livres. Il me raconte ses secrets. Il m'accompagne à la gare.

Benoît ne m'invite pas chez lui. ______

______

______

______

4 **Refaites l'exercice précédent selon le modèle.**

Benoît l'invite chez lui. ______

______

______

______

______

ZUSAMMENFASSUNG

Die Objektpronomen können folgende Satzteile ersetzen:

Personenbezeichnungen und/oder Dinge	***me*** ***te*** ***nous*** ***vous***	***le*** ***la*** ***les***	*Je te regarde.* *Je la regarde.* *Je vous regarde.*
à+Personenbezeichnungen	***me*** ***te*** ***nous*** ***vous***	***lui*** ***leur***	*Je lui téléphone.* *Je leur téléphone.* *Je vous téléphone.*
à+Ort oder Dinge	***y***		*J' y vais.* *J' y pense.*
de+Dinge oder Mengenangaben	***en***		*J' en parle.* *J' en ai trois.*

MEHRERE PRONOMEN IM SATZ

Wenn mehrere Pronomen auftreten, stehen sie in folgender Reihenfolge vor dem Verb:

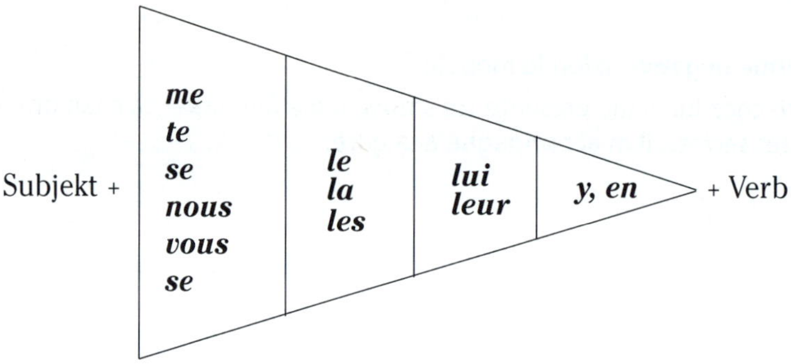

- Pronomen, die Personenbezeichnungen ersetzen, stehen vor Pronomen, die Dinge ersetzen:

  *Tu **me le** prêtes.* *Je **te les** offre.* *Elle **lui en** achète.*

- Bei *lui* und *leur* ist diese Reihenfolge umgekehrt, außer mit *y* und *en* :

  *Elle **le lui** explique.* *Nous **lui en** apportons.*

  (Zur Stellung der Pronomen bei der Befehlsform vgl. S. 124)

EXERCICES

1 **Répondez aux questions avec deux pronoms, selon le modèle.**
– Tu me prêtes ta moto, Frédéric ? – *Je te la prête* si tu es très prudente.

1. – Vous m'envoyez le dossier par fax ? – Non, ______________________ par la poste.
2. – Vous laissez les clés à la concierge ? – Oui, ______________________ tous les matins.
3. – Tu nous prêtes ta voiture, Paul ? – Oui, ______________________ si vous rentrez tôt.
4. – Vous donnez des livres aux étudiants ? – Oui, ______________________ au début du cours.

2 **Transformez les phrases avec deux pronoms, selon le modèle.**
– Jean envoie des lettres à Éric ? – *Oui, il lui en envoie.*

1. – Zoé présente ses amis à sa mère ? ______________________
2. – Aïsha te passe ses notes de cours ? ______________________
3. – Alex vous vend sa voiture ? ______________________
4. – Myriam donne des vitamines au bébé ? ______________________

3 **Répondez à la forme affirmative, selon le modèle.**
– Le concierge vous apporte les lettres ? – *Oui, il nous les apporte.*

1. – Votre mari vous offre souvent des fleurs ?
   – ______________________
2. – Les clients vous envoient du champagne chaque année ?
   – ______________________
3. – Paul emprunte régulièrement de l'argent à sa sœur ?
   – ______________________
4. – Le professeur donne une dizaine d'exercices aux étudiants ?
   – ______________________

4 **Répondez à la forme négative, selon le modèle.**
– Vous prêtez votre stylo à votre petite fille ? – *Non, je ne le lui prête pas !*

1. – Vous montrez vos photos aux secrétaires ? ______________________
2. – Vous parlez de votre vie privée au professeur ? ______________________
3. – Vous laissez vos clés aux ouvriers ? ______________________
4. – Vous prêtez votre voiture à votre fils ? ______________________
5. – Vous envoyez des cartes postales à vos cousins ? ______________________
6. – Vous achetez beaucoup de bonbons à votre neveu ? ______________________
7. – Vous vous servez du Minitel du bureau ? ______________________

EXERCICES

1 **Répondez selon le modèle.**

– Vous racontez votre journée à votre amie, quand vous la voyez ?
– *Oui, quand je la vois, je lui raconte ma journée.*

1. – Vous dites bonjour à la voisine, quand vous la rencontrez ?
   – ______________________
2. – Vous posez des questions au professeur, quand vous le voyez ?
   – ______________________
3. – Vous dites au revoir aux étudiants, quand vous les quittez ?
   – ______________________
4. – Vous parlez en français à Isabelle, quand vous l'appelez ?
   – ______________________
5. – Vous offrez à boire à vos amis, quand vous les invitez ?
   – ______________________
6. – Vous racontez vos aventures à votre frère, quand vous le revoyez ?
   – ______________________
7. – Vous répondez toujours à vos enfants, quand ils vous parlent ?
   – ______________________
8. – Vous apportez des fleurs à Marie, quand elle vous invite à dîner ?
   – ______________________

2 **Répondez selon le modèle.**

– Est-ce que Marc ressemble beaucoup à sa mère ? – *Oui, il lui ressemble beaucoup.*

1. – Est-ce que Patrick Bruel plaît beaucoup à votre grand-mère ?
   – ______________________
2. – Cette robe va bien à votre femme, n'est-ce pas ?
   – ______________________
3. – Est-ce que cette salle convient à vos étudiants ?
   – ______________________
4. – Votre neveu ressemble beaucoup à votre frère, n'est-ce pas ?
   – ______________________
5. – Cet exercice paraît compliqué aux étudiants, j'imagine ?
   – ______________________

3 **Mettez les réponses de l'exercice précédent à la forme négative.**

Non, il ne lui ressemble pas beaucoup ! ______________________

EXERCICES

1 **Répondez, à la forme affirmative ou négative.**

– Vous avez besoin du dictionnaire ? – *Oui, j'en ai besoin.* / – *Non, je n'en ai pas besoin.*

1. – Vous parlez de vos enfants pendant le cours de français ?
   – Oui, ______ – Non, ______
2. – Vous prenez du café le soir ?
   – Oui, ______ – Non, ______
3. – Vous mettez une cravate le week-end ?
   – Oui, ______ – Non, ______
4. – Vous recevez beaucoup de prospectus ?
   – Oui, ______ – Non, ______
5. – Vous avez une carte de crédit ?
   – Oui, ______ – Non, ______

2 **Utilisez les pronoms compléments (« le », « la », « les », « lui », « leur », « en », « y »).**

– Est-ce que votre fils regarde souvent la télévision ?
– *Non, il ne la regarde pas souvent.*

1. – Est-ce que vous utilisez cette machine ?
   – Oui, ______
2. – Est-ce que vous allez au cocktail, à quatre heures ?
   – Oui, ______
3. – Est-ce que vous mettez du sucre dans votre café ?
   – Non, ______
4. – Est-ce que les enfants vont à la piscine, aujourd'hui ?
   – Non, ______
5. – Est-ce que vous téléphonez souvent à votre mère ?
   – Oui, ______
6. – Est-ce que cette couleur va bien à la secrétaire, à votre avis ?
   – Non, ______
7. – Est-ce que les étudiants parlent souvent de leur pays ?
   – Oui, ______

3 **Répondez affirmativement ou négativement en utilisant des pronoms.**

1. – Faites-vous des mots croisés ?
2. – Souhaitez-vous toujours l'anniversaire de votre meilleur(e) ami(e) ?
3. – Parlez-vous en français avec vos parents ?

29 DIE BEFEHLSFORM

Viens ! ***Prends** ton manteau !* ***Dépêche-toi !***

GEBRAUCH und BILDUNG

- Bei einem Auftrag, Rat oder Befehl steht das Verb in der Befehlsform:

  ***Écoutez** attentivement !* ***Rappelez** plus tard !* *Ne **bougez** pas !*

⚠ • Im Französischen wirkt eine Bitte in der Befehlsform unhöflich.

- Die Befehlsform entspricht der Verbform der 2. P. Sg., 1. P. Pl. oder 2. P. Pl. ohne Subjekt:

  Tu pars. ***Pars !*** *Nous partons.* ***Partons !*** *Vous partez.* ***Partez !***

  • Bei den Verben auf *-er* fällt dabei in der 2. P. Sg. das auslautende *-s* weg:

  *Regard**e** !* *Écout**e** !* *Va vite à l'école !*

  ♪ • Zur leichteren Aussprache bleibt das *-s* vor *y* und *en* jedoch erhalten:

  *Parle**s**-en à Paul !* *Pense**s**-y !* *Va**s**-y !*

  • *Être, avoir, savoir* und *vouloir* haben unregelmäßige Befehlsformen:

***Sois** tranquille !*	***Aie** confiance.*	***Sache** que je suis là.*
***Soyons** prudents !*	***Ayons** du courage.*	***Sachons** répondre.*
***Soyez** heureux !*	***Ayez** l'obligeance...*	***Sachez** accepter.*
***Veuillez** patienter...*		

DIE OBJEKTPRONOMEN ändern im Befehl ihre Form und Stellung:

- Sie werden mit Bindestrich an das Verb angeschlossen. *Me, te* werden zu *moi, toi*:

  *Fais-**le** !* *Prends-**en** !* *Allons-**y** !* *Regarde-**moi** !* *Assieds-**toi** !*

- Im verneinten Befehl ändern sie weder Form noch Stellung:

  *Ne **me** téléphone pas !* *Ne **t'**inquiète pas !* *Ne **le** regarde pas.*

EXERCICES

1 Faites des slogans publicitaires, selon le modèle.

Boire de l'eau minérale. *Buvez de l'eau minérale !*

1. Prendre des vitamines. ______________________
2. Partir en vacances. ______________________
3. Profiter de la vie. ______________________
4. Faire de l'aérobic. ______________________
5. Être en forme. ______________________
6. Avoir confiance. ______________________
7. Aller de l'avant. ______________________
8. Prendre le temps de vivre. ______________________

2 Refaites l'exercice à la deuxième personne du singulier : *Bois de l'eau minérale !*

3 Utilisez le verbe « donner » avec l'impératif et un pronom, selon le modèle.

J'ai besoin d'un dictionnaire. *Donne-moi un dictionnaire.*

1. J'ai besoin d'une enveloppe. ______________________
2. Khaled a besoin d'un classeur. ______________________
3. Marie a besoin d'un cahier. ______________________
4. Les étudiants ont besoin d'une cassette. ______________________

4 Donnez des ordres ou des conseils, selon le modèle.

	Un professeur à un élève :	Un professeur à ses élèves :
S'asseoir	*Assieds-toi.*	*Asseyez-vous.*
1. Se concentrer	______________	______________
2. Se dépêcher	______________	______________
3. Ne pas se décourager	______________	______________
4. Se détendre	______________	______________

5 Donnez des conseils selon le modèle.

Je n'ai pas envie de téléphoner à Louis. *Ne lui téléphone pas !*

1. Je n'ai pas envie d'aller au cinéma. ______________________
2. Je n'ai pas envie de prendre de thé. ______________________
3. Je n'ai pas envie d'écrire à mes parents. ______________________
4. Je n'ai pas envie d'inviter les voisins. ______________________

30 DAS CONDITIONNEL (1)

*Je **voudrais** parler à monsieur Durand. – Il n'est pas là.*
*Vous **devriez** rappeler dans un quart d'heure.*

AUSDRUCK der HÖFLICHKEIT oder eines WUNSCHES:

Im Conditionnel steht:

- die höfliche Bitte:

  *Je **voudrais** un renseignement.* (mit *vouloir*
  *Est-ce que je **pourrais** parler à Monsieur Bruni ?* und *pouvoir*)

- ein Vorschlag oder Rat:

  *Vous **devriez** moderniser votre entreprise.*
  *Tu **devrais** te faire couper les cheveux.* (mit *devoir*)

- ein Wunsch:

  *J'**aimerais** savoir dessiner.* (mit *aimer*
  *Je **voudrais** être en vacances.* und *vouloir*)

- das Bedauern. Hier verwendet man jedoch die Vergangenheitsform des Conditionnel:

  *J'**aurais aimé** faire des études scientifiques.*
  *J'**aurais voulu** être pianiste.*
  *J'**aurais dû** travailler davantage.*

HÄUFIGE VERBFORMEN

	Gegenwart		Vergangenheit	
vouloir	*je voudrais*	*vous voudriez*	*j'aurais voulu*	*vous auriez voulu*
aimer	*j'aimerais*	*vous aimeriez*	*j'aurais aimé*	*vous auriez aimé*
devoir	*je devrais*	*vous devriez*	*j'aurais dû*	*vous auriez dû*
pouvoir	*je pourrais*	*vous pourriez*	*j'aurais pu*	*vous auriez pu*

(Weitere Verwendungen und Bildung der Formen vgl. S. 220 und S. 224)

EXERCICES

1 **Répondez au choix en utilisant une forme de politesse.**

– Vous voulez un thé ou un café ? – *Je voudrais un café.*

1. – Vous voulez un ou deux sucres ? – ______
2. – Vous voulez une brioche ou un croissant ? – ______
3. – Vous voulez faire une pause ou continuer ? – ______
4. – Vous voulez sortir ou rester ici ? – ______
5. – Vous voulez lire ou écouter une cassette ? – ______

2 **Faites des phrases avec une forme de politesse, selon le modèle.**

une table près de la fenêtre — la carte — un peu de pain — une carafe d'eau
des haricots (à la place des frites) — le café avec le dessert — l'addition

– *Est-ce que je pourrais avoir une table, près de la fenêtre ?* ______

______

______

3 **Donnez des conseils, selon le modèle.**

Dormir en moyenne huit heures — Partir un mois en vacances — Faire de la marche à pied
Boire beaucoup d'eau — Faire 15 minutes de gymnastique — Manger des légumes verts

Pour être en forme, *vous devriez dormir en moyenne huit heures.*

______

______

4 **Exprimez des désirs, selon le modèle.**

Parler couramment français — Avoir plus de temps libre
Avoir dix ans de moins (de plus) — Être à la mer (à la montagne)

J'aimerais parler couramment français. ______

______

______

5 **Monsieur Dupond est vieux et il a des regrets. Exprimez-les.**

Voyager - Parler plusieurs langues - Être un artiste - Être célèbre - Avoir des enfants - Profiter davantage de la vie - Acheter une maison - Faire des économies

J'aurais aimé (voulu)... ______

J'aurais dû... ______

1 **Complétez le texte avec les verbes manquants (plusieurs possibilités).**
prendre, mettre, sortir, aller, faire, jouer, boire, lire, être, avoir, partir, couper.

1. Le matin, pour le petit déjeuner, Roger ________ seulement un café, mais ses enfants ________ un grand bol de café au lait avec des tartines. Ils ________ souvent du beurre ou de la confiture sur leurs tartines.

2. Roger ________ de la maison à sept heures trente, mais les enfants ________ seulement à huit heures. En général, ils ________ à l'école à pied : l'école se trouve seulement à huit cents mètres de la maison. Roger, lui, ________ au bureau en métro. Il ________ le métro à la station Étoile. En général, il ________ environ dix minutes pour arriver à La Défense où il travaille.

3. À quatre heures, les enfants ________ souvent du sport avec leurs copains : ils ________ au foot ou au basket sur le parking derrière la maison. Puis ils rentrent à la maison, ils ________ deux grands verres de jus d'orange et ils ________ tranquillement des magazines ou des bandes dessinées, ensuite ils ________ leurs devoirs. Ils ________ plus d'une heure pour faire leurs exercices.

4. Quand ils ________ malades, ils ne ________ pas à l'école, mais ils ________ des devoirs chez eux (s'ils n'________ pas trop de fièvre). Le mercredi, ils ________ au gymnase (ils ________ du squash ou de la natation) ; de temps en temps, ils ________ chez le coiffeur pour se ________ les cheveux.

2 **Complétez les phrases avec les éléments manquants.**

1. Qu'est-ce que vous ________ pour le petit déjeuner, ________ thé ou ________ café ?
2. Marie ________ au cinéma tous les lundis avec ________ frère et elle ________ retourne parfois ________ dimanche avec ________ parents.
3. Les enfants français ________ beaucoup ________ bandes dessinées.
4. ________ dimanche, je ______________ jogging au bois de Vincennes.
5. Il pleut : ________ votre parapluie et ________ votre imperméable avant de sortir !
6. Vous allez ________ Pologne ________ train ou ________ avion ?
7. – Tu ________ où Julie habite ? – Non, je ________ son adresse exacte.
8. Daniel connaît Jean-Michel ? – Oui, ils ________ professeurs dans la même université.

BILAN N° 4

1 **Complétez les phrases avec les éléments manquants (avec élision si nécessaire).**

1. À Paris, le temps change tous les jours : quand je ______ mon manteau, ______ chaud, et quand je ______ des vêtements légers, ______ froid.
2. ______ lundi, en général, je travaille ______ huit heures et quand je rentre ______ moi, il est ______ tard et il ______ nuit.
3. Quand je ______ mal à la gorge, je ______ deux aspirines pendant le déjeuner et je ______ prends deux autres ______ soir.
4. En général, je déjeune ______ restaurant à midi, et le soir je mange une soupe ______ légumes avec ______ pain, ______ salade et un peu ______ fromage ou ______ fruits.
5. Ma fille collectionne les boîtes d'allumettes et ______ plus de mille ; mon frère ______ donne toujours quatre ou cinq quand il vient ______ nous.
6. Marina et Dimitri vivent ______ Londres ______ trois ans. Chaque année, ils ______ ici, à Paris, pour Noël, et en été, ils ______ Grèce, ______ leurs parents.
7. Le directeur ______ une demi-heure pour aller au bureau ______ voiture, mais les secrétaires ______ quinze minutes ______ métro.
8. J'habite ______ Suisse, ______ sœur habite ______ Canada, ______ frère vit ______ Brésil et ______ parents sont ______ Hollande.
9. Quand je ______ mal aux dents, je ______ le dentiste sans attendre.
10. En général, à Noël, nous ______ ski ______ 22 décembre ______ 4 janvier.
11. En principe, ma femme ______ piscine avec ma fille, et moi je ______ vais avec mes deux fils.
12. Ma fille ______ seulement sept ans, mais elle joue bien ______ piano et ______ flûte.
13. Nous avons beaucoup ______ amis ______ États-Unis.
14. Vous prenez vos vacances ______ août ou ______ mois de septembre ?
15. Tu es trop maigre ! Tu ______ manger davantage.

31 DIE BETONTEN PERSONALPRONOMEN

*Je pars avec **elle,** vous allez chez **eux. Lui,** il reste ici.*

Neben den unbetonten Personalpronomen (vgl. Subjektpronomen S. 10) kennt das Französische auch betonte Personalpronomen. Sie werden in folgenden Fällen benutzt:

■ wenn das Pronomen allein steht, z. B. als Antwort auf eine Frage:

Qui a fait ça ?
- ***Moi !***
- ***Toi !***
- ***Lui !***
- ***Elle !***
- ***Nous !***
- ***Vous !***
- ***Eux !***
- ***Elles !***

■ nach einer Präposition:

*Il travaille **avec moi**.*
*Elle habite **chez toi**.*
*Tu dînes **sans lui**.*

• Die betonte Form von *on* [=man] lautet *soi*:

On** est bien chacun chez **soi.

■ wenn das Subjektpronomen besonders hervorgehoben werden soll:

*Vous êtes seul ? – **Moi aussi.***
*Elle n'est pas là et **lui non plus.***
***Même lui** n'est pas d'accord avec vous.*

• Zur besonderen Hervorhebung stellt man dem unbetonten Personalpronomen ein betontes voran:

*Paul est dessinateur. **Moi, je** suis ingénieur.*
*Jean est pour le nucléaire. **Moi, je** suis contre.*

⚠ • Ein Gespräch wird man aus Gründen der Höflichkeit nicht mit « *Moi, je…* » beginnen.

EXERCICES

1 **Répondez avec un pronom tonique, selon le modèle.**
– C'est Pierre, là, sur la photo ? – Oui, *c'est lui.* / Non, *ce n'est pas lui.*

1. Qui est le responsable de l'agence, c'est vous ? – Non, ____________
2. Qui est au téléphone, c'est ma fille ? – Oui, ____________
3. C'est Paul qui danse avec Madeleine ? – Non, ____________
4. Ce sont les parents de Catherine, là-bas ? – Oui, ____________
5. Qui a les billets, c'est vous ? – Oui, ____________

2 **Répondez avec « aussi » et « non plus » selon le modèle.**

1. – Je travaille en juillet. – *Moi aussi.* – Et votre mari ? – ____________
2. – Et Charlotte ? – ____________ – Et vos enfants ? – ____________
3. – Je ne suis pas là en août. – *Moi non plus.* – Et vos parents ? – ____________
4. – Et votre fiancé(e) ? – ____________ – Et vos sœurs ? – ____________

3 **Faites des phrases selon le modèle.**
– Ce soir, je dîne chez Jean et Michèle. – *Ah bon, vous dînez chez eux !*

1. – À midi, je déjeune avec le directeur. – ____________
2. – En ce moment, j'habite chez Pierre et Anne. – ____________
3. – Cet après-midi, je travaille avec vous ! – ____________
4. – Ce soir, je sors avec Julien. – ____________
5. – Nous partons en vacances sans nos enfants. – ____________

4 **Complétez les phrases selon le modèle.**
J'aime la ville, mais mon mari, *lui,* préfère la campagne.

1. Le directeur arrive à 9 heures, mais les secrétaires, ________, arrivent à 8 h 30.
2. J'habite dans le centre, mais Jean-Marc, ________, habite en banlieue.
3. Robert travaille à Rome, mais sa femme, ________, travaille à Versailles.
4. Nous aimons la montagne, mais les enfants, ________, préfèrent la mer.

5 **Complétez avec les pronoms toniques manquants.**

1. Denis parle avec Simon : il parle avec ________ pendant des heures. - **2.** Nous rentrons chacun chez ________, c'est la fin des vacances. - **3.** Quand on fait les choses ________-même, on est plus satisfait ! - **4.** Il garde tout pour ________, c'est un garçon très secret. - **5.** Regarde : c'est Anne et Lucas, ce sont ________ !

32 DIE RELATIVPRONOMEN

EINFACHE RELATIVPRONOMEN

*La femme **qui** arrive… La femme **que** j'aime…*
*La rue **où** j'habite… La vie **dont** je rêve…*

Mit dem Relativpronomen lassen sich mehrere Sätze verbinden, ohne daß ein bestimmtes Wort wiederholt werden muß:

*Je regarde une femme ; **cette femme** est blonde.*
*Je regarde une femme **qui** est blonde.*

■ ***QUI*** steht, wenn der ersetzte Begriff Subjekt des Relativsatzes ist:

*La femme **qui** parle porte une robe **qui** brille.*

■ ***QUE*** steht, wenn der ersetzte Begriff Objekt des Relativsatzes ist:

*La femme **que** je regarde porte une robe **que** j'adore.*

♪ • Nur *que*, nicht aber *qui* wird vor Vokal zu *qu'*:

*La femme **qu'**on aime et **qu'**on attend…*
*La femme **qui** arrive et **qui** est là…*

■ ***DONT*** ersetzt im Relativsatz Ergänzungen mit *de*:

*La femme **dont** je parle porte une robe **dont** je rêve.*
(de qui ?) (de quoi ?)

• *Dont* kann Ergänzung eines Substantivs oder Adjektivs sein:

*Les enfants **dont** il est le père…*
*La médaille d'or **dont** elle est fière…*

⚠ • Es heißt:

*La chose **dont** j'ai besoin…*
*La façon **dont** tu travailles…*
*La manière **dont** il parle…*

■ ***OÙ*** steht für eine Orts- oder Zeitangabe:

*La rue **où** j'habite est très agréable.*
*Le jour **où** je suis né était un jeudi.*

EXERCICES

1 **Complétez les phrases avec « qui » ou « que ».**
L'étudiant *qui* parle avec Hélène est allemand.

1. Le professeur ______ travaille à côté est américain. - **2.** Le pull ______ vous portez est en laine ou en coton ? - **3.** La sculpture ______ est sur la place représente un éléphant. - **4.** La chaîne de télévision ______ je regarde le plus est la 3e chaîne. - **5.** Le terminus des bus ______ commencent par « 2 » est à la gare Saint-Lazare. - **6.** Les personnes ______ ont des enfants ont des réductions sur le TGV. - **7.** Le costume ______ porte Gérard est horrible.

2 **Répondez en utilisant « que » ou « dont ».**
– Vous portez souvent cette couleur ! – *Oui, c'est une couleur que je porte souvent.*

1. – Vous voyez souvent cette personne ? ______
2. – Vous avez besoin de cet appareil en permanence ? ______
3. – Vous écoutez souvent cette cassette ? ______
4. – Vous vous occupez personnellement de cette affaire ? ______
5. – Vous êtes responsable de ce service ? ______

3 **Complétez les phrases avec « qui », « où » et « dont ».**
Jacques Tati est un cinéaste *qui* fait des films très amusants.

1. Édith Piaf est une chanteuse ______ est connue dans le monde entier. - **2.** Le lundi est un jour ______ beaucoup de magasins sont fermés. - **3.** Le Marais est un quartier ______ il y a beaucoup d'hôtels particuliers. - **4.** « Les Feuilles mortes » est une chanson ______ j'adore la musique. - **5.** Le TGV est un train ______ traverse toute la France. - **6.** Le musée Grévin est un musée ______ il y a des mannequins de cire. - **7.** La « Marche du siècle » est une émission de télévision ______ on parle beaucoup. - **8.** Paris est une ville ______ change tout le temps et ______ reste toujours la même.

4 **Complétez le texte avec « que », « dont » et « où ».**

1. Le fax est une invention ______ je trouve vraiment géniale. - **2.** « La Pagode » est un cinéma ______ j'aime beaucoup aller. - **3.** La politique est un sujet ______ je ne parle jamais en famille. - **4.** Le chômage est une chose ______ tout le monde a peur. - **5.** Le bruit est une chose ______ je ne peux pas supporter.

5 **Faites des phrases selon le modèle en complétant librement.**

L'étudiant qui est à côté de moi... La fille que je regarde... ______

EINFACHE RELATIVPRONOMEN (Fortsetzung)

***Ce qui** me plaît chez toi, **c'est** le sourire, **ce sont** les yeux...*
***C'est** toi **qui** es ma préférée...*

■ *CE QUI, CE QUE* und *CE DONT* stehen für *la chose qui/que/dont*:

*Elle aime **ce qui** est cher.*
*Elle sait **ce que** j'aime.*
*Elle écoute **ce dont** je parle.*

- Um einen Begriff oder Satzteil besonders zu betonen, ersetzt man ihn durch *Ce qui/Ce que/Ce dont* und nimmt ihn mit *c'est/ce sont* wieder auf:

__Ce qui__ est cher à Paris, __c'est__ le loyer.
__Ce que__ j'aime le plus à Rome, __c'est__ le Capitole.
__Ce dont__ j'ai besoin, __ce sont__ mes lunettes.

■ *C'EST... QUI/QUE, CE SONT... QUI/QUE*

- Soll ein Begriff bzw. Satzteil betont und zugleich von anderen abgegrenzt werden, so verwendet man die Konstruktion *C'est/Ce sont*+Begriff+Relativpronomen:

__C'est__ Pierre __qui__ a la responsabilité du service.
__C'est__ moi __que__ vous désirez voir ?

⚠ • Bei der Hervorhebung richtet sich die Form des Verbs anders als im Deutschen nach dem Personalpronomen:

C'est __nous__ qui __sommes__ les premiers.
Ce sont __eux__ qui __ont__ les dossiers.

Es heißt also:	Und nicht:
C'est moi qui suis...	*C'est moi qui ~~est~~...*
C'est moi qui ai...	*C'est moi qui ~~a~~...*

EXERCICES

1 **Complétez les phrases avec « ce qui », « ce que » ou « ce dont ».**
– Dites-moi franchement *ce que* vous pensez.

1. – Il est difficile de savoir _______ est bien et _______ est mal. - **2.** – Je n'ai pas de mémoire : j'oublie tout _______ j'étudie. - **3.** – Prenez tout _______ vous avez besoin à la bibliothèque. - **4.** – Antoine adore _______ est salé et _______ est piquant. - **5.** – Je ne sais pas _______ il y a au cinéma en ce moment. - **6.** – Je devine _______ elle craint, _______ elle a peur. - **7.** – Savez-vous _______ se passe dans la rue ? - **8.** – Dis-moi _______ tu as envie pour ton anniversaire et _______ tu veux faire.

2 **Complétez le texte avec « ce qui », « ce que » ou « ce dont ».**

Ce que je fais actuellement est très intéressant : je dois noter tout _______ font les enfants entre deux et trois ans dans une crèche : _______ ils mangent, _______ ils boivent, _______ ils aiment, _______ ils détestent, _______ ils parlent entre eux, _______ les intéresse. Je constate que _______ disent les livres de psychologie est bien différent de _______ je vois et c'est _______ est passionnant.

3 **Complétez les phrases avec « ce qui » / « ce que » / « ce dont » ... « c'est » / « ce sont ».**
Ce qui m'intéresse en ce moment, *c'est* la peinture impressionniste.

1. – _______ j'aime chez vous, _______ votre sourire. - **2.** – _______ me plaît le plus chez Paul, _______ ses yeux. - **3.** – _______ je me méfie, _______ de la circulation le vendredi soir. - **4.** – _______ je préfère à Paris, _______ les petits cafés. - **5.** – _______ j'ai besoin, _______ d'un mois de vacances au soleil !

4 **Répondez aux questions.**
– Tu as « Pariscope », Marie ? – Oui, *c'est moi qui ai « Pariscope ».*

1. – Tu as les billets, Paul ? – Oui, _______________
2. – Vous êtes au premier rang, Paul et Julie ? – Oui, _______________
3. – Tu es au fond, Charlie ? – Oui, _______________
4. – Tu as mes lunettes, Marie ? – Oui, _______________
5. – Tu vas chercher des glaces, Paul ? – Oui, _______________

5 **Faites des phrases selon le modèle en exprimant vos goûts personnels.**

Ce qui me plaît le plus chez un homme (une femme), c'est... _______________
____

Ce que je déteste le plus chez un homme (une femme) c'est... _______________
____

ZUSAMMENGESETZTE RELATIVPRONOMEN

*Voilà la raison pour **laquelle** je suis à Paris.*
*Voilà les étudiants avec **lesquels** je travaille.*

■ ***LEQUEL, LAQUELLE, LESQUEL(LE)S*** sind sogenannte zusammengesetzte Relativpronomen. Sie müssen nach Präpositionen verwendet werden:

Je travaille pour une société française.
*La société **pour laquelle** je travaille est à La Défense.*
Je voyage avec des amis.
*Les amis **avec lesquels** je voyage sont allemands.*

- Die zusammengesetzten Relativpronomen stimmen in Geschlecht und Zahl mit dem Substantiv überein, das sie ersetzen:

*__Le__ restaurant dans **lequel** j'ai rendez-vous est à Montparnasse.*
*__La__ personne avec **laquelle** j'ai rendez-vous s'appelle Enrica.*

	Maskulinum	Femininum
Singular	***lequel***	***laquelle***
Plural	***lesquels***	***lesquelles***

■ In ***AUQUEL, AUXQUEL(LE)S*** sind zusammengesetzte Relativpronomen mit der Präposition *à* verschmolzen. Nur das Femininum Singular *laquelle* verschmilzt nicht mit *à*:

*Il fait allusion **à** un livre de Marguerite Duras.*
*Le livre **auquel** il fait allusion est de Marguerite Duras.*

	Maskulinum	Femininum
Singular	***auquel***	***à laquelle***
Plural	***auxquels***	***auxquelles***

- Nur bei Personen kann nach Präpositionen statt des zusammengesetzten Relativpronomens Präposition+*qui* stehen:

La personne pour laquelle je travaille...   *La personne pour qui je travaille...*

■ In ***DUQUEL, DE LAQUELLE, DESQUEL(LE)S*** sind zusammengesetzte Relativpronomen mit der Präposition *de* verschmolzen. Nur das Femininum Singular *laquelle* verschmilzt nicht mit *de*:

*La maison à côté **de laquelle** tu habites est la maison dont je rêve.*

	Maskulinum	Femininum
Singular	***duquel***	***de laquelle***
Plural	***desquels***	***desquelles***

EXERCICES

1 **Complétez les phrases avec les relatifs composés manquants.**
Est-ce que le sport *auquel* vous vous intéressez est un sport d'équipe ?

1. Est-ce que le fauteuil ____________ vous êtes assis est en cuir ? - **2.** Est-ce que le lit ____________ vous dormez est confortable ? - **3.** Est-ce que le stylo ____________ vous écrivez est rechargeable ? - **4.** Est-ce que la société ____________ vous travaillez est à Paris ?

2 **Complétez les phrases selon le modèle.**
– Vous participez à la réunion annuelle ?
– *Oui, c'est une réunion à laquelle je participe.*

1. – Vous travaillez sur le même sujet depuis longtemps ?
– ____

2. – Vous référez-vous à l'ouvrage de Michelet ?
– ____

3. – Est-ce que vous vous intéressez à la période romantique ?
– ____

4. – Vous adressez-vous au public des lycées ?
– ____

3 **Complétez l'exercice selon le modèle.**
Nous organisons une fête. Vous êtes invités à cette fête.
Nous organisons une fête à laquelle vous êtes invités.

1. Mon fils a un petit chien. Sans ce chien, il ne sort jamais.
– ____

2. Nous avons un grand jardin. Nous déjeunons souvent dans ce jardin.
– ____

3. Éric a réalisé un film. Pour ce film, il a obtenu un prix à Cannes.
– ____

4. Muriel a deux collègues de travail. Elle joue au tennis avec ces deux collègues.
– ____

4 **Complétez librement les phrases.**
Le bureau sur *lequel je travaille est en chêne.*

1. La salle dans ____
2. La chaise sur ____
3. Le professeur avec ____

EXERCICES

1 Répondez avec « c'est... qui/que » ou « ce sont... qui/que ».

– Cette voiture marche à l'électricité ? *– Oui, c'est une voiture qui marche à l'électricité.*

1. – Ces affiches sont à vendre ? – ____________________
2. – Vous connaissez ces étudiants ? – ____________________
3. – Ces étudiants travaillent avec vous ? – ____________________
4. – Vous emmenez ces valises ? – ____________________
5. – Ces chaussures coûtent cher ? – ____________________

2 Complétez avec « ce qui » ou « ce que ».

Un pull ou une robe, je ne sais pas *ce que* je vais acheter.

1. Je voudrais essayer tout ____________ il y a dans le magasin.
2. Les blousons en tissu, c'est ____________ se vend le mieux cette année.
3. Je ne suis jamais la mode : j'achète ____________ me plaît.
4. En général, les gens achètent ____________ ils voient à la télévision.
5. J'aime la pure laine, la soie, le lin, tout ____________ coûte cher !
6. Le rouge, c'est ____________ me va le mieux.
7. Avec un pantalon noir, vous pouvez mettre ____________ vous voulez.
8. Je déteste ____________ est trop voyant.

3 Complétez avec « lequel », « laquelle », « lesquels », etc.

Chère Daisy,

Je ne comprends pas la raison pour ________ vous refusez mon invitation. Les amis chez ________ je vais passer le week-end sont des gens charmants et la ferme dans ________ ils habitent est très confortable. Les problèmes de langue ________ vous faites allusion sont ridicules : il y aura d'autres Anglais avec ________ vous pourrez discuter. Alors venez, je vous en prie !

Benoît

4 Complétez avec les relatifs manquants et les prépositions si nécessaire.

Les tarifs *qu'*Air France propose pour les week-ends sont très intéressants.

1. Les plats ____________ aiment mes enfants sont toujours les plus mauvais pour la santé.
2. Bernard m'a écrit une lettre très drôle ____________ j'ai répondu tout de suite.
3. Nous sommes très satisfaits des résultats ____________ nous sommes parvenus.
4. Voilà une pièce ____________ le soleil ne pénètre jamais.
5. La solution ____________ vous pensez n'est peut-être pas la meilleure.
6. Au moment ____________ on parlait de lui, il est arrivé !

EXERCICES

1 **Complétez les phrases avec les relatifs manquants.**
Le matériel *dont* je me sers est japonais.

1. La voiture ______ est garée dans la rue et ______ gêne la circulation est la voiture du directeur ! - **2.** L'instrument ______ joue mon fils est un instrument très rare ______ ressemble à une mandoline. - **3.** Voilà un homme ______ j'admire le courage et ______ j'aimerais connaître. - **4.** J'adore la façon ______ vous vous habillez, c'est un style ______ est vraiment original ! - **5.** L'homme ______ parle à la télévision est un homme ______ parlent tous les journaux. - **6.** Les enfants répètent souvent ______ ils entendent et ils imitent ______ ils voient.

2 **Complétez le texte avec « ce qui », « ce que » ou « ce dont ».**

Ce qui me fatigue, c'est l'absence totale de planning dans notre société. Voilà ______ j'aimerais faire comprendre au directeur. ______ nous manque, c'est du temps pour mettre de l'ordre dans nos affaires. Personnellement, je ne sais jamais ______ je vais faire d'une semaine sur l'autre, ______ je vais m'occuper, ______ va se passer. D'un côté, j'aime bien ______ est imprévisible, mais de l'autre, j'aime ______ je peux maîtriser, comprendre. En fait, je ne sais pas bien ______ je veux, ______ j'ai envie !...

3 **Complétez avec les relatifs manquants : « qui », « que », « dont », « lequel », etc.**

1. Voilà un dictionnaire *dont* je me sers en permanence et ______ je conseille à mes étudiants. - **2.** Le peintre ______ est exposé au Grand Palais est un artiste ______ je connais très mal. - **3.** Paul s'intéresse à tout ______ touche à la mécanique. - **4.** Regardez ______ dessine ma fille : c'est votre portrait ! - **5.** Je n'aime pas la façon ______ il écrit, c'est trop prétentieux ! - **6.** Gauguin est un peintre ______ j'aime et ______ j'admire toutes les œuvres. - **7.** Voilà l'adresse ______ vous pouvez me joindre en été. - **8.** Le jour ______ je suis arrivé à Paris, il neigeait, et le jour ______ je suis parti, il faisait beau.

4 **Complétez les phrases avec les relatifs manquants.**

1. J'ai du mal à me lever tôt : c'est une chose ______ je ne me suis jamais habituée. - **2.** C'est la dernière fois ______ je lui prête quelque chose, il ne rend jamais rien. - **3.** J'adore la façon ______ Serkin joue du piano. - **4.** Mon fils ne sait pas ______ il veut faire plus tard. - **5.** Les amis avec ______ nous sommes sortis hier sont lib nais. - **6.** ______ me manque le plus à l'étranger, ce sont les cafés de quartier. - **7.** La brasserie dans ______ je lui ai donné rendez-vous était fermée. - **8.** La conférence à ______ j'ai assisté hier était très ennuyeuse. - **9.** Quels sont les

33 DIE FRAGESTELLUNG (2)

***Comment** allez-vous ? **Où** habitez-vous ? **Quand** partez-vous ?*

■ *OÙ, QUAND, COMBIEN, POURQUOI*

- *Où*, *quand* oder andere Fragewörter am Satzanfang verlangen die Inversion von Verb und Subjektpronomen:

  ***Où habitez-vous** actuellement ?*
  ***Pourquoi êtes-vous** à Paris ?*

- Fügt man *est-ce que* ein, bleibt die normale Satzstellung erhalten:

  *Où **est-ce que** vous habitez ?*
  *Pourquoi **est-ce que** vous êtes à Paris ?*

- Ist das Subjekt ein Substantiv und kein Pronomen, muß entweder *est-ce que* verwendet oder das Substantiv mit einem Pronomen wiederaufgenommen werden:

  *Quand **est-ce que** vos parents arrivent ?* (Umgangssprache)
  *Quand **vos parents** arrivent-**ils** ?* (gehobene Sprache)

♪ • Endet ein Verb in der 3. P. Sg. auf Vokal, wird bei der Inversionsfrage zur leichteren Aussprache nach dem Verb ein *-t-* eingeschoben:

  *Où Pierre habite-**t**-il ?* *Combien a-**t**-il de frères ?*

■ *QUI* fragt nach Personen, *QUE* nach Sachen:

  ***Qui** cherchez-vous ?* ***Qui** est-ce que vous cherchez ?*
  ***Que** cherchez-vous ?* ***Qu'**est-ce que vous cherchez ?*

■ *QUEL(S)/QUELLE(S)* werden benutzt, wenn ein Bezugswort im Satz steht. Sie stimmen in Geschlecht und Zahl mit ihm überein:

  ***Quel** est votre **nom** ?* ***Quels** sont vos **horaires** de travail ?*
  ***Quelle** est votre **profession** ?* ***Quelles** sont vos **chansons** préférées ?*

⚠ • Es heißt: Es heißt nicht:

  Quelle est votre profession ? *~~Qu'est-ce que~~ votre profession ?*

- Eine Präzisierung erfragt man mit *lequel/laquelle/lesquels/lesquelles*:

  *Prête-moi ton stylo. – **Lequel ?** Le bleu ou le noir ?*

EXERCICES

1 **Posez les questions selon le modèle.**
– Vous n'habitez pas à Paris,... *mais alors, où habitez-vous ?*

1. – Vous ne travaillez pas en France,... ______
2. – Vous ne partez pas en juin,... ______
3. – Vous ne dînez pas chez vous ce soir,... ______
4. – Vos enfants ne sont pas à Paris,... ______
5. – Ils ne viennent pas cette semaine,... ______

2 **Les phrases suivantes sont en français familier. Posez les questions selon le modèle.**
– Vous travaillez où ? – *Où travaillez-vous ? (Où est-ce que vous travaillez ?)*

1. – Vous déjeunez où ? ______
2. – Vous partez quand ? ______
3. – Elle a rendez-vous avec qui ? ______
4. – Vous dînez à quelle heure ? ______
5. – Sandra travaille où ? ______
6. – Elle commence à quelle heure ? ______
7. – Vos amis arrivent quand ? ______

3 **Posez les questions et donnez les réponses, selon le modèle.**
Bonjour. Je suis Patrice Delonde. Je suis ingénieur. Je travaille à Marseille. Mon passe-temps préféré est l'escalade. J'habite à Aix-en-Provence, 10 rue de la Fontaine. Je vais à Marseille en voiture. Le week-end, je fais de l'escalade. En été, je fais de la voile.

1. *Comment* s'appelle ce monsieur ? – *Il s'appelle Patrice Delonde.*
2. ______ est sa profession ? – ______
3. ______ travaille-t-il ? – ______
4. ______ est son passe-temps préféré ? – ______
5. ______ est son adresse ? – ______
6. ______ il fait le week-end ? – ______
7. ______ fait-il en été ? – ______

4 **Utilisez l'interrogatif manquant, selon le modèle.**
Un pont de Paris est construit avec des pierres de la Bastille : *lequel ?*

1. La moutarde est la spécialité d'une ville française : ______?
2. Tanger est la capitale d'un pays d'Afrique du Nord : ______?
3. Deux astronautes américains ont marché sur la Lune : ______?

34 DIE VERNEINUNG (2)

*Je **ne** comprends **rien.** Je **ne** sors **jamais.***
*Je **ne** connais **personne.** Je **n'**ai **aucun** ami.*

NE... PAS [=nicht], ***NE... JAMAIS*** [=nie], ***NE... RIEN*** [=nichts] **usw.** sind unterschiedliche Formen der Verneinung:

Vous travaillez ?	*– Non, je **ne** travaille **pas.***
*Vous dansez **quelquefois** ?*	*– Non, je **ne** danse **jamais.***
*Vous voulez **quelque chose** ?*	*– Non, merci, je **ne** veux **rien.***
*Vous connaissez **quelqu'un** ici ?*	*– Non, je **ne** connais **personne.***
*Vous travaillez **encore** chez Max ?*	*– Non, je **ne** travaille **plus** chez Max.*
*Vous avez **une** idée (précise) ?*	*– Non, je **n'ai aucune** idée.*

- *Toujours* wird mit *ne... jamais* [=nie] oder *ne... plus* [=nicht mehr] verneint:

  *Je regarde **toujours** la 3e chaîne, je **ne** regarde **jamais** la 2e.*
  *Je travaille **toujours** au même endroit mais **plus** le samedi.*

- *Déjà* wird mit *ne... jamais* [=noch nie] oder *ne... pas encore* [=noch nicht] verneint:

  *Vous êtes **déjà** allé à Paris ?* – Non, | *je **ne** suis **jamais** allé à Paris.*
  | *je **ne** suis **pas encore** allé à Paris.*

- *Un/une/des* werden mit *ne... pas de* oder *ne... aucun* [=überhaupt kein] verneint:

  Vous avez un projet, Paul ? – Non, | *je **n'ai pas de** projet.*
  | *je **n'ai aucun** projet.*

■ ***PERSONNE*** [=niemand] und ***RIEN*** [=nichts] können am Satzanfang stehen. Das zugehörige *ne* steht dann vor dem Verb. Es folgt kein weiterer Verneinungspartikel hinter dem Verb!

***Personne ne** parle.*
***Rien ne** bouge.*

MEHRERE VERNEINUNGEN können in einem Satz aufeinander folgen:

*Tu **ne** comprends **jamais rien.***
*Il **n'**y a **plus personne.***

EXERCICES

1 **Mettez à la forme négative, en utilisant « plus », « rien », « personne », selon le modèle.**
– Est-ce que tu fais quelque chose de spécial, ce soir ? – *Non, je ne fais rien de spécial.*

1. – Tu as **encore** ta vieille Alfa Romeo, Paul ?
   – ______________________________

2. – Est-ce qu'il y a **quelqu'un** en ce moment, dans ta maison de campagne ?
   – ______________________________

3. – Est-ce qu'il y a **quelque chose** à manger dans le frigo ?
   – ______________________________

4. – Tu es **toujours** fiancé avec Muriel ?
   – ______________________________

5. – Est-ce que tu prends **quelque chose** comme apéritif ?
   – ______________________________

6. – Est-ce que tu connais **quelqu'un** ici ?
   – ______________________________

7. – Est-ce que tu vas **encore** à la piscine, le jeudi ?
   – ______________________________

2 **Faites l'exercice selon le modèle.**
« Les Jumeaux »

Pierre est toujours content.	*Paul n'est jamais content.*
Pierre aime tout le monde.	______________
Pierre sourit tout le temps.	______________
Pierre a beaucoup d'amis.	______________
Pierre trouve tout intéressant.	______________
Pierre accepte toujours tout.	______________
Pierre croit encore au Père Noël.	______________

3 **Mettez à la forme négative.**
Je rentre chez moi. J'achète quelque chose. Je prépare le dîner. Quelqu'un me téléphone. Quelque chose brûle dans la cuisine. Je m'énerve. J'ai mille choses à faire. Je suis fatiguée. J'ai des soucis. Je perds tout. Je casse tout. J'oublie tout. J'ai mal à la tête. Je me couche tard.

Ça y est ! Je suis en vacances. Ce soir, je ne rentre pas chez moi... ______________

____

____

____

*Je **ne** travaille **ni** le lundi, **ni** le mardi.*
*Je **ne** travaille **que** trois jours par semaine.*

NE... NI... NI [=weder ... noch ... noch] steht, wenn zwei oder mehr durch *et* verbundene Elemente verneint werden:

Je travaille le lundi et le jeudi.
*Je **ne** travaille **ni** le lundi, **ni** le jeudi.*
Il est jeune, beau et intelligent.
*Il **n'**est **ni** jeune, **ni** beau, **ni** intelligent.*

SANS [=ohne]

- Nach *sans* steht kein Artikel:

  Elle sort avec un imperméable et avec un parapluie.
  *Elle sort **sans** imperméable et **sans** parapluie.*

- Statt *sans... et sans* wird normalerweise *sans... ni* verwendet:

  *Elle sort **sans** imperméable, **ni** parapluie.*

NE... QUE [=nur] drückt keine Verneinung, sondern eine Einschränkung aus:

*Julien **n'a que** cinq ans.*	= *Il a seulement cinq ans.*
*Je **ne** dors **que** six heures.*	= *Je dors seulement six heures.*

- *Ne* steht vor dem Verb, *que* vor dem Element, auf das sich die Einschränkung bezieht:

  *Ça **ne** coûte **que** cent francs.*
  *Ça **ne** coûte, en ce moment, **que** cent francs.*
  *Ça **ne** coûte, jusqu'à la fin du mois, **que** cent francs.*

- Auf Plakaten, Werbeanzeigen usw. steht oft nur noch das *que*:

***Que** 99 FF !*	= *Seulement 99 FF.*
***Que** des affaires !*	= *Seulement de bonnes affaires.*

EXERCICES

1 **Répondez aux questions selon le modèle.**
– Vous êtes libre mardi et jeudi ?
– *Non, je ne suis libre ni mardi ni jeudi.*

1. – Le restaurant indien est ouvert le samedi et le dimanche ?
– ______________________________
2. – Votre femme connaît Simon et Gérald ?
– ______________________________
3. – Votre frère et vous, vous ressemblez à votre père ou à votre mère ?
– ______________________________
4. – Les petits magasins prennent les chèques de voyage et la carte Visa ?
– ______________________________

2 **Répondez avec « ne ... que », selon le modèle.**
– Vous travaillez seulement douze heures, cette semaine ?
– *Oui, cette semaine, je ne travaille que douze heures.*

1. – Vous mettez seulement un sucre dans votre café ?
– ______________________________
2. – Vous prenez seulement un croissant ?
– ______________________________
3. – Vous avez seulement un rendez-vous, aujourd'hui ?
– ______________________________
4. – Vous prenez seulement vingt litres d'essence ?
– ______________________________
5. – Vous partez seulement à onze heures ?
– ______________________________

3 **Complétez les phrases avec « ne ... pas », « ne ... que », « sans... ni » ou « ni ... ni ».**
On reçoit toujours une lettre de rappel des Telecom quand on *ne* paye *pas* ses factures.

1. À cause de la grève des transports, nous ________ partons ________ mardi, ________ mercredi, mais seulement jeudi. - **2.** Je ne peux pas aller à la piscine : je ________ ai ________ de maillot ! - **3.** L'eau est très froide : elle ________ fait ________ dix-huit degrés ! - **4.** Grâce à votre « crédit achat », vous ________ payez ________ le mois prochain ce que vous achetez aujourd'hui. - **5.** Ma cousine est strictement végétarienne, elle ________ mange ________ œufs ________ poisson : elle ________ mange ________ des légumes. - **6.** Cette brioche est très bonne même ________ confiture, ________ miel.

35 DIE INDIREKTE REDE (1)

Pierre ***dit qu'****il part à cinq heures. Il* ***demande si*** *on est d'accord.*
Je lui ***demande où*** *il va et* ***ce qu'****il va faire.*

DIE INDIREKTE REDE IM PRÄSENS

■ Die indirekte Wiedergabe von Gesagtem oder Gedachtem wird mit *que* eingeleitet. Dabei bleibt die normale Satzstellung erhalten:

Paul dit : « Le film est à 10 heures. »	*Paul dit* ***que*** *le film est à 10 heures.*
Il pense : « C'est trop tard. »	*Il pense* ***que*** *c'est trop tard.*

■ Fragen ohne Fragewort oder mit *est-ce que* werden in der indirekten Rede mit *si* eingeleitet, bei Fragen mit Fragewort bleibt das Fragewort erhalten:

Tu es d'accord ?	*Il demande* ***si*** *tu es d'accord.*
Est-ce que *tu es prêt ?*	*Il demande* ***si*** *tu es prêt.*
Qui *est venu ?*	*Il demande* ***qui*** *est venu.*

• Bei einer Frage mit Inversion entfällt die Inversion in der indirekten Rede:

Où *allez-****vous*** *?*	*Il demande* ***où vous*** *allez.*
Quand *partez-****vous*** *?*	*Il demande* ***quand vous*** *partez.*

• *Qu'est-ce que* und *que* werden zu *ce que*, und *Qu'est-ce qui* wird zu *ce qui*:

Qu'est-ce que *vous faites ?*	*Il demande* ***ce que*** *vous faites.*
Que *voulez-vous ?*	*Il demande* ***ce que*** *vous voulez.*
Qu'est-ce qui *se passe ?*	*Il demande* ***ce qui*** *se passe.*

⚠ • Es heißt:	Es heißt nicht:
Je ne sais pas ce qu'il fait.	*Je ne sais pas qu'~~est-ce~~ qu'il fait.*

■ Ein Befehl wird in der indirekten Rede zu *de*+Infinitiv:

Partez !	*Il lui dit* ***de partir.***

■ Werden mehrere Sätze in indirekter Rede verbunden, so wird das einleitende Element (*que*, *si* usw.) vor jedem Nebensatz wiederholt:

Je pars et j'emmène ma fille.	*Il dit* ***qu'****il part et* ***qu'****il emmène sa fille.*
Tu es d'accord ? On y va ?	*Il demande* ***si*** *tu es d'accord et* ***si*** *on y va.*

• Vor *oui* und *non* steht in der indirekten Rede ein *que*:

Paul : Tu veux m'épouser ? – Marie : Oui.
Il lui demande si elle veut l'épouser et elle lui répond ***que*** *oui.*

EXERCICES

1 **Mettez au discours indirect, selon le modèle.**

1. – Je suis en retard pour mon rendez-vous. Je pars tout de suite. Finis le rapport sans moi.
– Que dit André à son ami ? – *Il lui dit qu'il est en retard pour son rendez-vous...*

____

2. – Allô Sophie ? C'est Charlie. Je suis à Paris pour la journée. Je prends le train à 7 heures. Tu es libre pour le déjeuner ? Qu'est-ce que tu fais dans l'après-midi ?
– Que dit Charlie à Sophie ? – ______________________________

____

3. – Mademoiselle Juliard, avez-vous la liste des hôtels trois étoiles du quartier ? Pouvez-vous téléphoner pour avoir les prix ? Appelez aussi le Concordia et le Bristol. Merci.
– Que demande le directeur à Mademoiselle Juliard ? – ______________________________

____

2 **Complétez le dialogue suivant (Paul est à l'interphone, Mme Marthe est sourde et Mme Émilie explique).**

– Je suis le nouveau voisin.	Mme Marthe :	– *Qu'est-ce qu'il dit ?*
	Mme Émilie :	– *Il dit* ______________
– Je n'ai pas mes clés.	Mme Marthe :	– *Qu'est-ce qu'il dit ?*
	Mme Émilie :	– ______________
– Je ne peux pas entrer.	Mme Marthe :	– ______________
	Mme Émilie :	– ______________
– Pouvez-vous ouvrir la porte ?	Mme Marthe :	– ______________
	Mme Émilie :	– ______________

3 **Mettez le dialogue au discours indirect, selon le modèle.**

– Qu'est-ce que tu fais pendant le week-end ?
– Je reste à Paris.

Max demande à Léa ce qu'elle fait pendant le week-end. Elle lui répond qu'elle reste à Paris.

M. – Tu es libre dimanche ? ______________
L. – Je vais écouter un concert. ______________
M. – Où vas-tu ? ______________
L. – À l'église Saint-Médard. ______________
M. – Tu y vas seule ? ______________
L. – Oui. ______________
M. – Alors attends-moi devant l'église ! ______________

4 **Imaginez un dialogue entre deux amis et transformez-le au discours indirect.**

36 GERUNDIUM UND PARTIZIP PRÄSENS

*Je lis le journal **en buvant** mon café.*

BILDUNG DES GERUNDIUMS

- Das Gerundium wird gebildet durch: *en*+Stamm der 2. P. Pl. Präsens+*-ant*:

  *vous **lis**ez* → *en **lis**ant*
  *vous **chant**ez* → *en **chant**ant*

⚠ • Achtung bei der Schreibweise der Verben auf *-cer* und *-ger*:

  *vous commencez : en commen**ç**ant* *vous mangez : en mang**e**ant*

• Unregelmäßige Formen:

  avoir : en ayant *être : en étant* *savoir : en sachant*

- Das Gerundium ist unveränderlich:

  Je travaille
  J'ai travaillé } ***en écoutant** la radio.*
  Je travaillerai

GEBRAUCH DES GERUNDIUMS

- Das Gerundium drückt die Gleichzeitigkeit zweier Handlungen aus, die vom selben Subjekt ausgeübt werden:

  *Nous marchons **en bavardant**.*
  *Il travaille **en chantant**.*

• Ein vorangehendes *tout* unterstreicht nochmals die Gleichzeitigkeit oder hebt einen Gegensatz hervor:

  *Il travaille **tout en chantant**.* (Gleichzeitigkeit)
  *Il est malheureux **tout en étant** très riche.* (Gegensatz)

DAS PARTIZIP PRÄSENS

- Das Partizip Präsens wird wie das Gerundium gebildet, doch steht es ohne *en*. In der gehobenen Sprache wird es an Stelle des Relativpronomens *qui* verwendet:

  *Les élèves **ayant** (= qui ont) le baccalauréat peuvent s'inscrire à l'université.*

EXERCICES

1 **Utilisez un gérondif selon le modèle.**
Je regarde la télévision et je fume. *Je regarde la télévision en fumant.*

1. Je repasse et j'écoute de la musique. ____________
2. Marie fait ses devoirs et elle mange des bonbons. ____________
3. Elle rêve et elle regarde par la fenêtre. ____________
4. Le professeur donne des explications et il écrit au tableau. ____________
5. Il part et il dit au revoir à tous. ____________

2 **Donnez le contraire des phrases suivantes selon le modèle.**
Il parle sans pleurer. *Elle parle en pleurant.*

1. Il discute sans s'énerver. ____________
2. Il dit au revoir sans sourire. ____________
3. Il part sans fermer la porte. ____________
4. Il s'éloigne sans regarder derrière lui. ____________

3 **Utilisez un gérondif selon le modèle.**
Pierre crie et il fait des gestes en même temps. *Il crie tout en faisant des gestes.*

1. Il parle et il mange en même temps. ____________
2. Il étudie et il écoute du rock en même temps. ____________
3. Il lit et il conduit en même temps ! ____________
4. Il conduit et il fait des mots croisés ! ____________
5. Il rit et il pleure en même temps ! ____________

4 **Complétez par le participe présent de « faire », « être » ou « avoir ».**

1. Toutes les personnes ________ partie de notre club sont invitées à une soirée le samedi 15 mars.
2. Tous les citoyens ________ en possession d'anciens billets sont priés de les apporter à la banque.
3. Le concours de l'agrégation est accessible à tous les candidats ________ une maîtrise.

5 **Répondez librement en utilisant des gérondifs.**
À votre avis, comment fait-on des progrès rapides dans une langue étrangère ? (Faire des exercices, lire des romans, parler le plus possible, apprendre du vocabulaire, écouter des chansons, etc.)

À mon avis, on fait des progrès en faisant des exercices… ____________

____

37 VERBEN MIT PRÄPOSITIONEN

*On commence **à** travailler à 8 h. On finit **de** travailler à 9 h.*
*On essaie **de** faire le maximum. On refuse **de** continuer.*

Nach Verben mit Präpositionen, meist ***À* und *DE***, steht der Infinitiv. Es gibt jedoch keine Regeln dafür, welches Verb mit *à* und welches mit *de* gebildet wird.

*J'arrête **de** regarder la télé.*
*Je finis **de** faire mes comptes.*
*Je refuse **de** partir.*
*J'accepte **de** partir.*
*Je suis obligé **de** partir.*
*J'oublie **de** payer mes impôts.*
*J'essaie **de** dormir.*
*Je décide **de** reprendre mes études.*
*Je rêve **de** devenir acteur.*

*Je commence **à** ranger mes affaires.*
*Je me mets **à** écrire des lettres.*
*J'ai du mal **à** m'adapter.*
*Je cherche **à** gagner du temps.*
*J'hésite **à** appeler Paul.*
*Je réussis **à** éviter une amende.*
*Je n'arrive pas **à** me détendre.*
*Paul m'aide **à** travailler.*
*J'invite Paul **à** dîner.*
*J'apprends **à** utiliser un ordinateur.*

*Je continue **de** travailler.* oder *Je continue **à** travailler.*

- Nach Adjektiven und Substantiven, die Gefühle beschreiben, steht häufig *de*:

Je suis { *content* / *heureux* / *triste* } ***de** partir.*

J'ai { *envie* / *peur* } ***de** le voir.*

- Verben des Wünschens und Wollens stehen ohne Präposition:

J'adore / *Je déteste* } *voyager en avion.*

J'espère / *Je pense* } *partir demain.*

- Ein unverbundener Infinitiv steht ohne Präposition:

***Marcher, courir, bouger,** c'est bon pour la santé.*

EXERCICES

1 Complétez le texte avec les prépositions manquantes, si nécessaire.

Le boulanger finit *de* travailler *à* 6 heures, la boulangère commence ______ travailler ______ 8 heures et ils sont obligés ______ travailler le samedi et le dimanche ! Ils ont envie ______ changer de métier, mais ils hésitent ______ vendre leur petit magasin. Leur fille aînée les aide parfois ______ servir les clients l'après-midi mais elle rêve ______ devenir médecin et elle ne doit pas négliger ses études. Le boulanger espère ______ trouver un apprenti, mais beaucoup de jeunes refusent ______ travailler pendant le week-end. La boulangère est parfois triste ______ voir si peu son mari, mais elle adore ______ voir beaucoup de monde et elle est fière ______ vendre un bon pain artisanal et apprécié.

2 Faites des phrases selon le modèle.

Je suis en vacances. Je suis content(e).
Je suis content(e) d'être en vacances.

1. Je suis en retard. Je suis désolé(e).
______
2. J'ai une contravention. Je suis furieux(se).
______
3. Je suis invité(e) chez Lucia. Je suis ravi(e).
______
4. Je reçois deux lettres de Berndt. Je suis surpris(e).
______
5. Je pars en voyage. Je suis heureux(se).
______

3 Transformez, selon le modèle.

Mon objectif est de réussir mon examen.
Réussir mon examen est mon objectif. J'espère réussir mon examen.

1. Mon objectif est d'apprendre le français en six mois. ______
______
2. Mon objectif est de trouver rapidement du travail. ______
______
3. Mon objectif est de gagner au moins 15 000 francs par mois. ______
______
4. Mon objectif est de vivre quelques années à l'étranger. ______
______

EXERCICES

1 Développez selon le modèle.

Mes rêves : aller au Tibet et rester un an en Chine.

Je rêve d'aller au Tibet et de rester un an en Chine.

1. Mes décisions : faire des économies et acheter un bateau.

____

2. Mon espoir : trouver un bon travail et être vite autonome.

____

3. Mes envies : habiter à la campagne et faire de la poterie.

____

4. Mes peurs : vieillir et être seul.

____

2 Complétez par la préposition qui convient, si nécessaire.

Depuis quelque temps, j'ai du mal *à* trouver un équilibre.

1. Je n'arrive pas ________ me détendre - **2.** Je commence ________ avoir des insomnies. - **3.** Mais je refuse ________ rester dans cette situation. - **4.** Alors, je décide ________ changer. - **5.** J'arrête ________ travailler autant. - **6.** J'essaye ________ m'intéresser ________ d'autres choses. - **7.** Je fais ________ musique, je joue ________ guitare et j'apprends ________ faire du deltaplane. - **8.** Je téléphone ________ mes amis et je les invite ________ dîner de temps en temps. - **9.** Je commence enfin ________ prendre du temps pour moi-même. - **10.** Je réussis ________ être plus détendu. - **11.** J'espère ________ continuer comme ça.

3 Transformez selon le modèle.

Guillaume apprend le violon. (jouer)

Guillaume apprend à jouer du violon.

1. Il arrête le judo. (faire)

____

2. Il finit ses devoirs. (écrire)

____

3. Il continue ses cours de russe. (suivre)

____

4. Il essaye le nouvel ordinateur. (se servir de)

____

5. Il aime le jazz. (écouter)

____

EXERCICES

1 **Complétez avec les prépositions manquantes, si nécessaire.**

Je suis très satisfait ______ mon stage d'informatique, maintenant je réussis ______ taper tout ce que je veux. Quand j'ai un problème, je téléphone ______ mon professeur qui accepte ______ me donner quelques conseils. Je continue aussi ______ travailler seul avec un manuel et j'arrive ______ comprendre l'essentiel. J'aime ______ apprendre des choses nouvelles. L'informatique, c'est comme un jeu et parfois je suis si absorbé que j'oublie ______ regarder l'heure. Mais j'ai du mal ______ travailler sur mon écran : je crois que je vais être obligé ______ porter des lunettes.

2 **Complétez avec les prépositions manquantes, si nécessaire.**

Cher Julien,

Je suis content ______ voir que tu commences ______ prendre tes études au sérieux. Si tu continues ______ avoir de bons résultats, je veux bien ______ t'acheter une petite voiture. J'espère ______ trouver une bonne occasion chez « Ringard », le nouveau garagiste.

Je n'en parle pas encore à ta mère : elle a peur ______ tout ce qui roule (et elle ne veut pas ______ voir son fils grandir...). Mais n'oublie pas ______ l'appeler pour la Fête des mères. Elle est si heureuse ______ avoir de tes nouvelles.

Grosses bises. Bon courage.

Papa.

3 **Complétez avec les éléments manquants, si nécessaire.**

Selon une enquête récente de l'INSEE, près *d'*un million *de* Français ne sont pas satisfaits ______ leur emploi actuel et souhaitent ______ changer ______ cadre de vie. Ils rêvent ______ trouver une activité et un lieu de vie plus agréables. Certains hésitent ______ tout quitter, mais d'autres choisissent ______ bouleverser leurs habitudes et décident ______ partir ailleurs, souvent en fait parce qu'ils ont peur ______ perdre leur emploi actuel ou parce qu'ils sont déjà au chômage. Alors, des informaticiens deviennent ______ restaurateurs, des comptables ______ libraires ou des dentistes ______ menuisiers. Soit ils continuent ______ être salariés ailleurs, ______ Québec, ______ Amérique du Sud, ______ États-Unis ou ______ Australie, soit ils décident ______ créer leur propre entreprise à l'étranger. Ils essayent en tous cas ______ trouver de nouvelles activités qui ______ motivent et ils réussissent souvent ______ trouver un mode de vie qui ______ convient mieux.

4 **Faites des phrases avec les verbes suivants.**
commencer / finir - accepter / refuser - essayer / réussir - adorer / détester

38 VERBEN DER BEWEGUNGSRICHTUNG

*Je **vais** en Italie. Je **vais voir** des amis. On **visite** la Toscane.*

ALLER, VENIR usw.

- *Aller* [=(hin-)gehen/fahren]:

  →

  *Je **vais** à Paris.*
  (Ich bin z. Zt. nicht in Paris.)

- *Venir* [=(her-)kommen]:

  ←

  *Je **viens** régulièrement à Paris.*
  (Ich bin z. Zt. in Paris.)

- *Retourner* [=zurückkehren]:

  *Je **retourne** à Berlin.*

- *Revenir* [=wiederkommen]:

  *Attendez-moi ici, je **reviens.***

- *Rentrer* [nach Hause zurückkehren (Wohnung oder Heimat)]:

  *Je **rentre** chez moi à 8 heures.*
  *Ils **rentrent** définitivement chez eux, en Australie.*

⚠ • Bei *avec moi/avec nous* steht immer *venir* und nicht *aller*:

  *On va en Afrique et Joan **vient avec nous**.*

- Auf Verben, die eine Bewegungsrichtung angeben (*aller, venir, monter, descendre* usw.) folgt der Infinitiv ohne Präposition:

  *Je **viens** chercher Pierre.*
  *Je **passe** acheter le journal.*

ALLER VOIR, VENIR VOIR, VISITER: Das Französische kennt drei Ausdrücke für das deutsche Wort „besuchen":

- *Aller/venir voir*+Personen:

  *Je **vais voir** mes parents le dimanche.*
  *Mes cousins **viennent** me **voir** souvent.*

- *Visiter*+Besichtigungsort:

  *Je **visite** Notre-Dame demain.*
  *Nous **visitons** l'église avec un guide.*

⚠ • Richtig:

  Je vais voir ma grand-mère.
  Où sont les toilettes, s'il vous plaît ?

Nicht:

  Je ~~visite~~ ma grand-mère.
  Est-ce que je peux ~~visiter~~ les toilettes ?

EXERCICES

1 **Complétez le texte avec les verbes de déplacement manquants.**

Annie et Martha *viennent* ici, à Paris, pour Noël et ensuite, nous ________ toutes les trois en Provence. Nous ________ chez des amis américains, David et Éléonore, qui vivent là-bas. David et sa femme ________ parfois me voir à Paris, mais ils ________ vite dans le Sud car ils ne supportent plus les grandes villes. De temps en temps, ils ________ chez eux, à New York, pour voir leur famille, mais ils pensent ________ définitivement aux États-Unis après leur retraite.

2 **Vous avez sept ans, vous décrivez une de vos journées « typiques ».**

8 h 30 : école — 12 h : chez Mamie — 13 h 30 : école — 16 h 30 : maison
17 h 30 : chez Daniel — 18 h 30 : chez Mamie — 19 h 30 : maison

Le matin, je vais à l'école à huit heures trente. ________

____

____

3 **Complétez les phrases avec les verbes manquants.**
aller, venir, revenir, retourner, rentrer.

1. – Chaque fois que ma fille Zoé ________ chez nous, elle amène un nouveau fiancé ! - **2.** – Le directeur est occupé, pouvez-vous ________ dans une heure, s'il vous plaît ? - **3.** – Chaque année, ils ________ en vacances au même endroit. - **4.** – Nous ________ ici, au Jardin des Plantes, chaque fois que nous pouvons. - **5.** – Nous ________ aux sports d'hiver en février, vous voulez ________ avec nous ? - **6.** – J'ai encore mal aux dents, je dois ________ pour la troisième fois chez le dentiste. - **7.** – Il est tard, les enfants : il faut vite ________ à la maison. - **8.** – Attends-moi ici, je ________ juste à la banque et je ________ .

4 **Complétez le dialogue avec les verbes de déplacement manquants.**

Anne : – Tu ________ avec moi, Simon ou tu ________ avec Marc et Laurent ?
Simon : – Je ________ avec eux. Ils ________ au cinéma puis au bowling.
Anne : – Moi, je ________ à la mer, puis je ________ ici chercher Béa et nous ________ manger une pizza.
Simon : – Oh alors : je ________ avec toi !

5 **Faites des phrases avec « visiter », « retourner » et « aller voir » à partir du calendrier suivant.**

lundi : musée du Louvre — mardi : musée d'Orsay — mercredi : tante Mimi
jeudi : musée du Louvre — vendredi : Juliette — samedi : cathédrale de Chartres

____

39 DAS FUTUR PROCHE

Demain,	*je*	***vais***	*dîn**er***	*au restaurant.*
	tu	***vas***	*rest**er***	*chez toi ?*
	il / elle / on	***va***	*all**er***	*au cinéma.*
	nous	***allons***	*visit**er***	*le Louvre.*
	vous	***allez***	*part**ir***	*en week-end ?*
	ils / elles	***vont***	*fin**ir***	*leur travail.*

GEBRAUCH: Das Futur proche, auch Futur composé genannt, bezeichnet ein Ereignis:

- in unmittelbarer Zukunft:

Vite : le train va partir !
Regarde : il va pleuvoir !
Attention : tu vas tomber !

- in späterer, durch weitere Zeitangaben präzisierter Zukunft:

*Je vais partir **en septembre.***
*Nous allons rester **six ou sept ans** à Londres.*
*Des extra-terrestres vont débarquer **en 3001.***

BILDUNG: Personalform von *aller* im Präsens+Infinitiv:

*Je **vais** partir.*   *Nous **allons** déménager.*

⚠ • Auch das Futur proche von *aller* wird mit *aller* gebildet:

*Je **vais aller** en Grèce.*   *Ils **vont aller** en Espagne.*

ZEITANGABEN (vgl. auch S. 190)

*Aujourd'hui/**Demain***	*Cette semaine/La semaine **prochaine***	***Dans***	*cinq minutes*
	*Cette année/L'année **prochaine***		*cinq ans*
	*Ce mois-ci/Le mois **prochain***		

EXERCICES

1 **Complétez le texte en utilisant le futur proche, selon le modèle.**

À 9 heures, il y a la Coupe du monde de football : d'habitude, je pars à 7 heures du bureau, mais *ce soir, je vais partir* à six heures. En général, je rentre assez tard chez moi, mais ______________________ tôt. D'habitude je regarde un film, mais ______________________ le match. D'habitude je dîne dehors, mais ______________________ chez moi. En général, je n'invite personne, mais ______________________ des amis. D'habitude, je bois de l'eau, mais ______________________ de la bière.

2 **Complétez les phrases avec le futur proche, selon le modèle.**

– Le film commence ! Éteins la lumière !
– *Éteins la lumière, le film va commencer !*

1. – On arrive au péage, prépare la monnaie.
   – ______________________
2. – Les informations commencent, augmente le volume de la télé.
   – ______________________
3. – Le directeur arrive, cachez les jeux de cartes !
   – ______________________
4. – Les mariés sortent de l'église, donne-moi du riz.
   – ______________________
5. – Il pleut ! Fermez la fenêtre !
   – ______________________

3 **Complétez les phrases avec le futur proche.**

Ce mois-ci, je travaille à Paris, et le mois prochain, je *vais travailler* à Lyon.

1. Cette année, nous passons nos vacances en Corse, mais l'année prochaine, nous ____________ en Grèce. - **2.** Cette semaine, vous dînez avec vos amis anglais ; la semaine prochaine, vous ____________ vos amis américains ? - **3.** Ce mois-ci, je range toutes mes lettres et mes papiers, le mois prochain, je ____________ toutes les revues et tous les journaux. - **4.** Aujourd'hui, mon frère part au Canada, et dans deux mois, il ____________ en Australie. - **5.** Cette semaine, il y a deux mariages dans ma famille, et bientôt, il ____________ deux baptêmes.

4 **Qu'est-ce que vous allez faire...**

dans cinq minutes ? ______________________

dans une heure ? ______________________

EXERCICES

1 **Répondez au futur proche, en décrivant les activités de Monsieur Blanchot.**

Lundi	Que va faire Monsieur Blanchot lundi ?
9 h/12 h	
Préparation voyage Londres	*De neuf heures à midi, il va préparer son voyage à Londres.*
13 h	
Déjeuner M. Reiser (La Bonne Assiette)	______________________
Discuter dossier Samson's	______________________
15 h	
Départ aéroport Roissy	______________________
16 h 45	
Arrivée Londres	______________________
20 h	
Dîner Peter (Harry's Bar)	______________________
Mardi	Quel va être le programme de mardi ?
8 h 30/12 h	
Visite usine Samson's	______________________
13 h	
Déjeuner M. Smith	______________________
15 h/17 h	
Étude dossier Europa	______________________
18 h	
Rendez-vous avec Mme Rover	______________________
20 h	
Dîner M. Shark	______________________
Mercredi	Décrivez la matinée de mercredi.
7 h	
(Taxi)	______________________
8 h 15	
Départ avion Paris	______________________

2 **Vous êtes Monsieur Shark, donnez votre agenda de la semaine prochaine.**

Lundi, je vais aller à Boston à midi. Je vais revenir à Londres le soir.
Mardi, ______________________
Mercredi, etc. ______________________

EXERCICES

1 **Répondez aux questions, en variant les compléments de temps.**

– André part aujourd'hui ? – *Non, il va partir demain.*
– Et ses parents ? – *Ils vont partir dans trois jours.*

1. – Peter termine son stage cette semaine ? – Non, il ______
   – Et sa femme ? – ______
2. – Vos parents rentrent de vacances aujourd'hui ? – Non, ils ______
   – Et vous ? – ______
3. – Votre frère arrive ce mois-ci ? – Non, il ______
   – Et votre sœur ? – ______
4. – Vous reprenez le travail aujourd'hui ? – Non, nous ______
   – Et vos amis ? – ______
5. – Linda va à l'université cette année ? – Non, elle ______
   – Et John et Sylvia ? – ______

2 **Faites des phrases selon le modèle.**

Faire des courses/inviter des amis.
Annie va faire des courses parce qu'elle va inviter des amis.

1. Économiser de l'argent/partir six mois en Chine
   Mon frère ______
2. Faire beaucoup d'exercices/passer un examen
   Les étudiants ______
3. Faire le ménage/recevoir des amis
   Je ______
4. Prendre une année sabbatique/écrire un livre
   Notre professeur ______
5. Déménager/avoir un troisième enfant
   Les voisins ______

3 **Complétez le texte librement, au futur proche.**

Nos amis vont acheter une Peugeot, leurs parents *vont acheter une Renault.*

1. Tu vas aller au cinéma ce soir, ton frère ______
2. Mon père va boire un double whisky, ma mère ______
3. Je vais partir en vacances en août, mes enfants ______
4. Karin va rentrer en Suède demain, son mari ______
5. Ce soir, Antoine va faire la cuisine, ma fille et moi, nous ______

PRONOMEN und ADVERBIEN beim FUTUR PROCHE

*Ce soir, je vais **me** coucher tôt.*
*Je vais **bien** dormir.*

Die STELLUNG der PRONOMEN

- Die Pronomen stehen immer vor dem Verb, auf das sie sich beziehen:

  *Je vais **les inviter** samedi.*
  *Je vais **leur téléphoner** tout de suite.*
  *Je vais **me préparer** rapidement.*

- Das Futur proche von *Il y a* lautet *Il va y avoir*:

  ***Il va y avoir** du brouillard demain.*
  ***Il va y avoir** des embouteillages.*

Die STELLUNG der ADVERBIEN

- Adverbien der Qualität und Quantität stehen vor dem Infinitiv:

  *Elle va **beaucoup** travailler.*
  *Il va **bien** dormir.*

- Adverbien des Ortes und der Zeit sowie die meisten Adverbien auf *-ment* stehen hinter dem Infinitiv:

  *Tu vas dîner **dehors** ?*
  *Vous allez rentrer **tard** !*
  *Il va conduire **prudemment.***

■ Diese Regeln zur Stellung der Pronomen und Adverbien gelten für alle Infinitivkonstruktionen:

*Je voudrais **les** inviter.*
*Vous devez **beaucoup** travailler.*
*Il faut conduire **lentement**.*
*Elle peut **en** manger.*

EXERCICES

1 **Répondez aux questions au futur proche en utilisant un pronom selon le modèle.**
– Vous allez inviter **les voisins** pendant le week-end ? – *Oui, je vais les inviter.*

1. – Vous allez **vous** lever tard samedi ? – ____________________
2. – Vous allez **vous** reposer ce week-end ? – ____________________
3. – Vous allez inscrire **vos enfants** au club de tennis ? – ____________________
4. – Vous allez téléphoner **à vos amis** ? – ____________________
5. – Vous allez écrire **à votre mère** ? – ____________________

2 **Décrivez le programme de la fête du village, selon le modèle.**

Samedi 15 août :	Soir : bal en plein air	
Dimanche 16 août :	Après-midi : concours de boules	Soir : feu d'artifice
Lundi 17 août :	Après-midi : films pour enfants	Soir : spectacle de variétés

Le soir du quinze août, il va y avoir un bal en plein air... ____________________

3 **Mettez le texte au futur proche, selon le modèle.**
En général, je me lève à 7 heures. Je vais au bureau à pied. D'abord, je lis le courrier puis je téléphone aux clients. Je dicte des lettres. À midi, je vais à la piscine avec Rachel. Je ne déjeune pas : je mange une pomme et je bois de l'eau. L'après-midi, je participe à des réunions. À 6 heures, je téléphone à ma fille. Je rentre à 8 heures. Je ne me couche pas tard.

Demain, Ingrid va se lever à sept heures... ____________________

____

____

____

4 **À partir de l'exercice précédent, répondez aux questions en utilisant un pronom.**

1. – Demain, Ingrid va aller au bureau en métro ? - **2.** – Elle va téléphoner aux clients l'après-midi ? - **3.** – Elle va téléphoner à sa fille le matin ? - **4.** – Elle va aller à la piscine seule ?

5 **Répondez en utilisant « bien », « mal », « beaucoup » ou « lentement ».**
– Vous allez manger dans un restaurant trois étoiles ? – *Oui, on va bien manger !*

1. – D'après la météo, il va pleuvoir ? – Oui, ____________________
2. – Tu sais comment va finir le film ? – Oui, malheureusement, ____________________
3. – Vous allez dormir pendant les vacances ? – Oui, je ____________________
4. – Vous allez conduire malgré le verglas ? – Oui, mais nous ____________________

VERNEINUNG und FRAGE im FUTUR PROCHE

***Allez-vous** changer d'appartement ? – Non, nous **n'**allons **pas** rester en France.*

DIE VERNEINUNG

- Die Verneinungspartikeln umschließen die Verbform von *aller*:

  *Je **ne** vais **pas** travailler.*
  *Je **ne** vais **plus** les voir.*
  *Ils **ne** vont **rien** lui dire.*

- *Personne* und *aucun* stehen dagegen hinter dem Infinitiv:

  *Ils **ne** vont inviter **personne.***
  *Ils **ne** vont accepter **aucune** excuse.*

DIE FRAGESTELLUNG (vgl. auch S. 18)

- Intonationsfrage oder *Est-ce que*-Frage mit unveränderter Satzstellung:

  Vous allez prendre des vacances ?
  ***Est-ce que** vous allez partir en Autriche ?*

- Inversion von konjugiertem Verb und Subjektpronomen:

  ***Allez-vous** partir dimanche matin ?*
  ***Allez-vous** partir en train ?*

- Wiederaufnahme des Subjekts durch ein Pronomen nach dem konjugierten Verb in der Inversionsfrage (mit eingeschobenem *-t-* vor Vokal):

  *Vos parents vont-**ils** partir avec vous ?*
  *Jean va-**t-il** vous accompagner ?*

■ Diese Regeln zur Verneinung und Fragestellung gelten für alle Infinitivkonstruktionen:

*Je **ne** veux **pas** rester.*
*Je **ne** peux **pas** accepter.*
***Est-ce que** vous devez partir ?*
***Pensez-vous** revenir en train ?*
*Jean pense-**t-il** vous accompagner ?*

EXERCICES

1 **Mettez les phrases à la forme négative.**
– Je vais rester chez moi ce week-end. – *Moi, je ne vais pas rester chez moi.*

1. – Je vais préparer mon examen. ______
2. – Je vais tout réviser. ______
3. – Je vais refaire les exercices. ______
4. – Je vais revoir mes notes de cours. ______
5. – Je vais m'enfermer pendant deux jours. ______

2 **Posez la question en utilisant la forme négative, selon le modèle.**
– Il est très tard : *vous n'allez pas appeler un taxi ?*
– Si, je vais appeler un taxi.

1. – Cathy a l'air fatiguée : ______?
– Si, elle va prendre quelques jours de congé.
2. – Votre appartement est très bruyant : ______?
– Si, nous allons changer d'appartement.
3. – Vos jumeaux ont déjà trois ans : ______?
– Si, ils vont aller à l'école en septembre.
4. – La secrétaire part à la retraite : ______?
– Si, on va lui faire un cadeau.
5. – La piscine est tout près d'ici : ______?
– Si, nous allons y aller à pied.

3 **Répondez en utilisant la forme affirmative et négative, selon le modèle.**
– Vous allez tourner votre film **en France** ou à l'étranger, Monsieur Goude ?
– *Nous allons le tourner en France, nous n'allons pas le tourner à l'étranger.*

1. – Vous allez sortir votre nouvelle publicité **à la rentrée** ou cet été ?
– ______
2. – Vous allez passer le clip **à la télévision** ou au cinéma ?
– ______
3. – Vous aller **doubler** le film ou le sous-titrer ?
– ______
4. – Vous allez **offrir** les tee-shirts publicitaires ou les vendre ?
– ______
5. – Vous allez à Cannes **l'année prochaine** ou vous y allez cette année ?
– ______

40 DAS PASSÉ COMPOSÉ

Im Passé composé werden Ereignisse wiedergegeben, die in der Vergangenheit stattgefunden haben. Das Passé composé wird ähnlich wie das deutsche Perfekt mit der Präsensform von „haben" bzw. „sein", *avoir* oder *être,* und dem Partizip Perfekt des jeweiligen Verbes gebildet.

*Hier, j'**ai dîné** à huit heures et je **suis allé** au cinéma.*

DAS PASSÉ COMPOSÉ mit *AVOIR*

Hier,	*j'*	***ai***	***mangé***	*au restaurant.*
	tu	***as***	***mangé***	*chez toi.*
	il / elle / on	***a***	***mangé***	*à midi et demi.*
	nous	***avons***	***mangé***	*ensemble.*
	vous	***avez***	***mangé***	*tard.*
	ils / elles	***ont***	***mangé***	*avec des amis.*

- Die meisten Verben bilden das Passé composé mit *avoir*:

  *J'**ai travaillé** à Lyon.*
  *J'**ai pris** l'avion.*
  *Nous **avons bu** un apéritif.*

  - Auch *être* und *avoir* bilden das Passé composé mit *avoir*:

    *J'**ai été** malade.* *J'**ai eu** mal à la gorge.*

- Das Partizip Perfekt der Verben auf *-er* setzt sich zusammen aus: Infinitivstamm+*é*:

  mang-er → *j'ai mang-**é*** *regard-er* → *j'ai regard-**é***

  - Das mit *avoir* gebildete Partizip Perfekt ist normalerweise unveränderlich (vgl. S. 180):

    ***Marie** a mangé un gâteau. **Les enfants** ont mangé un gâteau.*

ZEITANGABEN (vgl. auch S. 190)

*Aujourd'hui/**Hier***	*Cette semaine/La semaine **dernière***	***Il y a***	*deux jours*
	*Ce mois-ci/Le mois **dernier***		*trois ans*
	*Cette année/L'année **dernière***		

EXERCICES

1 **Répondez aux questions selon le modèle.**
– En général, vous déjeunez à la cafétéria ou chez vous ?
– *En général, je déjeune à la cafétéria, mais hier, j'ai déjeuné chez moi.*

1. – D'habitude, vous mangez de la viande ou du poisson à midi ?
 – ______________________________
2. – En général, vous dînez chez vous ou au restaurant ?
 – ______________________________
3. – D'habitude, vous travaillez sept heures ou huit heures par jour ?
 – ______________________________
4. – En général, vous commencez à 8 heures ou à 9 heures ?
 – ______________________________
5. – D'habitude, vous terminez à 6 heures ou à 7 heures ?
 – ______________________________

2 **Répondez aux questions selon le modèle.**
– Vous avez passé vos vacances en Espagne ? – *Oui, nous avons passé nos vacances en Espagne.*

1. – Vous avez emmené vos enfants ? ______________________________
2. – Vous avez rapporté des souvenirs ? ______________________________
3. – Vous avez visité le musée du Prado ? ______________________________
4. – Vous avez visité l'Andalousie ? ______________________________
5. – Vous avez aimé Séville ? ______________________________
6. – Vous avez écouté du flamenco ? ______________________________
7. – Vous avez filmé une corrida ? ______________________________
8. – Vous avez mangé des « tapas » ? ______________________________

3 **Faites plusieurs phrases selon le modèle.**

acheter du pain	retirer de l'argent	manger un croissant	acheter une revue
ranger ses affaires	avoir mal à la tête	téléphoner à un copain	avoir une surprise

Hier soir à six heures, j'ai acheté du pain au supermarché.
Hier après-midi, ______________________________
____
____
____
____
____

EXERCICES

1 **Mettez les phrases au passé composé, selon le modèle.**

hier, la semaine dernière, l'année dernière, le mois dernier, etc.

Aujourd'hui, il neige sur toute la France.

Hier, il a neigé sur toute la France.

1. Ce soir, un journaliste interviewe le président de la République.

____

2. Chaque année, la consommation d'énergie augmente.

____

3. Toutes les semaines, « L'Express » publie un reportage intéressant.

____

4. Tous les mardis, nous mangeons du poisson frais.

____

5. Chaque mois, mon mari arrête de fumer (pendant deux jours...).

____

6. Chaque année, je joue au casino et je gagne un peu d'argent.

____

7. Tous les soirs, nous regardons le journal télévisé et nous parlons de politique.

____

8. Tous les mercredis, Daniel et Mina préparent un plat exotique et invitent des amis.

____

2 **Mettez les phrases au passé composé selon le modèle.**

Paule est malade. *La semaine dernière, Paule a été malade.*

Elle a la grippe. ______________________________

Elle a de la fièvre. ______________________________

Sa mère est inquiète. ______________________________

Mais Paule est contente ______________________________

de rester quelques jours à la maison. ______________________________

3 **Faites des phrases au passé composé, à partir des infinitifs.**

déjeuner/manger acheter/payer chercher/trouver
commencer/terminer déjeuner/dîner aimer/détester

Hier, j'ai déjeuné chez moi et j'ai mangé des pâtes. ______________________________

____

____

EXERCICES

1 **Monsieur Pascal a quitté son travail et sa famille sans explication. Un policier enquête.**

Madame Rolin, vendeuse de journaux, rencontre Monsieur Pascal à 8 heures. Il achète « Le Figaro ». Ils parlent du temps. Quand Madame Rolin parle de la crise économique, Monsieur Pascal a l'air bizarre. Il quitte le magasin tout de suite et il traverse la rue sans regarder.

Rapport d'enquête :

Hier matin, Madame Rolin a rencontré Monsieur Pascal à 8 heures... ______________________

____

____

____

2 **Vous êtes un ami intime de Monsieur Pascal. Vous racontez votre dernière rencontre avec lui au policier chargé de l'enquête.**

J'ai rencontré Thomas avant-hier soir, sur le parking... ______________________

____

____

____

3 **Transformez les phrases au futur proche, puis au passé composé, selon le modèle.**

Aujourd'hui, j'achète du jambon, pour dîner.
Demain, je vais acheter du poisson. Hier, j'ai acheté du poulet.

1. Aujourd'hui, j'invite Julien pour le dîner.

____

2. Ce soir, nous regardons une émission scientifique à la télé.

____

3. Cette année, Jean-Louis visite l'Écosse.

____

4. Cette semaine, Nadette garde le fils d'une amie.

____

5. Ce mois-ci, vous travaillez avec des étudiants anglais.

____

4 **Mettez au passé composé et au futur proche, en apportant une précision (quoi, qui, où, etc.).**

manger **des fruits**	acheter **des vêtements**	passer **un week-end**
inviter **des amis**	regarder **un film**	écouter **un disque**

Hier, j'ai mangé des fraises, demain, je vais manger du melon.

DAS PARTIZIP PERFEKT

*J'ai **dîné.** J'ai **vendu** un disque. J'ai **fini** mon travail.*

BILDUNG: Das Partizip Perfekt wird nach folgenden Regeln gebildet:

- bei Verben auf *-er*: Infinitivstamm+-*é*
  dîn-er → *j'ai dîn-é*
- bei Verben auf *-re*: Infinitivstamm+-*u*
  vend-re → *j'ai vend-u*
- bei Verben auf *-ir*: Infinitivstamm+-*i*
  fin-ir → *j'ai fin-i*
- bei Verben auf *-oir*: Bei diesen Verben endet das Partizip Perfekt häufig auf *-u*, doch sind die Verben auf *-oir* unregelmäßig (vgl. S. 104).

UNREGELMÄßIGE FORMEN

auf *-u*:	*lire*	*lu*	auf *-i/*	*prendre*	*pris*
	voir	*vu*	*-is/-it*:	*apprendre*	*appris*
	boire	*bu*		*comprendre*	*compris*
	vouloir	*voulu*		*mettre*	*mis*
	devoir	*dû*		*dire*	*dit*
	pouvoir	*pu*		*écrire*	*écrit*
	savoir	*su*		*conduire*	*conduit*
	croire	*cru*			
	falloir	*fallu*	sowie:	*avoir*	*eu*
	connaître	*connu*		*être*	*été*
	disparaître	*disparu*		*faire*	*fait*
	plaire	*plu*		*ouvrir*	*ouvert*
	pleuvoir	*plu*		*découvrir*	*découvert*
	recevoir	*reçu*		*souffrir*	*souffert*
	venir	*venu*		*peindre*	*peint*
	vivre	*vécu*		*craindre*	*craint*

EXERCICES

1 Mettez les phrases suivantes au passé composé.

– Je mange un croissant et je bois un café.
– *J'ai mangé un croissant et j'ai bu un café.*

1. Georges achète le journal et il prend l'autobus.
____
2. Maria met un imperméable et elle prend un parapluie.
____
3. Nous buvons un café et nous mangeons un croissant.
____
4. Vous lisez le journal et vous voyez une annonce intéressante.
____
5. Julie écrit à sa mère et elle poste la lettre.
____
6. Tu finis ton travail et tu écoutes un disque.
____
7. Nous perdons nos clés et nous devons appeler les pompiers.
____
8. Je prends des vacances et je repeins mon appartement.
____

2 Faites des phrases selon le modèle.

En général, je bois une tisane le soir, mais hier soir, *j'ai bu* un double whisky.

1. Chaque semaine, je reçois une ou deux cartes postales, mais la semaine dernière, __________ huit lettres.
2. D'habitude, je bois deux cafés par jour, pas plus, mais hier, __________ au moins cinq cafés.
3. En général, je lis un roman par mois, mais le mois dernier, __________ trois romans et deux pièces de théâtre.
4. Le matin, j'attends le bus cinq minutes maximum, mais hier matin, __________ plus de trente minutes.
5. En général, je perds trois parapluies par hiver, mais l'hiver dernier, __________ au moins dix parapluies.

3 Mettez au passé composé.

Ouvrir une lettre et avoir un choc. *J'ai ouvert* __________
Boire de l'alcool et avoir mal à la tête. __________
Prendre sa voiture et conduire dans la nuit. __________
Brûler un feu rouge et être arrêté par la police. __________
Plaire au gendarme et payer une légère amende. __________

EXERCICES

1 **Complétez les phrases avec les verbes manquants au passé composé.**

répondre grandir traduire choisir pleuvoir découvrir

Vous *avez répondu* aux lettres de vos parents ?

1. Tous les pantalons de mon fils sont trop courts : il ______________ de dix centimètres en deux mois. - **2.** Charles est un grand traducteur : ______________ presque tout Shakespeare en français. - **3.** Christophe Colomb ______________ l'Amérique en 1492. - **4.** J'ai longtemps hésité entre la robe rouge et la robe bleue et finalement ______________ la bleue. - **5.** La campagne est verte cette année : ______________ pendant trois mois, sans interruption.

2 **Mettez le texte au passé composé.**

Deux jeunes gens veulent partir faire des fouilles archéologiques dans le désert. Ils doivent faire une demande spéciale. Finalement, ils peuvent partir grâce à un ami de leurs parents. Ils croient être assez résistants pour travailler un mois. En fait, il faut les rapatrier au bout d'une semaine.

____

____

3 **Mettez au passé composé.**

« La vie sans Rose »

Je vois le temps par la fenêtre, ______________
(un ciel gris vraiment morose).
J'ai du mal à me lever, ______________
(à cause de mon arthrose).
J'entends le chien aboyer ______________
(pour réclamer son « Dogdose »)
Je reçois un peu de courrier, ______________
(mais pas de lettre de Rose).
Je lis le programme télé, ______________
(comme toujours, pas grand-chose).
Je bois un peu de rosé et ______________
je vois des éléphants roses ! ______________

4 **Même exercice.**

Le chevalier ouvre le coffre. Il découvre un manteau d'hermine. Il offre le manteau à la reine. Il couvre

EXERCICES

1 **Complétez l'exercice avec les verbes manquants.**

Hier soir, j' *ai mis* un gros pull, j'__________ mon parapluie et j'__________ l'autobus pour aller au cinéma. Dans une épicerie, j'__________ un paquet de biscuits et une bouteille de Coca. J'__________ le Coca en marchant et j'__________ les biscuits dans la queue du cinéma. J'__________ dix minutes pour dîner et j'__________ quinze francs. Dans la même soirée, j'__________ deux films : un film anglais et un film polonais. À minuit, j'__________ un taxi (j'__________ seulement trente francs). Finalement, j'__________ une bonne soirée, pas très chère.

2 **Mettez les phrases au passé composé, selon le modèle.**

Passer un examen/réussir avec mention
Prendre le métro/revoir un vieil ami
Lire le journal/découvrir une nouvelle intéressante
Conduire dans la nuit/mettre de la musique
Suivre un régime/perdre dix kilos
Vivre en Norvège/apprendre le norvégien

J'ai passé un examen et j'ai réussi avec mention __________

____

____

____

3 **Faites des phrases selon le modèle.**

Manger du caviar : 35 %
Trente-cinq pour cent des Français ont mangé du caviar au moins une fois dans leur vie.

1. Participer à une manifestation de rue : 32 %

____

2. Prendre des médicaments pour dormir : 30 %

____

3. Gagner à un jeu national (Loterie, Tac-o-Tac) : 21 %

____

4. Faire une dépression nerveuse : 18 %

____

5. Consulter une voyante : 15 %

____

6. Faire un chèque sans provision : 13 %

____

4 **Lesquelles des choses citées ci-dessus avez-vous faites une fois au moins dans votre vie ?**

____

DAS PASSÉ COMPOSÉ mit *ÊTRE*

Hier,	*je*	***suis***	***parti****(e)*	*tard.*
	tu	***es***	***arrivé****(e)*	*tôt.*
	il / elle / on	***est***	***venu****(e)(s)*	*à cinq heures.*
	nous	***sommes***	***monté****(e)s*	*au troisième étage.*
	vous	***êtes***	***descendu****(e)(s)*	*au sous-sol.*
	ils / elles	***sont***	***allé****(e)s*	*au cinéma.*

Das Partizip Perfekt der mit *être* konjugierten Verben wird in Geschlecht und Zahl an das Subjekt angeglichen (vgl. auch S. 180).

■ Verben, die eine Bewegungsrichtung ausdrücken, bilden das Passé composé mit *être*:

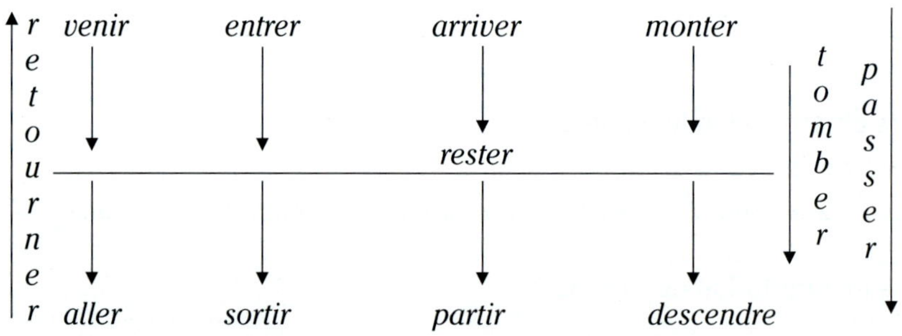

aller	*allé*	*venir*	*venu*
entrer	*entré*	*sortir*	*sorti*
arriver	*arrivé*	*partir*	*parti*
monter	*monté*	*descendre*	*descendu*
passer	*passé*	*retourner*	*retourné*
tomber	*tombé*	*rester*	*resté*

- Auch Zusammensetzungen mit diesen Verben bilden das Passé composé mit *être* (*revenir, devenir, rentrer, retomber* usw.).

- *Rester* [=(da-)bleiben] drückt das Fehlen einer Bewegung aus und wird ebenfalls zu den Verben der Bewegungsrichtung gezählt.

- Ausnahmen: *courir: j'ai couru* *marcher: j'ai marché* *nager: j'ai nagé* *rouler: j'ai roulé*

- *Mourir* und *naître* bilden das Passé composé ebenfalls mit *être*:

Il est mort.	heißt: Er ist gestorben.	Aber auch: Er ist tot.
Elle est née.	heißt: Sie ist geboren worden.	

EXERCICES

1 Répondez selon le modèle.

– Vous êtes venu à l'école en métro hier ? – *Oui, hier je suis venu à l'école en métro.*

1. – Vous êtes venu en taxi, la première fois ? ____________________
2. – Vous êtes allé à l'hôtel à pied hier soir ? ____________________
3. – Vous êtes passé devant la Concorde ? ____________________
4. – Vous êtes arrivé avant six heures ? ____________________
5. – Vous êtes ressorti plus tard ? ____________________

2 Racontez les événements de la journée d'hier, selon le modèle.

Un avion arrive à Orly. *Un avion est arrivé à Orly.*

1. Un bébé naît dans une maternité . ____________________
2. Une cigogne passe dans le ciel gris. ____________________
3. Jean arrive des États-Unis. ____________________
4. Des enfants vont au bord de la mer. ____________________
5. Deux voleurs entrent dans un appartement. ____________________
6. Un homme d'État meurt dans son lit. ____________________
7. Un grand écrivain rentre dans son pays. ____________________
8. Jean monte dans un taxi. ____________________
9. Une femme sort sous la pluie. ____________________
10. Un homme tombe amoureux. ____________________
11. Jean rentre chez lui. ____________________

3 Complétez le texte avec les auxiliaires manquants.

Mon grand-père *est* né en Provence, il ______ resté toute sa vie en Provence et il ______ mort, à quatre-vingt-dix-sept ans, dans son village natal. On dit dans la famille que s'il ______ devenu si vieux (et il ______ resté lucide jusqu'au bout), c'est parce qu'il n'______ jamais intervenu dans les affaires du village : il est vrai que tous ses amis, qui ______ morts assez jeunes ______ devenus un jour ou l'autre maires ou conseillers municipaux. Ma grand-mère et mon grand-père ______ restés à l'écart du monde. Ils ______ sortis du village seulement pour aller voir leurs enfants : ils ______ venus chez nous (à trente kilomètres !) pour notre mariage et ils ______ allés chez ma sœur quand son bébé ______ né. Pendant des années, nous ______ allés les voir à Noël et nous ______ restés quelques jours en leur compagnie si reposante. La dernière fois, les enfants et mon grand-père ______ montés au grenier et ils ______ redescendus chargés de vieux atlas merveilleux, entièrement annotés : mon grand-père n'______ jamais sorti de sa Provence, mais il ______ allé partout avec ses livres.

EXERCICES

1 **Complétez le dialogue en mettant les verbes manquants au passé composé.**

– Bonjour, Madame Delmer ! Vous *êtes arrivée* de Londres aujourd'hui ?
– Oh non ! je ____________ il y a déjà huit jours, mais je ____________ d'abord chez ma fille, à la campagne. Je ____________ chez elle tout le week-end, puis ____________ voir une amie en Bretagne et finalement, ce matin, je ____________ chez moi, à Paris.
– Vous n'êtes pas fatiguée de tous ces voyages ? Comment ____________ de Bretagne, en train ?
– Oui, cette fois-ci, je ____________ en train. La dernière fois, je ____________ bloquée deux heures dans les embouteillages aux portes de Paris et je ____________ très tard au bureau. Maintenant je ne prends plus que les transports publics.

2 **Décrivez les déplacements de Madame Ledoux, selon le modèle.**

8 h 30 :	crèche	10 h 30 :	supermarché	14 h 30 :	cave
9 h/10 h :	maison	12 h :	banque	15 h :	crèche
10 h :	banque	12 h 30/14 h 30 :	maison	16 h :	Suzanne

À huit heures trente, Madame Ledoux est allée à la crèche. À neuf heures, elle est rentrée chez elle. De neuf à dix heures... ____________

____

____

____

3 **Vous passez souvent de courts week-ends à Rome, racontez votre dernier week-end.**

Je pars de Paris le samedi à onze heures et j'arrive à Rome vers treize heures. Je passe à l'hôtel pour laisser mes bagages et je vais directement au Capitole. Je reste sur les escaliers de la place Michel-Ange jusqu'à seize heures. Ensuite, je vais sur l'île Tibérine : je passe par le « Ghetto » et je rentre dans toutes les cours ouvertes au public pour admirer les palais de la Renaissance. Le soir, je monte sur le Janicule pour voir le coucher de soleil. Vers vingt heures, je retourne rapidement me changer à l'hôtel puis je sors pour aller dîner. Je vais dans le quartier du Panthéon. Je reste longtemps à la terrasse d'un restaurant de la petite place Sant'Ignazio. Je rentre dans l'église pour revoir encore les fresques baroques et je vais manger une glace sur la place Navona. Le dimanche, je reste presque toute la journée au soleil dans les jardins de la Villa Borghese. Le soir, je pars à six heures et j'arrive à Paris à huit heures.

Samedi dernier, je suis parti(e) de Paris à onze heures... ____________

____

____

____

____

____

____

EXERCICES

1 Faites des phrases selon le modèle.

– En général, nous allons au bureau en autobus, mais hier, *nous sommes allés au bureau à pied.*

1. – En général, nous passons devant l'Opéra, mais hier, ____________
   – ____________
2. – D'habitude, nous arrivons avant neuf heures, mais avant-hier, ____________
   – ____________
3. – Le vendredi, nous sortons avant six heures, mais vendredi dernier, ____________
   – ____________
4. – En général, le lundi, nous restons jusqu'à sept heures trente, mais lundi dernier, ____________
   – ____________
5. – En général, nous allons à la campagne, le dimanche, mais dimanche dernier, ____________
   – ____________

2 Complétez le texte puis répondez aux questions.

Monsieur Müller raconte :

C'est la deuxième fois que nous venons à Paris. La première fois, nous ____________ pour notre voyage de noces, en 1975, nous ____________ dans un très bel hôtel près de la place des Vosges. Naturellement, le premier jour, nous ____________ sur la tour Eiffel, le deuxième jour, nous ____________ à Versailles et le troisième jour, nous ____________ au Louvre. Nous ____________ tous les soirs pendant quinze jours, mais les deux derniers jours, nous ____________ au lit, grippés, épuisés, et sans un sou...

1. – En quelle année Monsieur et Madame Müller sont-ils venus à Paris ? ____________
2. – Est-ce qu'ils sont venus à Paris pour leur travail ? ____________
3. – Est-ce qu'ils sont allés dans un petit hôtel bon marché ? ____________
4. – Où sont-ils allés le premier jour ? ____________
5. – Quand sont-ils allés au Louvre ? ____________
6. – Est-ce qu'ils sont sortis tous les soirs ? ____________

3 Racontez vos dernières vacances. Où êtes-vous allé(e) ? Comment êtes-vous parti(e) ? Combien de temps êtes-vous resté(e) ? Etc.

____

____

____

REFLEXIVE VERBEN

*Elle **s'est levée** tôt.* *Il **s'est dépêché.***
*Ils **se sont rencontrés** dans l'ascenseur.*

■ Reflexive Verben bilden das Passé composé mit *être*:

Je	***me** suis levé(e) tôt.*	Subjekt und Objekt der Handlung sind identisch.
Tu	***t'**es couché(e) tard.*	
Il / Elle / On	***s'**est arrêté(e) au feu rouge.*	
Nous	***nous** sommes assis(e)s sur un banc.*	
Vous	***vous** êtes ennuyé(e)(s).*	
Ils / Elles	***se** sont embrassé(e)s.*	

■ Das Partizip Perfekt der mit *être* gebildeten reflexiven Verben wird in Geschlecht und Zahl an das Subjekt angeglichen (vgl. auch S. 180):

***Elle** s'est endormi**e** dans le train.* (Anne)
***Nous** nous sommes regardé**es**.* (Anne und ich, Julie)

ÊTRE oder *AVOIR*?

■ Wenn auf Verben der Bewegungsrichtung ein direktes Objekt folgt, wird das Passé composé nicht mit *être*, sondern mit *avoir* gebildet:

- Ohne direktes Objekt – mit *être:*

*Il **est sorti** dans la rue.*
*Nous **sommes rentrés** tôt.*
*Ils **sont passés** devant la banque.*
*Elle **est descendue** à la cave.*
*Je **suis monté** à pied.*
*Je **suis retourné** au bureau.*

- Mit direktem Objekt – mit *avoir:*

*Il **a sorti** le chien.*
*Nous **avons rentré** la voiture.*
*Ils **ont passé** de bonnes vacances.*
*Elle **a descendu** la poubelle.*
*J'**ai monté** l'escalier.*
*J'**ai retourné** mes poches.*

⚠ • Stehen diese Verben mit *avoir*, ist ihr Partizip Perfekt unveränderlich.

EXERCICES

1 **Répondez aux questions selon le modèle.**

– Vous vous êtes reposé, dimanche dernier ?

– *Oui, je me suis reposé, dimanche dernier.*

1. – Vous vous êtes promené dans le jardin du Luxembourg ? ____________________
2. – Vous vous êtes assis sur les bancs de la place Furstenberg ? ____________________
3. – Vous vous êtes arrêté devant la fontaine Saint-Michel ? ____________________
4. – Vous vous êtes perdu pour rentrer chez vous ? ____________________
5. – Vous vous êtes couché très tôt ? ____________________

2 **Répondez aux questions selon le modèle.**

– Ma fille s'est levée à dix heures ce matin, vos enfants aussi ?

– *Oui, ils se sont levés à dix heures, eux aussi.*

1. – Mon fils s'est amusé à l'anniversaire de Charlotte. Votre fille aussi ?
   – ____________________
2. – Mes amis se sont ennuyés à la soirée de Renaud. Votre femme aussi ?
   – ____________________
3. – Je me suis dépêché pour arriver à l'heure ce matin. Vous aussi ?
   – ____________________
4. – Je me suis couché très tard hier soir. Vous et votre femme aussi ?
   – ____________________
5. – Mes collègues se sont mis au travail à sept heures. Vos collègues aussi ?
   – ____________________

3 **Mettez au passé composé en utilisant les pronominaux réciproques, selon le modèle.**

– Quand avez-vous connu vos amis espagnols ? (1990, Barcelone)

– *Nous nous sommes connus en 1990 à Barcelone.*

1. – Où avez-vous rencontré votre femme ? (plage de Saint-Tropez, hiver)
   – ____________________
2. – Où vous êtes-vous mariés ? (église de la Madeleine, printemps)
   – ____________________
3. – Quand avez-vous connu Arthur ? (1975, concert des Stones)
   – ____________________
4. – Quand vous êtes-vous revus depuis ? (concert de Khaled, Marseille)
   – ____________________

EXERCICES

1 **Complétez avec « être » ou « avoir » et la forme pronominale si nécessaire.**

Hier matin, Paula ________ levée très tôt ; elle ________ descendu les escaliers en vitesse. Elle ________ arrêtée au bar pour prendre un café. Quand elle ________ sorti son portefeuille pour payer, une photo ________ tombée par terre. Un garçon brun ________ ramassé la photo. Il ________ regardé Paula et il ________ souri. Ils ________ commencé à bavarder et ils ________ passé toute la matinée ensemble. Paula ________ tout oublié ce jour-là, c'est à dix heures du soir qu'elle ________ souvenue de son rendez-vous chez le dentiste.

2 **Mettez le texte au passé composé (verbes de déplacement et pronominaux).**

Un homme et une femme sortent d'une voiture blanche. Ils entrent dans l'immeuble d'en face. Ils montent

____

au cinquième, en ascenseur. D'abord, ils vont quelques minutes dans le salon, puis ils vont dans la cuisine.

____

L'homme se lave les mains, mais aïe, aïe, aïe ! il se trompe de robinet. Il se brûle, il se met en colère. La

____

femme se précipite, sa robe s'accroche à la table. La table se renverse, les verres et les assiettes tombent par

____

terre et se cassent. L'homme se fâche. La femme se met à pleurer. Ils se disputent. Ils se battent. Alors,

____

furieux, l'homme part dans sa chambre. Il s'enferme. Il se déshabille. Il se met au lit. La femme reste longtemps

____

à la fenêtre. Puis elle sort de l'appartement, elle descend au quatrième. Elle s'arrête devant une porte.

____

Elle entre. Elle se jette dans les bras d'une femme plus âgée. Plus tard, elle se couche sur le divan du salon et

____

elle s'endort. Le matin, elle sort, elle va au café du coin. Son mari et elle se rencontrent dans la rue. Ils se

____

regardent un moment et ils s'embrassent.

____

3 **Mettez au passé composé avec « être » ou « avoir ».**

1. Vous passez devant la poste. ________________________________
2. Il tombe dans la rue. ________________________________
3. Elle descend la piste de ski. ________________________________
4. Nous montons les valises dans la chambre. ________________________________
5. Vous descendez au sous-sol. ________________________________

EXERCICES

1 **Complétez les phrases avec « avoir » ou « être ».**

Les techniciens *ont* examiné la turbine.

1. Ils _______ démonté tous les éléments. - **2.** Ils _______ allés contrôler la chaudière. - **3.** Ils _______ passé plusieurs heures au sous-sol. - **4.** Ils _______ restés très tard à l'usine. - **5.** L'ingénieur en chef _______ arrivé dans la soirée. - **6.** Il _______ posé beaucoup de questions. - **7.** Il _______ contrôlé la pression de la machine. - **8.** Tous les employés _______ partis à vingt heures. - **9.** Les techniciens _______ retournés à l'usine le lendemain matin.

2 **Complétez le texte avec « être » ou « avoir » (avec l'élision, si nécessaire).**

Bernard et moi, nous *sommes* arrivés à Lisbonne le jour de la fête de la Saint-Jean. Nous nous _______ promenés dans le quartier de l'Alfama. Nous nous _______ assis sur les escaliers au milieu des enfants et nous _______ mangé des sardines grillées. Je _______ réussi à dire quelques mots de portugais. Les enfants se _______ moqués de moi gentiment et nous _______ devenus amis. Un orchestre _______ commencé à jouer et tout le monde _______ dansé. Nous _______ chanté et nous nous _______ amusés comme des fous. Bernard _______ bu beaucoup de porto et moi, je _______ dansé toute la nuit. Le lendemain, nous _______ dû aller à la pharmacie pour acheter de l'aspirine (pour sa migraine) et du sparadrap (pour mes pieds).

3 **Mettez au passé composé, selon le modèle.**

1960 John Kennedy devient président des États-Unis
1961 Le Mur de Berlin est construit en une nuit.
1962 Marilyn Monroe se suicide.
1963 Le président Kennedy est assassiné.
1966 La Révolution culturelle commence en Chine.
1967 Les colonels prennent le pouvoir en Grèce.
1968 Les étudiants manifestent et les ouvriers font la grève.
1969 Neil Armstrong marche sur la Lune !

En mille neuf cent soixante, John Kennedy est devenu président des États-Unis. _______________

____

____

____

____

____

4 **Citez au passé composé quelques grands événements des années 70, 80, 90.**

____

DIE ANGLEICHUNG DES PARTIZIPS PERFEKT

*Marie est sorti**e**. Elle s'est promené**e**.*
*Elle a acheté des fleurs. Elle les a mis**es** dans un vase bleu.*

MIT *ÊTRE*

- Bei Verben der Bewegungsrichtung und bei reflexiven Verben wird das Partizip Perfekt in Geschlecht und Zahl an das Subjekt angeglichen (vgl. S. 172, 176):

  *Les enfants sont sorti**s**.*
  *La petite fille est tombé**e**.*
  *Marie **s'**est couché**e**.*
  *Nous **nous** sommes promené**s**.*

- Das Partizip wird jedoch nicht angeglichen, wenn ein Verb mit *à* konstruiert wird:

  Nous nous sommes téléphoné. (*téléphoner **à***)
  Ils se sont parlé. (*parler **à***)

- Das Partizip ist ebenfalls unveränderlich, wenn einem reflexiven Verb ein direktes Objekt folgt:

  *Elle s'est lavé**e**. Elle s'est lavé **les mains.***
  *Elle s'est coupé**e**. Elle s'est coupé **le doigt.***

- In reflexiven Konstruktionen mit *faire* wird das Partizip nicht angeglichen:

  Elle s'est fait mal. Elle s'est fait opérer.

MIT *AVOIR*

Ein mit *avoir* gebildetes Passé composé ist normalerweise unveränderlich. Geht dem Verb aber ein direktes Objekt (z.B. als Pronomen) voran, so wird das Partizip Perfekt in Geschlecht und Zahl an das direkte Objekt angeglichen:

J'ai acheté des fleurs. — *Les fleurs **que** j'ai acheté**es**…*
J'ai invité la voisine. — *Je **l'**ai invité**e** hier.*

- Achtung: Manche Verben können im Französischen anders als im Deutschen mit direktem Objekt stehen:

  Alain a aidé sa sœur. — *Alain l'a aidé**e**.*

- Durch die Angleichung werden im Femininum die Endkonsonanten des Partizips hörbar:

  *J'ai ouvert la porte. Je l'ai ouver**te**.*
  *La robe que j'ai mi**se** est froissée.*

EXERCICES

1 **Mettez les accords manquants.**

Hier soir, ma sœur est allée au cinéma et elle a emmené____ ma nièce avec elle. Elles sont rentré____ à huit heures pour dîner, mais elles ont continué____ à parler du film toute la soirée. Ensuite, elles ont découpé____ des images dans des magazines et elles se sont amusé____ à les coller dans un cahier. Elles se sont endormi____ tard et ce matin, elles se sont levé____ avec difficulté : elles sont resté____ au lit jusqu'à dix heures et demie. Elles se sont rendormi____ après le déjeuner et à cinq heures, elles sont sorti____ pour aller voir un autre film.

2 **Mettez les accords manquants.**
Les enfants sont partis à l'école à pied.

1. La femme de ménage est arrivé____ en retard à cause de la grève. - **2.** La secrétaire s'est levé____ plus tôt que d'habitude. - **3.** Marie et Julie se sont promené____ dans l'île Saint-Louis. - **4.** Paul et Cathy se sont fiancé____ en septembre et ils se sont marié____ en janvier. - **5.** Les enfants ont envoyé____ des cartes de vœux à leur grand-mère. - **6.** Nous avons acheté____ des livres et des cahiers. - **7.** Le directeur a convoqué____ les employés et ils les a félicité____. - **8.** Les personnes que vous avez rencontré____ hier sont danoises. - **9.** Les exercices que vous avez fait____ sont difficiles.

3 **Mettez les accords si nécessaire.**

1. Dimanche dernier, Jules et moi, nous nous sommes promenés dans les bois et nous avons ramassé____ des champignons. Les champignons que nous avons ramassé____ étaient vénéneux et nous les avons jeté____.

2. Ma sœur a invité____ des amis. Les garçons qu'elle a invité____ étaient sympathiques, mais les filles qui sont venu____ à sa fête étaient désagréables. Elles ont tout critiqué____ et elles sont resté____ toute la soirée dans un coin.

3. Mon fils et son cousin sont resté____ sous la pluie pendant une heure et ils ont attrapé____ un rhume. Je les ai soigné____ à ma manière : je leur ai donné____ un bain chaud, je les ai frotté____ avec de l'eau de Cologne, je leur ai fait____ boire une tisane et je les ai envoyé____ au lit tout de suite.

4. Quand j'ai trouvé____ dans ce petit magasin les disques de Brel que je cherchais depuis des années, j'étais si contente que je les ai tous acheté____. Je les ai enregistré____ sur cassette et je les ai écouté____ dans la voiture toute la journée. Les cassettes que j'ai enregistré____ sont d'excellente qualité et j'ai envoyé____ la plus belle à mon amie au Brésil. Elle l'a reçu____ hier et elle m'a remercié____ par téléphone.

5. Isabelle et sa sœur se sont inscrit____ à un cours de dessin. Toutes les peintures qu'elles ont fait____ ont été sélectionné____ pour l'exposition de leur école et certaines sont reproduit____ dans un catalogue.

PRONOMEN und ADVERBIEN beim PASSÉ COMPOSÉ

*Hier, je **me** suis disputée avec Paul. Je **lui** ai rendu ses lettres.*
*J'ai **beaucoup** pleuré et j'ai **mal** dormi.*

Die STELLUNG der PRONOMEN

- Das Pronomen steht im Passé composé vor dem Hilfsverb *avoir* bzw. *être*:

*Je **me** suis levée tôt.*
*Je **lui** ai téléphoné.*
*Il **m'**a invitée.*
*Elle **en** a acheté.*
*Ils **y** sont allés.*

⚠ • Vertreten Pronomen ein direktes Objekt, wird das Partizip Perfekt in Geschlecht und Zahl an das Objektpronomen angeglichen (vgl. S. 180):

*Elle **les** a vu**s**.*
*Il **nous** ont cherché**s**.*

Die STELLUNG der ADVERBIEN

- Adverbien der Qualität und Quantität stehen vor dem Partizip Perfekt:

J'ai	***bien** dormi.*
	***mal** dormi.*
Elles ont	***beaucoup** mangé.*
	***très peu** mangé.*

- Adverbien des Ortes und der Zeit sowie die meisten Adverbien auf *-ment* stehen hinter dem Partizip Perfekt:

Elles sont restées	***dehors.***
	***dedans**.*
Elles sont parties	***tôt.***
	vite.
Nous avons roulé	***prudemment.***
	tranquillement.

EXERCICES

1 **Posez les questions et répondez selon le modèle.**

Téléphoner à Pierre - Aller en Bourgogne - Visiter quelques abbayes - Boire du vin rouge - Dormir dans la région - Parler aux viticulteurs - Retourner dans la région

– *Vous avez téléphoné à Pierre ? – Oui, je lui ai téléphoné.*

______

______

______

______

2 **Mettez au passé composé en changeant les adverbes.**

1. Tu joues très mal aux cartes mais hier soir, ______
2. Paul boit peu mais hier soir, ______
3. Je dors très bien en hiver mais hier soir, ______
4. Mon fils mange très peu mais hier soir, ______
5. Ce pianiste joue très bien mais hier soir, ______

3 **Répondez en utilisant l'adverbe.**

– Le chiffre d'affaires de la société a augmenté ? (beaucoup)

– *Oui, il a beaucoup augmenté.*

1. – La situation générale s'est améliorée ? (bien)
   – ______
2. – Le personnel s'est investi dans ce projet ? (beaucoup)
   – ______
3. – Le directeur a soutenu ses employés ? (toujours)
   – ______
4. – Les actionnaires ont suivi le mouvement ? (prudemment)
   – ______

4 **Mettez au passé composé avec les pronoms et les adverbes.**

Elle met trop de vinaigre dans la salade et hier soir, comme d'habitude *elle en a trop mis.*

1. Tu parles mal à ta mère et ce matin, comme d'habitude, ______
2. Il réussit très bien le soufflé et hier soir, comme d'habitude, ______
3. La secrétaire renseigne mal les clients et hier, comme d'habitude, ______
4. Peter parle beaucoup à ma femme, et hier, comme d'habitude, ______
5. Tu mets trop de rouge à lèvres et hier, comme d'habitude, ______

VERNEINUNG und FRAGE im PASSÉ COMPOSÉ

Est-ce que *vous avez travaillé hier ?* ***Êtes-vous*** *allé au bureau ?*
– Non, je ***n'ai pas*** *travaillé. Je* ***ne*** *suis* ***pas*** *sorti de la journée.*

■ DIE VERNEINUNG

- Die Verneinungspartikeln umschließen das Hilfsverb *avoir* bzw. *être*:

  Je ***ne*** *suis* ***pas*** *sorti.*
  Je ***n'ai rien*** *fait.*
  Je ***n'ai jamais*** *revu Paul.*
  Je ***n'ai plus*** *eu de ses nouvelles.*

- *Personne* steht dagegen hinter dem Partizip Perfekt:

  Je ***n'ai*** *vu* ***personne.***
  Je ***n'ai*** *parlé à* ***personne.***

- Steht vor dem Hilfsverb *avoir* bzw. *être* ein Pronomen, umschließen die Verneinungspartikeln die aus Pronomen+Hilfsverb bestehende Einheit:

  Je ***ne*** *les ai* ***pas*** *invités.*
  Elle ***ne*** *lui a* ***pas*** *téléphoné.*

■ DIE FRAGESTELLUNG (vgl. auch S. 18)

- Intonationsfrage oder *Est-ce que*-Frage mit normaler Satzstellung:

  Vous êtes sorti hier ?
  Est-ce que *vous êtes allé au cinéma ?*
  Est-ce que *vous avez vu le dernier film de Scorsese ?*

- Inversion des Hilfsverbes *avoir* bzw. *être* und des Pronomens:

  Avez-vous *aimé le film ?*
  Êtes-vous *rentrés en taxi ?*

- Wiederaufnahme des Subjekts durch ein Pronomen nach dem Hilfsverb (mit *-t-* vor Vokal):

  *Vos enfants ont-**ils** bien dormi ?*
  *Votre femme a**-t-elle** téléphoné ?*

EXERCICES

1 Répondez aux questions à la forme négative.

– Avez-vous déjeuné ? – *Non, je n'ai pas déjeuné.*

1. – Êtes-vous allé au cinéma hier soir ? ______
2. – Êtes-vous allé à la campagne dimanche dernier ? ______
3. – Êtes-vous monté sur la tour Montparnasse ? ______
4. – Avez-vous dîné au restaurant samedi dernier ? ______
5. – Avez-vous fait des exercices, ce matin ? ______

2 Faites des phrases avec le passé composé et les pronoms, selon le modèle.

Je n'ai pas vu le dernier film de Fellini. – *Ah bon, vous ne l'avez pas vu !*

1. – Aline n'a pas écrit à Juliette. – ______
2. – Je n'ai pas reconnu Françoise. – ______
3. – André n'a pas acheté de pain. – ______
4. – Les enfants ne sont pas allés à l'école. – ______
5. – Je n'ai pas envoyé les lettres. – ______
6. – Marie n'a pas mangé de gâteau. – ______

3 Posez la question, selon le modèle.

– *Où êtes-vous allés pour les vacances ?*
– Nous sommes allés en Russie.

1. – ______
   – Nous sommes restés deux semaines.
2. – ______
   – Nous sommes allés à l'hôtel.
3. – ______
   – Nous avons visité Saint-Pétersbourg, Kiev et Moscou.
4. – ______
   – Nous sommes partis le quinze juillet.
5. – ______
   – Oui, nous avons pris l'avion.
6. – ______
   – Nous avons payé en tout cinq mille francs.
7. – ______
   – Nous sommes rentrés samedi dernier.

EXERCICES

1 **Répondez en utilisant le passé composé, la négation, les pronoms, les adverbes et faites l'accord des participes.**

– Vous avez déjà reçu votre feuille d'impôt ? – *Non, je ne l'ai pas encore reçue.*

1. – Vous avez bien compris les paroles de cette chanson ? ____________________
2. – Vous avez souvent invité José et Clara ? ____________________
3. – Vous avez complètement terminé les exercices ? ____________________
4. – Vous avez déjà goûté les tartes de Nadine ? ____________________
5. – Vous avez souvent téléphoné à vos parents ? ____________________

2 **Mettez les auxiliaires manquants.**

Nous *sommes* allés dans les bois et nous ________ ramassé des champignons rouges avec des points blancs. Ma mère ________ jeté les champignons à la poubelle. Le chien ________ renversé la poubelle et il ________ mangé les champignons. Nous ________ eu très peur et nous ________ observé son comportement toute la journée. Notre petit chien ________ aboyé un peu plus fort, il ________ sauté un peu plus haut, il ________ couru un peu plus vite, il ________ monté et il ________ descendu les escaliers au moins cent fois, mais il ________ vécu sa vie de chien, sans problèmes.

3 **Mettez les verbes et les accords manquants.**

avoir être rester aller venir s'occuper de prendre regarder jouer rentrer

Marta ________ ________ un bébé. Elle ________ ________ seulement trois jours à l'hôpital et elle ________ ________ chez elle. Sa mère ________ ________ quelques jours chez elle, et elles ________ ________ toutes les deux du bébé. Les premières semaines ________ ________ un peu difficiles. Le bébé ________ ________ des coliques, puis il ________ ________ un gros rhume, mais maintenant tout va bien. Le bébé ________ ________ trois mois hier et toute la famille ________ ________ chez Marta et son mari Denis pour déjeuner. Les parents de Marta ________ ________ des photos, ils ________ ________ l'album de famille, ils ________ ________ avec le petit Sébastien.

4 **Mettez au passé composé négatif.**

D'habitude le bus passe à sept heures, mais il est huit heures et

____

En général, les employés arrivent à neuf heures, mais il est dix heures et

____

D'habitude, le gardien m'apporte le courrier à huit heures, mais il est dix heures et

____

EXERCICES

1 **Mettez au passé composé avec les pronoms et la négation, si nécessaire.**
Aujourd'hui je ne mets qu'un sucre dans mon café, mais hier *j'en ai mis trois.*

1. Ce matin, je ne mange qu'un croissant, mais hier matin, ______
2. Cette semaine, je n'ai que deux rendez-vous d'affaires, mais ______
3. Ce mois-ci, je ne reçois que deux magazines, mais ______
4. Aujourd'hui, je ne bois qu'un café, mais ______
5. Cette semaine, je ne fais que vingt heures de cours, mais ______

2 **Mettez les accords manquants.**

Hier matin, Annie s'est réveillé__ tôt. Elle s'est préparé__ rapidement : elle s'est habillé__ et elle s'est coiffé__ en dix minutes. Elle s'est dépêché__ de prendre son petit déjeuner, puis elle est allé__ à son rendez-vous d'embauche. Elle a marché__ longtemps, mais elle s'est trompé__ de rue deux fois et elle s'est perdu__. Elle s'est renseigné__ dans un bar et elle a retrouvé__ son chemin, mais elle est arrivé__ en retard. Elle s'est excusé__, mais pendant l'entretien, elle s'est énervé__ et elle s'est très mal exprimé__. Elle est rentré__ chez elle et elle a pleuré__ pendant une demi-heure, puis elle s'est calmé__. Elle a téléphoné__ à sa meilleure amie et elles ont bavardé__ un bon moment. Annie a raconté__ ses aventures et finalement, elles se sont beaucoup amusé__.

3 **Mettez les accords manquants.**

Le directeur : – Vous avez tapé______ toutes les lettres que je vous ai dicté______ ?
La secrétaire : – Oui, je les ai posé______ sur votre bureau.
Le directeur : – Vous êtes descendu______ chercher les nouvelles affiches ?
La secrétaire : – Quand le gardien est monté______, il les a apporté______.
Le directeur : – Vous les avez mis______ dans mon bureau ou dans l'entrée ?
La secrétaire : – J'ai mis______ un paquet dans votre bureau et j'ai laissé______ l'autre dans l'entrée.

4 **Répondez librement aux questions.**

1. – À quelle heure vous êtes-vous levé(e) ? ______
2. – À quelle heure êtes-vous parti(e) de chez vous ? ______
3. – Où avez-vous mis vos clés ? ______
4. – Quand avez-vous fait les exercices ? ______
5. – À qui avez-vous donné les cassettes ? ______
6. – Quand avez-vous envoyé les lettres ? ______

41 ZEITANGABEN (3)

*Je suis arrivé en France **il y a** deux ans. Je partirai **dans** six mois.*
*Je connais Max **depuis** 1993 : j'ai travaillé avec lui **pendant** un an.*

BEGINN und DAUER

■ ***IL Y A*** [=vor] verweist auf einen Zeitpunkt in der Vergangenheit:

*J'ai rencontré Pierre **il y a** dix ans.*
*Je suis arrivé **il y a** six mois.*

■ ***DANS*** [=in] verweist auf einen Zeitpunkt in der Zukunft:

*Je partirai **dans** deux ans.*
*Je vous appellerai **dans** trois jours.*

■ ***DEPUIS*** [=seit] gibt den Beginn einer noch andauernden Handlung oder eines Zustandes an:

• in der Gegenwart (vgl. S. 76):

*J'habite à Paris **depuis** six mois.*
*Je connais Pierre **depuis** dix ans.*

• in der Vergangenheit:

*Je n'ai rien mangé **depuis** deux jours.*
*Je n'ai pas vu Marie **depuis** un mois.*

■ ***POUR*** [=für] gibt in Vergangenheit, Gegenwart oder Zukunft die voraussichtliche Dauer an (vgl. S. 76):

Je suis à Paris
J'ai loué un appartement | ***pour** deux ans.*
Je partirai en Chine

■ ***PENDANT*** [=während] beschreibt die Dauer einer Handlung in der Vergangenheit, Gegenwart oder Zukunft. *Pendant* kann, besonders in Gegenwart und Zukunft, wegfallen (vgl. S. 76):

*Hier il a plu **pendant** cinq heures.*
*Tous les jours, ils discutent **(pendant)** une heure.*
*Nous serons absents **(pendant)** dix jours.*

■ ***EN*** [=innerhalb von] steht ebenfalls in Vergangenheit, Gegenwart und Zukunft und bezeichnet die Dauer einer Handlung (vgl. S. 76):

Je fais le ménage
J'ai fait le ménage | ***en** dix minutes.*
Je ferai le ménage

EXERCICES

1 **Complétez les phrases avec « depuis » ou « il y a ».**

Il y a quinze ans que je suis en France ; je suis ici *depuis* longtemps.

1. Nous sommes mariés __________ vingt-cinq ans.
2. Nous nous sommes rencontrés ________ dix ans.
3. Je ne suis plus allé en Italie ________ trois ans.
4. ______________ le début de la semaine, il pleut.
5. Je conduis __________________________ deux ans.
6. J'ai passé le permis __________________ deux ans.
7. Paul joue du piano __________________ cinq ans.
8. Je suis arrivé _______________________ trois mois.

2 **Complétez les phrases avec « dans », « depuis » ou « pour ».**

1. Nous partons cet après-midi, mais nous reviendrons ______________________ dix jours.
2. Nous avons loué une villa en Provence ______________________ deux mois, à partir du 15 juin.
3. Je dois présenter ma thèse de doctorat ______________________ quinze jours.
4. Nous avons un adorable petit chien ______________________ quelques semaines.
5. Le docteur m'a donné un traitement homéopathique ______________________ six mois, jusqu'à Noël.

3 **Transformez les phrases en utilisant « ça fait ... que », selon le modèle.**

J'étudie le français depuis seulement trois mois.

Ça fait seulement trois mois que j'étudie le français.

1. Les enfants regardent la télévision depuis au moins trois heures.

   ____

2. Je n'ai pas mangé de bonnes fraises depuis des années.

   ____

3. Jocelyne est malade depuis plus de trois semaines.

   ____

4. Je n'ai plus vu Joseph depuis au moins six mois.

   ____

5. Les invités parlent de politique depuis presque deux heures.

   ____

4 **Complétez avec « pendant », « dans » ou « en ».**

1. Il a plu ________ deux jours. - **2.** Nous avons fait le tour de l'île ________ huit jours. - **3.** J'ai écrit cent pages de ma thèse ________ trois semaines ! - **4.** J'ai étudié le latin ________ cinq ans. - **5.** Je te rendrai l'argent que je te dois ________ un mois. - **6.** Je n'ai pris que trois jours de congés ________ un an. - **7.** J'ai travaillé dans cette société ________ trois ans, de 1990 à 1993. - **8.** Je reviendrai vous voir ________ huit jours.

ZEITLICHE ABFOLGE

MIT BEZUG AUF DIE GEGENWART

Avant-hier *matin* *après-midi* *soir*	***Hier*** *matin* *après-midi* *soir*	***Aujourd'hui*** ***Ce** matin* ***Cet** après-midi* ***Ce** soir*	***Demain*** *matin* *après-midi* *soir*	*Après-demain* *matin* *après-midi* *soir*
La semaine d'avant	*La semaine **dernière***	***Cette** semaine*	*La semaine **prochaine***	*La semaine d'après*
Le mois d'avant	*Le mois **dernier***	***Ce** mois-**ci***	*Le mois **prochain***	*Le mois d'après*
L'année d'avant	*L'année **dernière***	***Cette** année*	*L'année **prochaine***	*L'année d'après*

MIT BEZUG AUF DIE VERGANGENHEIT ODER ZUKUNFT

Deux jours avant	***La veille***	***Ce jour-là***	***Le lendemain***	*Deux jours après*
Deux semaines avant	*La semaine **d'avant***	***Cette** semaine-**là***	*La semaine **d'après***	*Deux semaines après*
Deux mois avant	*Le mois **d'avant***	***Ce** mois-**là***	*Le mois **d'après***	*Deux mois après*
Deux ans avant	*L'année **d'avant***	***Cette** année-**là***	*L'année **d'après***	*Deux ans après*

- In gehobener Sprache und in der Schriftsprache verwendet man vorzugsweise

  précédent(e) statt *d'avant,*
  suivant(e) statt *d'après,*
  plus tôt statt *avant,*
  plus tard statt *après.*

EXERCICES

1 **Complétez avec « hier », « demain », « ce jour-là », « le lendemain » ou « la veille ».**

1. Aujourd'hui, nous sommes le 20 mars : ____________, c'est le printemps.
2. Je me suis marié le 13 juin et ____________, le 14, nous sommes partis en Grèce.
3. Le 24 décembre, ____________ de Noël, nous sommes toujours chez mes parents.
4. Aujourd'hui, les enfants peuvent se coucher tard : il n'y a pas d'école ____________.
5. Je vais avoir quarante ans le 10 janvier : ____________, je ferai une grande fête.
6. Je ne révise pas ____________ d'un examen et je me couche très tôt.
7. Ce soir, nous restons à la maison, mais ____________, nous sommes allés au cinéma.
8. J'ai rencontré Marie le 14 juillet 1981 : ____________, tout le monde dansait dans la rue.

2 **Complétez avec « depuis », « pour », « pendant ».**

Chère Julie, Paris, le 15 juin

Je cherche à te joindre ________ trois jours sans succès. Ma société m'envoie au Japon ________ six mois : jusqu'à Noël. (J'étudie le japonais ________ plus de trois mois, ________ six heures par jour et je suis épuisée.) J'ai trouvé un sous-locataire ________ deux mois, à partir du 1er novembre, mais je suis inquiète ________ les quinze jours qui viennent : qui va s'occuper de mes plantes ? Elles ont de l'eau ________ huit jours, mais après ? Est-ce que tu peux passer les arroser ? Tu as les clés mais attention, nous avons un nouveau code ________ deux jours : c'est le 867 BA. Ce matin, ________ plus d'une heure, j'ai appelé tous les copains, mais ils sont tous en vacances ! C'est pour ça que je t'écris. Je pense que tu me comprendras (nous sommes amies ________ si longtemps !) Réponds-moi vite ! Je t'embrasse. Aglaé

3 **Complétez avec les expressions de temps manquantes.**

1. Nathalie a fait la connaissance de Martin ________ 2 ans. ________ plusieurs semaines, Nathalie et Martin envoient des faire-part de mariage à leurs parents et à leurs amis car ils vont se marier ________ un mois, le 12 février. ________, le 13 février, ils vont partir en voyage de noces en Chine, ________ cinq semaines.
2. Louis a 58 ans. Il travaille ________ 33 ans dans la même société et il va prendre sa préretraite ________ 2 ans. L'année ________ (c'est-à-dire ________ 3 ans), il va déménager à la campagne. Il construit lui-même sa maison ________ cinq ans.
3. Mathilde a commencé à apprendre le russe ________ 6 mois. Au début, elle a étudié seule, mais ________ deux mois, elle suit des cours dans une école car elle doit aller en Russie pour son travail ________ trois mois. En septembre, elle va travailler à Moscou, et le mois ________, en octobre, elle va travailler à Kiev.
4. Jean a la même voiture ________ 3 ans. Il l'a acheté ________ 3 ans et il va devoir passer un contrôle technique ________ 1 an. Sa voiture est en excellent état : ________ 3 ans, il a fait seulement 50 000 kilomètres et il n'a jamais eu de problème.

DIE ABFOLGE von EREIGNISSEN oder HANDLUNGEN

***Après avoir passé** ma licence, j'ai vécu un an en Californie.*
***Avant de partir,** je ne parlais pas anglais.*

Mit den Adverbien *avant* [=bevor] und *après* [=nachdem] läßt sich die Abfolge mehrerer Ereignisse oder Handlungen beschreiben, wenn das Subjekt beider Satzteile dasselbe ist.

■ *APRÈS*+INFINITIV DER VERGANGENHEIT:

Der Infinitiv der Vergangenheit wird aus dem Infinitiv von *avoir/être*+Partizip Perfekt gebildet:

***J**'ai travaillé et **je** suis sorti.*
***Après avoir travaillé,** je suis sorti.*
***Je** suis allé au cinéma, puis **je** suis allé au restaurant.*
***Après être allé** au cinéma, je suis allé au restaurant.*

• Objektpronomen stehen vor dem Infinitiv:

Je me suis douché et je suis sorti.
*Après **m'**être douché, je suis sorti.*
Vous vous êtes couché et vous avez lu.
*Après **vous** être couché, vous avez lu.*

• Das Partizip Perfekt wird in Geschlecht und Zahl an das Subjekt angeglichen:

*Après s'être douché**e,** Marie est sortie.*
*Après s'être disputé**s,** les voisins se sont réconciliés.*
*Après les avoir cherché**s,** je les ai trouvé**s**.*

■ *AVANT DE*+INFINITIV

***J**'ai dîné et **je** suis sorti.*
***Avant de sortir**, j'ai dîné.*
***J**'ai pris le petit déjeuner et **je** me suis douché.*
***Avant de me doucher**, j'ai pris le petit déjeuner.*

EXERCICES

1 **Complétez le texte avec les auxiliaires manquants.**

Après *avoir* acheté le journal, j'ai pris le bus.

Après ______ rentré chez moi, je ______ commencé à faire la cuisine. Après ______ retiré le poisson du réfrigérateur, je ______ coupé les légumes en petits morceaux pour préparer la soupe. Après ______ mis l'eau à bouillir, je ______ mis la table et je ______ rangé un peu la salle à manger. Après ______ jeté les légumes dans l'eau, je ______ allumé le four. Après ______ mis le poisson au four, je ______ allé dans le salon. Après ______ reposé quelques minutes, je ______ préparé la table pour le dîner.

2 **Mettez le texte à l'infinitif passé selon le modèle.**

« Les voyages de Colomb »

1492 : Christophe Colomb part des Canaries. Il voyage trente-cinq jours sans voir la terre. Il découvre San Salvador. Il continue son exploration pendant plusieurs semaines. Il arrive à Cuba. Il laisse un groupe d'hommes dans l'île d'Haïti et il rentre en Espagne. Il est nommé amiral en 1495, il repart et découvre les Petites Antilles. Il retourne en Espagne. En 1498, il part pour sa troisième expédition avec de nombreux colons. En 1506, il meurt dans la misère.

Après être parti des Canaries, Colomb a voyagé trente-cinq jours sans voir la terre.
Après avoir voyagé trente-cinq jours... ______________________________

____

____

____

____

3 **Mettez à l'infinitif passé, selon le modèle.**

Il est rentré. Il a bu un porto. Il a regardé le journal télévisé. Il a mangé un steak frites. Il est allé au cinéma. Il est allé boire un verre à La Coupole. Il est rentré chez lui. Il s'est douché. Il s'est couché. Il a lu un magazine. Il s'est endormi.

Après être rentré, il a bu un porto et après... ______________________________

____

____

____

4 **Refaites le même exercice en utilisant « avant de », selon le modèle.**

Avant de s'endormir, il a lu un magazine... ______________________________

____

____

____

42 DAS PASSIV

Le directeur a convoqué les employés.
Les employés ***ont été convoqués par*** *le directeur.*

GEBRAUCH: Das Passiv wird im Französischen viel seltener verwendet als im Deutschen. Man benutzt es, wenn

- das Objekt des Satzes zur Hervorhebung an den Satzanfang gestellt werden soll:

  John Baird a inventé la télévision.
  La télévision ***a été inventée*** *par John Baird.*

- ein Ereignis betont werden soll, ohne dessen Urheber zu erwähnen:

  Le président Kennedy ***a été assassiné.***

- unpersönlich von Erfindungen, Gesetzen und plötzlichen Ereignissen berichtet wird:

  Un vaccin ***a été découvert.***
  Une loi ***a été votée.***
  Un homme ***a été agressé.***

- Bei Personen wird das Passiv vermieden und durch *on*+Aktiv ersetzt:

  On m'a envoyé en mission. (= *J'ai été envoyé en mission.*)

BILDUNG: Personalform von *être*+Partizip Perfekt (+*par*+Urheber):

Les enfants ***sont vaccinés*** *à l'école*
Les enfants ***ont été vaccinés*** *à l'école* } *(par un médecin scolaire).*
Les enfants ***seront vaccinés*** *à l'école*
(Zum Futur simple vgl. S. 214)

- Das Partizip Perfekt wird in Geschlecht und Zahl an das Subjekt angeglichen:

  *Les salles ont été repeint**es**. Les moquettes ont été chang**ées**.*

⚠ • Auf *par* kann kein Pronomen folgen:

  Es heißt: *J'ai fait ce dessin.* Nicht: ~~*Ce dessin a été fait par moi.*~~

- Bei *aimer*, *connaître* und *respecter* wird *par* durch *de* ersetzt:

  Cette personne est aimée ***de*** *tous, connue* ***de*** *tous et respectée* ***de*** *tous.*

EXERCICES

1 **Mettez les phrases au passif, selon le modèle.**

– C'est Philips qui a inventé **le compact disc** ?

– *Oui, le compact disc a été inventé par Philips !*

1. – C'est Fleming qui a découvert **la pénicilline** ?

   – ____________________

2. – C'est Charlton Heston qui a interprété **« Ben Hur »** au cinéma ?

   – ____________________

3. – C'est Michel-Ange qui a peint **la coupole de Saint-Pierre** ?

   – ____________________

4. – C'est Chagall qui a peint **les fresques de l'Opéra de Paris** ?

   – ____________________

5. – C'est l'architecte Pei qui a conçu **la Pyramide du Louvre** ?

   – ____________________

6. – C'est Gutenberg qui a inventé **l'imprimerie** ?

   – ____________________

2 **Mettez à la forme active puis passive, selon le modèle.**

1989 : démolition du Mur de Berlin.

On a démoli le Mur de Berlin en 1989. Le Mur de Berlin a été démoli en 1989.

1. 1202 : introduction des chiffres arabes en Occident.

   ____

2. 1253 : fondation de l'université de la Sorbonne.

   ____

3. 1789 : démolition de la Bastille.

   ____

4. 1840 : abolition de l'esclavage dans les colonies françaises.

   ____

5. 1961 : construction du Mur de Berlin.

   ____

3 **Transformez le texte du journal en phrases passives.**

Le président a reçu le Premier ministre anglais. Ils ont abordé le problème de la pêche. Les syndicats de pêcheurs ont refusé les propositions du gouvernement.

____

____

43 DAS IMPARFAIT

À l'époque	*j'*	*av**ais***	*quinze ans.*
du rock,	*tu*	*av**ais***	*vingt ans.*
	il / elle / on	*av**ait***	*des disques américains.*
	nous	*av**ions***	*des guitares.*
	vous	*av**iez***	*une Vespa.*
	ils / elles	*av**aient***	*une « deux-chevaux ».*

GEBRAUCH:
Das Imparfait läßt sich im Gebrauch nicht mit dem deutschen Imperfekt vergleichen. Seine Verwendung ist genau geregelt.

- Im Imparfait werden Zustände geschildert, die in der Vergangenheit liegen:

  Maintenant, j'habite à Paris, je suis ingénieur, j'ai une BMW.
  *Avant, j'**habitais** à Marseille, j'**étais** étudiant, j'**avais** une moto.*

- Auch bestimmte Ausdrücke lösen das Imparfait aus:

  À cette époque-là, / ***Avant, quand** j'étais jeune,* } *j'avais les cheveux longs.*

BILDUNG:
Stamm der 1. P. Pl. Präsens+Imperfektendungen *-ais*, *-ais*, *-ait*, *-ions*, *-iez*, *-aient*:

nous	*av-ons*	*j'*	*av-ais*	Ausnahme:	*être: j'étais*
nous	*fais-ons*	*tu*	*fais-ais*		
nous	*all-ons*	*il*	*all-ait*		
nous	*buv-ons*	*nous*	*buv-ions*		
nous	*pren-ons*	*vous*	*pren-iez*		
nous	*pouv-ons*	*ils*	*pouv-aient*		

- Bei Verben auf *-ger* und *-cer* wird zum Erhalt der Aussprache im Imparfait *-g-* → *-ge-* und *-c-* → *-ç-*

  *mang-er: je man**ge**-ais*   *commenc-er: ils commen**ç**-aient*

EXERCICES

1 Faites des phrases selon le modèle.

Maintenant, je marche très peu, *mais, avant, je marchais beaucoup.*

1. Maintenant, je parle beaucoup, ______
2. Maintenant, je mange très peu, ______
3. Maintenant, je voyage tout le temps, ______
4. Maintenant, je conduis très lentement, ______
5. Maintenant, je dors mal, ______
6. Maintenant, je fume beaucoup, ______
7. Maintenant, je ne fais plus de sport, ______
8. Maintenant, je suis très pessimiste, ______

2 Répondez aux questions.

– Où habitiez-vous, quand vous étiez petit(e) ? (Lyon)
– *Quand j'étais petit(e), j'habitais à Lyon.*

1. – Quelle voiture avaient vos parents à cette époque-là ? (Volvo break)
   – ______
2. – Où alliez-vous en vacances avec votre famille ? (Espagne)
   – ______
3. – Combien de temps partiez-vous en vacances ? (quinze jours)
   – ______
4. – Quels livres lisiez-vous quand vous étiez adolescent(e) ? (livres d'aventure)
   – ______
5. – Quel sport faisiez-vous quand vous étiez au lycée ? (volley)
   – ______
6. – Qu'est-ce que vous preniez au petit déjeuner ? (café au lait)
   – ______
7. – Quelle musique écoutiez-vous ? (les Beatles)
   – ______
8. – Que vouliez-vous être plus tard ? (architecte)
   – ______

3 Complétez le texte selon le modèle.

Quand j' *étais* petit, j'______ un chien : il ______ noir et blanc et il ______ de grandes oreilles. Quand j'______ à l'école, il ______ avec moi. J'______ très fier de lui. Il ______ Albert. Il ______ adorable.

EXERCICES

1 Faites des phrases à la forme négative, selon le modèle.

– Maintenant, je comprends presque tout à la télévision,
mais *au début de mon séjour, je ne comprenais presque rien.*

1. – Maintenant, j'ai beaucoup d'amis et je parle souvent français,
   mais ______________________________
2. – Maintenant, j'habite dans un grand appartement, j'ai une voiture,
   mais ______________________________
3. – Maintenant, je connais la ville et je sais prendre les transports en commun,
   mais ______________________________
4. – Aujourd'hui, je connais bien le prix des choses et j'ai une carte de crédit,
   mais ______________________________
5. – Maintenant, je vais souvent au cinéma et je pars quelquefois à la campagne,
   mais ______________________________
6. – Maintenant, je bois du vin au déjeuner et je prends du café noir,
   mais ______________________________
7. – Maintenant, je lis les journaux et j'écris des textes en français,
   mais ______________________________
8. – Maintenant, je comprends les questions et je sais répondre,
   mais ______________________________

2 Mettez le texte à l'imparfait.

1. J'habite dans une tour de trente étages.	*Mes grand-parents habitaient* dans une ferme.
2. Je ne connais pas mes voisins.	______________ tout le village.
3. Je mange de la viande surgelée.	______________ produits frais.
4. Je vais au marché en voiture.	______________ cheval.
5. Je cuisine à l'électricité.	______________ au feu de bois.
6. Le soir je regarde la télé.	______________ les étoiles.

3 Texte libre : imaginez la vie à l'époque où l'électricité n'existait pas. Quelles étaient les activités familiales le soir ? Quelles étaient les contraintes pour le travail, l'alimentation, les loisirs ?

____
____
____
____
____

EXERCICES

1 **Mettez le texte à l'imparfait selon le modèle.**
Maintenant la société Peugeot fabrique des voitures, avant *elle fabriquait* des machines à coudre.

1. Maintenant les enfants portent des casquettes de base-ball,
dans les années cinquante, ______________________ des bérets.
2. Maintenant les femmes ont des robes courtes,
au siècle dernier, ______________________ des robes très longues.
3. Maintenant on travaille quarante heures par semaine,
à l'époque de mon grand-père, ______________________ soixante heures.
4. Maintenant les jeunes mangent des hamburgers,
avant, ______________________ des sandwichs.
5. Maintenant les enfants boivent du Coca-Cola,
avant, ______________________ de la limonade.

2 **Complétez les paroles de la chanson « Bruxelles » de Jacques Brel.**

C' *était* au temps où Bruxelles rêv____________,
C'ét____________ au temps du cinéma muet.
C'ét____________ au temps où Bruxelles chant____________,
C'ét____________ au temps où Bruxelles « bruxell____________ ».
Place de Brouckère, on voy____________ des vitrines
Avec des hommes, des femmes en crinolines,
Place de Brouckère, on voy____________ l'omnibus
Avec des femmes, des messieurs en gibus.
Et sur l'impériale,
Le cœur dans les étoiles,
Il y av____________ mon grand-père,
il y av____________ ma grand-mère.
Il ét____________ militaire,
Elle ét____________ fonctionnaire. [...]
Il attend____________ la guerre,
Elle attend____________ mon père.

3 **Décrivez un quartier de votre enfance.**

Dans le quartier où j'habitais quand j'étais petit, il y avait... ______________________

____

IMPARFAIT und PASSÉ COMPOSÉ

*Avant, j'**habitais** à Marseille, en 1985, j'**ai déménagé.***
*Quand j'**ai déménagé,** j'**avais** seize ans. C'**était** l'hiver.*

■ UNTERSCHIEDE zwischen IMPARFAIT und PASSÉ COMPOSÉ

- Erinnerungen stehen im Imparfait (Frage: was war?):

  *Quand j'**étais** jeune, j'**avais** un beau collier en or.*

- Plötzlich eintretende Ereignisse stehen im Passé composé (Frage: was geschah?):

  *Un jour, j'**ai perdu** mon collier.*

- In einer Erzählung der Vergangenheit wird das Passé composé für die Wiedergabe von Ereignissen verwendet, das Imparfait für Beschreibungen und Zustände:

  *Le jour où j'**ai perdu** mon collier, j'**étais** à la piscine, je **jouais** au ballon, j'**avais** douze ans.*

- Das Imparfait beschreibt einen situativen Rahmen (wie ein Foto); das Passé composé beschreibt eine Abfolge von Ereignissen (wie ein Film):

  *Il **faisait** beau. Les gens **se promenaient**. Soudain un chien **a traversé** la rue, il **a renversé** une dame, la dame **a crié**, les gens **se sont précipités**.*

- Das Passé composé steht für konkrete Zeitabschnitte mit Anfangs- und Endpunkt. Das Imparfait steht für Abschnitte von unbestimmter Dauer.

***De** 1980 **à** 1990,* ***Pendant** dix ans,* ***Entre** dix et vingt ans,*	*j'**ai fait** du sport.*	***Avant,*** ***Quand j'étais** jeune,* ***À cette époque-là,***	*je **faisais** du sport.*

- Das Passé composé zeigt eine Veränderung im gewohnten Ablauf oder eine Veränderung innerhalb eines gegebenen Zustandes an:

Imparfait *Avant, j'**habitais** à Marseille.*	Imparfait *Hier, il **faisait** beau.*
Passé composé *Un jour, j'**ai déménagé**.*	Passé composé *Tout à coup, le temps **a changé**.*

EXERCICES

1 **Distribuez le passé composé et l'imparfait selon le modèle.**

Il était environ dix heures. Soudain, trois hommes qui faisaient la queue près des guichets ont attaqué le caissier. Comme la banque était pleine de monde, le caissier a donné l'argent aux bandits, mais il a averti secrètement la police qui est arrivée immédiatement sur les lieux. Deux voleurs ont été arrêtés mais ils n'avaient plus l'argent. Le troisième a réussi à s'échapper avec la caisse. Il portait une veste grise, un chapeau et des lunettes noires.

imparfait	passé composé
Il était environ dix heures	*trois hommes ont attaqué le caissier*

2 **Mettez le texte suivant au passé.**

Madame Élise est une vieille dame qui vit seule sur la colline. Elle est veuve et elle n'a pas de famille. Un jour, la colline prend feu. Madame Élise voit le feu avancer de tous les côtés. Elle est trop vieille pour courir, alors, elle se met à genoux et elle dit une prière : elle est prête à mourir et elle attend. Mais le feu s'arrête tout près d'elle. Alors, Madame Élise change complètement de vie : elle vend sa maison, elle retire son argent de la banque et elle part faire le tour du monde. Elle va en Chine. Elle monte sur le Kilimandjaro et elle descend le fleuve Amazone. Elle publie ses mémoires et à quatre-vingt-cinq ans, elle devient très célèbre.

3 **Faites un petit récit au passé, selon le modèle.**

Événements : Partir en vacances - Tomber en panne - Perdre son portefeuille - Rentrer chez soi - Prendre de l'argent - Repartir - Arriver sur la plage - etc.

Situations : Le temps - L'heure - La forme physique - Les vêtements - Le lieu

Quand je suis parti en vacances en juin dernier, il faisait beau...

EXERCICES

1 **Mettez le texte suivant au passé.**

Ce matin, mon fils se lève à sept heures, et comme toujours, il est de mauvaise humeur. Il prend son petit déjeuner sans dire un mot. Comme toujours, il a son Walkman sur la tête et il porte des lunettes noires. Il ressemble à un Martien. À huit heures, il quitte la maison pour prendre le bus. Il fait froid et il pleut légèrement, mais, comme tous les jours, mon fils n'a qu'un vieux pull sur le dos. Il porte aussi des jeans troués et des baskets vert fluorescent. Je ferme la porte derrière lui et je me demande, perplexe, si j'étais comme ça à son âge.

Hier, mon fils... ____________________

____

____

____

____

2 **Complétez le texte avec les verbes manquants.**

Hier, quand Jacques *s'est* levé, il *était* cinq heures et quart. Jacques ________ habillé rapidement et à six heures, il ________ déjà dans la rue. Il y ________ très peu de gens dehors. Il ________ encore nuit. Jacques ________ le métro et il ________ à la gare chercher Maria. Le train de Madrid ________ à huit heures, il ________ très en retard ; Maria ________ un peu fatiguée et elle ________ un peu froid parce qu'elle ________ une robe très légère. À Paris, il ________ seulement quinze degrés, mais à Madrid, ________ très chaud, c'________ encore l'été.

3 **Complétez les phrases au passé avec les verbes manquants (faites l'élision si nécessaire).**

Hier soir, je me *suis couchée* tôt parce que j'*étais* très fatiguée.

1. Ce matin je ________ toutes les fenêtres parce qu'il ________ très beau. - **2.** Hier, Gabriel ________ au lit parce qu'il ________ très mal à la tête. - **3.** Les enfants ________ la télévision hier soir parce qu'il y ________ un très joli film. - **4.** Je ________ chez le dentiste parce que je ________ mal aux dents. - **5.** Nous ________ un cadeau à François parce que ce ________ son anniversaire. - **6.** Je ________ un croissant et une brioche parce que je ________ faim ! - **7.** Alain ________ un grand verre de bière, parce qu'il ________ soif. - **8.** Ce matin, je ________ mon parapluie, parce qu'il ________ .

4 **Répondez librement aux questions.**

1. Pourquoi avez-vous ouvert la fenêtre ? ____________________

2. Pourquoi avez-vous mis votre imperméable ? ____________________

3. Pourquoi êtes-vous resté chez vous hier ? ____________________

EXERCICES

1 **Mettez le texte au passé.**

Je suis à la terrasse d'un café près de l'Opéra. Il fait très beau. J'attends une amie. Je regarde les passants. Il n'y a pas beaucoup de monde. Soudain, je remarque une femme sur le trottoir d'en face. Le feu passe au vert, puis au rouge et de nouveau au vert, mais elle reste immobile, comme une statue. Elle est grande, très pâle et elle semble fatiguée et même exténuée. Tout à coup, une voiture s'arrête devant elle. Un homme sort. Il porte une petite valise. Il est très brun et il a de petites moustaches. Il a l'air dangereux. Je suis un peu inquiet. Il tend la valise à la dame et il repart tout de suite. Mais je ne vois pas la suite parce que mon amie arrive, elle m'embrasse et elle s'asseoit en face de moi. Quand je tourne la tête, la femme n'est plus là.

____

____

____

____

____

2 **Faites des phrases au passé en variant les expressions de temps.**

avoir des congés/partir en Bretagne
avoir faim/manger un sandwich
être malade/avoir mal à la gorge/rester au lit
avoir les cheveux longs/aller chez le coiffeur

1. *La semaine dernière, j'avais trois jours de congés : je suis parti en Bretagne.*
2. ______________________________
3. ______________________________
4. ______________________________

3 **Mettez le texte au passé.**

J'attends une amie et ma tante arrive. Elle critique tout dans mon appartement. Elle jette les revues qui sont sur mon bureau. Elle contrôle les livres que je lis. Elle part finalement, mais elle oublie quelque chose sur le tapis : c'est une petite valise. Je l'ouvre : il y a un chat dedans. Je descends l'escalier, je prends ma voiture et je cherche ma tante dans tout le quartier. Quand je la trouve finalement, elle attend à un feu rouge près de l'Opéra.

Hier, ... ______________________________

____

____

____

4 **Complétez (librement) les phrases.**

Quand je suis sorti de chez moi, ____________. Quand je suis arrivé devant le cinéma, ____________. Quand j'ai demandé un billet, ____________. Quand je suis allé à mon restaurant préféré, ____________. Quand je suis rentré chez moi, ____________.

44 DAS PLUS-QUE-PARFAIT

*J'ai vendu en 1992 l'appartement que j'**avais acheté** en 1988.*
*Je suis retourné dans le quartier que j'**avais visité** avec toi.*

GEBRAUCH und BILDUNG

- Im Plus-que-parfait steht eine Handlung der Vergangenheit, die noch vor einer anderen, ebenfalls in der Vergangenheit liegenden Handlung stattgefunden hat:

  La maison a brûlé. Les pompiers sont arrivés.
  *Quand les pompiers sont arrivés, la maison **avait** déjà **brûlé.***

- Das Plus-que-parfait wird mit dem Imparfait von *être*/*avoir*+Partizip Perfekt gebildet:

  J'avais dîné.
  *Il **était parti.***
  *Nous **étions rentrés.***

ZUSAMMENFASSUNG: DIE ZEITEN DER VERGANGENHEIT

- Mit dem Plus-que-parfait, dem Imparfait und dem Passé composé lassen sich unterschiedliche Zeitbezüge innerhalb der Vergangenheit ausdrücken:

Quand je me suis levé,	*ma mère **avait préparé** le café.*	(1)
	*ma mère **préparait** le café.*	(2)
	*ma mère **a préparé** le café.*	(3)
Quand je suis rentré,	*Anne **avait pleuré.***	(1)
	*Anne **pleurait.***	(2)
	*Anne **a pleuré.***	(3)

(1) Die Handlung war bereits beendet.
(2) Die Handlung hatte bereits begonnen und dauerte noch an.
(3) Die Handlung setzte zeitgleich oder kurz darauf ein.

EXERCICES

1 **Répondez aux questions selon le modèle.**

– Quand votre mari est arrivé, vous aviez déjà déjeuné ?
– *Oui, quand il est arrivé, j'avais déjà déjeuné.*

1. – Quand vous avez trouvé du travail, vous aviez déjà terminé vos études ?
   – Oui, ______________________________
2. – Quand vous êtes parti(e) à l'étranger, vous étiez déjà marié(e) ?
   – Oui, ______________________________
3. – Quand vous avez commencé le cours de français, vous aviez déjà passé un test ?
   – Oui, ______________________________
4. – Quand vous avez passé le test, vous aviez déjà parlé avec le directeur des cours ?
   – Oui, ______________________________

2 **Transformez les phrases selon le modèle.**

– Anne a appelé le médecin avant votre arrivée ?
– *Non, quand je suis arrivé(e), elle n'avait pas encore appelé le médecin.*

1. – Martine a préparé le repas avant votre arrivée ?
   – Non, ______________________________
2. – Antoine est rentré avant l'arrivée de son père ?
   – Non, ______________________________
3. – Les enfants ont mangé avant l'arrivée des autres invités ?
   – Non, ______________________________
4. – Jean a fait la vaisselle avant votre départ ?
   – Non, ______________________________

3 **Complétez les phrases selon le modèle (avec les accords si nécessaire).**

Ils ont récupéré les bagages qu'ils *avaient laissés* à la consigne de la gare.

1. J'ai revu les amis que nous ____________ en Grèce l'année dernière. - **2.** J'ai perdu le stylo que ma mère ____________ pour mon anniversaire. - **3.** Il a répondu en juin à la lettre que je ____________ en février. - **4.** Elle a retrouvé l'agenda qu'elle ____________ la semaine dernière.

4 **Faites des phrases avec un verbe au plus-que-parfait.**

étudier le français/aller en France   vendre sa moto/acheter une voiture
visiter l'Espagne et le Portugal/visiter l'Italie et la France   recevoir une lettre/recevoir un coup de fil

Quand je suis allé(e) en France, j'avais déjà étudié le français.

45 DIE INDIREKTE REDE (2)

*Il m'a dit qu'il **était** écrivain et qu'il **avait écrit** plusieurs romans.*
*Il m'a dit qu'il **passerait** à la télévision dimanche soir.*

DIE INDIREKTE REDE IN DER VERGANGENHEIT

■ Bei der Wiedergabe von Aussagen oder Gedanken in der Vergangenheit ist es – anders als im Präsens (vgl. S. 146) – wichtig, ob sich die Aussagen bzw. Gedanken auf die Gegenwart, Vergangenheit oder Zukunft beziehen. Je nach Zeitbezug steht die indirekte Rede im Imparfait (Gleichzeitigkeit), Plus-que-parfait (Vorzeitigkeit) oder im Conditionnel (Nachzeitigkeit, vgl. auch S. 220). Im Gegensatz zum Deutschen sind andere Zeitkombinationen nicht möglich:

Gleichzeitigkeit:	*Il a dit :*	*« J'habite à Berlin. »*
	Il a dit qu'	*il habit**ait** à Berlin.*
Vorzeitigkeit:	*Il a dit :*	*« J'ai habité à Tokyo. »*
	Il a dit qu'	*il av**ait** habité à Tokyo.*
Nachzeitigkeit:	*Il a dit :*	*« Je vais habiter à Paris. »*
	Il a dit qu'	*il all**ait** habiter à Paris.*
	Il a dit :	*« J'habiterai à la campagne. »*
	Il a dit qu'	*il habiter**ait** à la campagne.*

♪ Die Verben der indirekten Rede stehen in jeder Zeitstufe in einer mit Imparfait-Endungen gebildeten Form.

- In der indirekten Rede drückt ein Imparfait also nicht Vergangenheit, sondern Gleichzeitigkeit aus, und ein Conditionnel keine Bedingung, sondern eine zukünftige Handlung:

*Je lui ai dit que j'**étais** français.* (= Präsens: *Je suis français.*)
*Il m'a dit qu'il **viendrait** en mars.* (= Futur: *Il viendra.*)

■ Wird in der indirekten Rede eine allgemeingültige Aussage getroffen, kann sie statt im Imparfait auch im Präsens stehen:

Les chercheurs ont affirmé que le vaccin est efficace.
On a découvert que le mont Blanc fait 4 808 mètres (et pas 4 807 mètres).

EXERCICES

1 **Répondez selon le modèle.**

– Le directeur est malade, on vous l'a dit ?
– *Oui, on m'a dit qu'il était malade.*

1. – L'ordinateur est en panne, on vous l'a dit ?
   – ______________________________
2. – Les étudiants sont au laboratoire, on vous l'a dit ?
   – ______________________________
3. – On a changé de salle, on vous l'a dit ?
   – ______________________________
4. – Patricia a réussi son examen, vous le saviez ?
   – ______________________________
5. – Il y a une nouvelle machine à café, vous le saviez ?
   – ______________________________
6. – On va faire le pont pour l'Ascension, on vous l'a dit ?
   – ______________________________
7. – On va démolir les anciennes tours, vous le saviez ?
   – ______________________________
8. – Les étudiants feront une fête à la fin de l'année, on vous l'a dit ?
   – ______________________________

2 **Transformez les dialogues en discours indirect, selon le modèle.**

– Allô Georges ? C'est Thérèse. Écoute, je dois partir d'urgence pour Nice. Je laisse tes dossiers au secrétariat. Joëlle va taper les lettres et elle expédiera tout aux clients. Je reviendrai mardi et je t'appellerai.
– Thérèse vous a téléphoné, Georges ? Qu'est-ce qu'elle a dit ?

1. – *Elle a dit qu'elle devait partir...* ______________________________
   ____

– Allô Isabelle ? C'est Arnaud. Je viens de rentrer, je vais me changer en vitesse et je vous rejoindrai devant le cinéma. Si j'arrive en retard, je vous attendrai à la sortie.
– Arnaud a téléphoné, finalement ! Qu'est-ce qu'il a dit ?

2. ______________________________
   ____

– Pardon Madame, je suis étudiant dans votre université. Est-ce que vous n'avez pas trouvé un trousseau de clés dans la salle 11 ? Je vous laisse mon numéro de téléphone et je repasserai.
– Qui a téléphoné ? Pourquoi ?

3. ______________________________
   ____

EXERCICES

1 **Transformez le texte au discours indirect, selon le modèle.**

– Jean-Luc a gagné à la loterie, tu le savais ?

– *Non, je ne savais pas qu'il avait gagné à la loterie.*

1. – Il est parti en croisière en Égypte, on te l'a dit ?

   – ______________________________

2. – Il est tombé malade pendant le voyage, tu ne le savais pas ?

   – ______________________________

3. – Un docteur chinois l'a guéri avec des algues, tu ne le savais pas ?

   – ______________________________

4. – Il est devenu l'associé d'un grand armateur, tu ne le savais pas ?

   – ______________________________

5. – Il va épouser une princesse arabe, on ne te l'a pas dit ?

   – ______________________________

2 **Mettez le texte au passé.**

Je lis dans un magazine qu'un garçon de douze ans a réussi le bac.

J'ai lu dans un magazine qu'un garçon de douze ans avait réussi le bac.

1. Je lis dans une revue que les chiens voient seulement en noir et blanc. ______________________________

2. Je lis dans un magazine que les petites filles sont plus douées pour les langues mais que les petits garçons savent mieux se situer dans l'espace. ______________________________

3. Je lis dans le journal que beaucoup d'animaux et de plantes disparaîtront d'ici vingt ans et qu'il faut les protéger de toute urgence. ______________________________

4. Je lis dans un magazine qu'il y a un marché noir des armes nucléaires et que n'importe qui pourra bientôt s'acheter une bombe atomique. ______________________________

3 **Rapportez des nouvelles qui vous ont marqué(e).**

J'ai lu dans le journal que... ______________________________

EXERCICES

1 **Mettez les phrases suivantes au discours indirect, selon le modèle.**

Rêve : – Je suis un oiseau. Je vole au-dessus de la ville. Je vois l'intérieur des maisons.

1. *J'ai rêvé que j'étais un oiseau, que je volais au-dessus de la ville...* ______

______

Rêve : – Je dois prendre l'avion mais l'aéroport a disparu et je me retrouve dans le désert.

2. ______

Rêve : – J'ai acheté un réveil, mais il se transforme en machine à remonter le temps et je passe de l'époque des dinosaures au XXXe siècle !

3. ______

______

Rêve : – Je dois participer à un match de boxe. Je suis un peu anxieux parce que mon adversaire est un type énorme mais je sais qu'il a un défaut et que je gagnerai.

4. ______

______

2 **Sur le modèle précédent, racontez quelques rêves dont vous vous souvenez.**

______

______

3 **Reconstituez cet extrait de « L'Étranger » d'Albert Camus (© éd. Gallimard) en mettant le texte au passé.**

Le soir, Marie vient me chercher et me demande si je veux me marier avec elle, je dis que cela m'est égal et que nous pourrons le faire si elle veut. Elle veut savoir alors si je l'aime. Je réponds comme je l'ai déjà fait une fois, que cela ne signifie rien, mais que, sans doute, je ne l'aime pas. « Pourquoi m'épouser alors ? » dit-elle. Je lui explique que cela n'a aucune importance et que si elle le désire, nous pouvons nous marier. Elle observe alors que le mariage est une chose grave. Je réponds : « Non. » Elle me regarde en silence. Puis elle parle. Elle se demande si elle m'aime et moi je ne peux rien savoir sur ce point. Après un autre moment de silence, elle murmure que je suis bizarre, qu'elle m'aime sans doute à cause de cela mais que peut-être un jour je la dégoûterai pour les mêmes raisons. Comme je me tais, n'ayant rien à ajouter, elle me prend le bras en souriant et elle déclare qu'elle veut se marier avec moi. Je réponds que nous le ferons dès qu'elle le voudra.

______

______

______

______

______

1 Mettez le texte au passé.

• **Samedi 16 septembre**

10 h du matin : M. Blanchard charge sa voiture pour partir en week-end, tandis que sa femme finit de ranger la maison. La voiture est garée dans le jardin.

11 h : quand M. et Mme Blanchard arrivent avec leurs derniers paquets à la main, ils s'aperçoivent que leur voiture a disparu.

13 h : les deux victimes vont à la police et portent plainte pour vol.

• **Dimanche 17 septembre**

10 h du matin : Mme Blanchard sort pour arroser ses fleurs. Elle découvre sa voiture dans le jardin, à la même place. Les bagages sont encore à l'intérieur, au complet. Elle appelle son mari. Ils contrôlent ensemble l'état de la voiture, sans comprendre. Soudain, sur le pare-brise, Mme Blanchard voit une lettre. Elle l'ouvre, elle la lit et elle la tend à son mari. Voilà ce que dit le mot : « Je vous remercie et je m'excuse de vous avoir emprunté votre voiture. Pour me faire pardonner, voilà deux billets de théâtre pour le spectacle que donne ce soir la compagnie avec laquelle je travaille. »

13 h : M. et Mme Blanchard retournent à la police. Ils disent qu'ils ont retrouvé leur voiture et qu'ils retirent leur plainte. Le policier insiste pour garder leur déposition mais ils ne veulent pas.

18 h : M. et Mme Blanchard vont à la ville voisine pour assister à la pièce de théâtre. Ils trouvent le spectacle très drôle et ils passent une très bonne soirée. La salle est comble et le public semble apprécier les acteurs. M. et Mme Blanchard se demandent, tout au long du spectacle, si leur voleur n'est pas sur la scène, sous leurs yeux.

22 h : M. et Mme Blanchard rentrent chez eux. Ils trouvent leur appartement complètement vide. Sur la seule table qui reste, il y a un petit mot des voleurs : « Merci beaucoup pour votre aimable collaboration. »

• **Le lundi matin,** ils doivent retourner à la police.

1 Complétez les phrases avec les éléments manquants, si nécessaire.

1. Je me souviens de ma première voiture : ____________ une Austin Cooper bleue !
2. Mon amie Isabelle ____________ un bébé il y a deux jours et elle rentrera ____________ trois jours.
3. Cette année, nous passons nos vacances ____________ Irlande ; l'année prochaine, nous ________________________ Pérou ou ____________ Colombie.
4. Pendant plus de quinze ans, Jacques ____________ maire d'un petit village du Nord, puis ____________ député et maintenant, ____________ deux mois, il est ministre.
5. En février dernier, quand je ____________ mon permis de conduire, ____________ très froid et ____________ du verglas sur la route.
6. Le week-end dernier, nous ____________ deux heures pour sortir de Paris et nous ____________ ____________ retard ____________ nos amis.
7. Le pianiste ____________ passe à la salle Pleyel joue ____________ piano ____________ l'âge de cinq ans.
8. Ce matin, je ____________ trompé de direction dans le métro et je ____________ perdu !
9. Hier soir, je ____________ dans mon bain quand le téléphone ____________.
10. Paul m'a dit qu'il ____________ marier en février et qu'il ____________ en voyage de noces ____________ Espagne.
11. Je n'ai pas parlé de ce projet à mes parents mais je ____________ à des amis pour ____________ demander un conseil.
12. Hier soir, quand nous ____________ du cinéma, à minuit, il ____________ très froid et je ____________ enrhumée.
13. Ce soir, je dîne avec Paula : je ____________ téléphoné et je ____________ donné rendez-vous à vingt heures au Drugstore.
14. – Pourquoi êtes-vous allé ____________ le coiffeur ?
    – Pour ________________________________ les cheveux.
15. Mes enfants adorent les glaces et ils ________________________________ beaucoup trop.

46 *VENIR DE, ÊTRE EN TRAIN DE, ÊTRE SUR LE POINT DE*

Nous ***venons de*** *quitter l'Angleterre,*
nous ***sommes en train de*** *survoler la Manche,*
nous ***sommes sur le point d'****arriver en France.*

VENIR DE+INFINITIV [=gerade eben etwas getan haben]

- *Venir de*+Infinitiv drückt eine unmittelbare Vergangenheit aus:

  Marc et Cathy ***viennent de*** *se marier.*
  (= Ils se sont mariés il n'y a pas longtemps.)

- *Venir de* steht ohne weitere Zeitangabe:

  Jean ***vient de*** *sortir.*
  Je ***viens d'****arriver.*

ÊTRE EN TRAIN DE+INFINITIV [=dabei sein, etwas zu tun]

- Diese Wendung beschreibt eine noch andauernde Handlung:

  Le bébé ***est en train de*** *dormir.*

- *Être en train de* unterstreicht den Verlauf einer Handlung. Es wird in allen Zeiten mit Ausnahme des Passé composé eingesetzt:

  Le bébé ***était en train de*** *dormir quand le téléphone a sonné.*
  Le bébé ***sera en train de*** *dormir quand mon mari rentrera.*

ÊTRE SUR LE POINT DE+INFINITIV [=kurz davor stehen, etwas zu tun]

- Diese Wendung beschreibt ein unmittelbar bevorstehendes Ereignis oder eine unmittelbar bevorstehende Handlung:

  Le spectacle ***est sur le point de*** *se terminer.*
  La conférence ***est sur le point de*** *commencer.*

EXERCICES

1 **Transformez les phrases en utilisant « en train de » selon le modèle.**

– Va aider Mireille : elle déplace le canapé toute seule !

– *Va aider Mireille, elle est en train de déplacer le canapé toute seule !*

1. – N'entrez pas dans la chambre, Paul fait la sieste.

– ______________________________

2. – Ne dérange pas Marie : elle fait des calculs compliqués.

– ______________________________

3. – Ne parlez pas s'il vous plaît, nous enregistrons la conférence.

– ______________________________

4. – Approche la lampe s'il te plaît, je retire une épine de mon pouce.

– ______________________________

2 **Transformez les phrases avec « venir de » selon le modèle.**

– Paul a téléphoné ? – *Oui, il vient de téléphoner !*

1. – Les étudiants sont déjà arrivés ? – Oui, ils ______________________________
2. – Le bus est passé il y a longtemps ? – Non, il ______________________________
3. – Le directeur est parti pour Londres ? – Oui, il ______________________________
4. – Vous avez dîné il y a longtemps ? – Non, nous ______________________________
5. – Le film est fini depuis longtemps ? – Non, il ______________________________

3 **Transformez selon le modèle.**

L'oiseau va s'envoler. La nuit va tomber. Les magasins vont fermer. Les gens vont dîner.

L'oiseau est sur le point de s'envoler. ______________________________

____

4 **Complétez les phrases avec « être en train de », « être sur le point de » ou « venir de ».**

1. – Allô Marie, je ne te dérange pas ? – Rappelle-moi plus tard, je ______________ sortir.
2. – Attention, n'allume pas la lumière, Paul ______________ développer des photos dans cette pièce.
3. – Qu'est-ce qu'Antoine ______________ faire ? – Il dessine un mouton !
4. – Vous ______________ écouter « La Truite » de Schubert. Ainsi s'achève notre programme musical.
5. – Où sont les enfants ? – Ils ______________ regarder la télévision.
6. – Il faut arroser les fleurs ? – Non, je______________. le faire. Regarde : la terre est trempée.
7. – Dépêchez-vous les enfants : le train ______________ partir !
8. – Ne vous appuyez pas contre le mur : on ______________ repeindre l'entrée !

47 DAS FUTUR SIMPLE

En 2031,	*j'*	*habiter**ai***	*sur Mars.*
	tu	*habiter**as***	*sur Vénus.*
	il / elle / on	*parler**a***	*toutes les langues.*
	nous	*travailler**ons***	*deux jours par semaine.*
	vous	*passer**ez***	*les vacances sur Terre.*
	ils / elles	*voyager**ont***	*en voitures solaires.*

GEBRAUCH: Im Futur simple steht allgemein jedes in der Zukunft liegende Ereignis:

*Dans cinq ans, je **prendrai** ma retraite.*
*Quand je **serai** vieux, je **vivrai** à la campagne.*
*En 2001, j'**aurai** trente ans.*

BILDUNG: Zur Bildung des Futur simple werden an den Infinitiv folgende Endungen gehängt: *-ai, -as, -a, -ons, -ez, -ont:*

parler:	*je*	*parler-ai*	*nous*	*parler-ons*
	tu	*parler-as*	*vous*	*parler-ez*
	il	*parler-a*	*ils*	*parler-ont*

- Bei den Verben auf *-re* fällt das *-e* weg:

  *boire: je **boir**-ai* *dire: je **dir**-ai* *mettre: je **mettr**-ai*

- Die Verben auf *-er* mit zwei Präsensstämmen (vgl. S. 72) bilden das Futur simple von der 1. P. Sg. Präsens+*-rai*, *-ras*, *-ra*, *-rons*, *-rez*, *-ront*:

	Präsens	Futur simple
acheter:	*j'achète*	*j'achèterai*
appeler:	*j'appelle*	*j'appellerai*
essuyer:	*j'essuie*	*j'essuierai*

Aber: Dies gilt nicht für Verben auf *-er* mit *-é-* in der letzten Stammsilbe:

préférer *je préfère* *je préférerai*

- Unregelmäßige Verben:

être:	*je serai*	*devoir:*	*je devrai*	*venir:*	*je viendrai*
avoir:	*j'aurai*	*vouloir:*	*je voudrai*	*pleuvoir:*	*il pleuvra*
aller:	*j'irai*	*savoir:*	*je saurai*	*recevoir:*	*je recevrai*
faire:	*je ferai*	*voir:*	*je verrai*	*envoyer:*	*j'enverrai*
pouvoir:	*j'pourrai*	*falloir:*	*il faudra*		

EXERCICES

1 **Mettez au futur, selon le modèle.**
Actuellement, je travaille en France, *mais plus tard, je travaillerai à l'étranger.*

1. Maintenant, j'habite dans un petit studio,
   mais un jour, ______________________________
2. Actuellement, je n'ai pas beaucoup d'argent,
   mais plus tard, ______________________________
3. En ce moment, je vais à l'université en bus,
   mais plus tard, ______________________________
4. Maintenant, je fais beaucoup de fautes de français,
   mais un jour, ______________________________
5. Actuellement, je ne suis pas bilingue,
   mais un jour, ______________________________

2 **Complétez le texte avec les futurs manquants.**
Lundi prochain, je *serai* à Bruxelles et mardi, je *serai* à Berlin.

1. Pendant le week-end, il ____________ froid et il y ____________ du brouillard.
2. Mon frère ____________ de voyage plus tôt que prévu et il ____________ Noël avec nous.
3. Mes parents ____________ heureux quand ils ____________ la bonne nouvelle !
4. Les magasins ____________ ouverts la veille de Noël et nous ____________ des achats.
5. Le 1er janvier, nous ____________ du saumon et nous ____________ du champagne.

3 **Mettez les « prévisions de Madame Saturne » au futur simple.**
Les gens habitent tous à la campagne. Les villes sont presque vides. Tout le monde a une maison individuelle, plusieurs télévisions et plusieurs ordinateurs. On ne voyage plus : on voit ses amis sur des écrans, chez soi. Les étudiants communiquent par câble avec les plus grands professeurs. Les gens sont grands, minces et en bonne santé.

En 2080, les gens habiteront tous à la campagne... ______________________________

____

____

____

4 **Continuez le texte selon votre fantaisie.**

____

____

____

FUTUR SIMPLE und FUTUR PROCHE

*Je **vais partir** et je vous **enverrai** mon adresse.*
*Quand vous **viendrez** me voir, on **ira** pêcher la truite !*

Beide Futurformen sind häufig austauschbar. Dennoch gibt es gewisse Tendenzen, wann welche Form vorgezogen wird.

■ ABSEHBARE VERÄNDERUNG und GEPLANTES VORHABEN

- Das Futur proche wird für absehbare Veränderungen benutzt:

  *Je **vais avoir** un bébé.*

- Das Futur simple drückt programmatisch ein geplantes Vorhaben aus:

  *J'**aurai** un bébé.*

- Oft wird Futur proche für eine absehbare Veränderung und Futur simple für die daraus folgenden Konsequenzen verwendet:

  *On **va recevoir** de nouveaux ordinateurs :*
  *on **pourra** traiter plus de dossiers,*
  *on **gagnera** du temps, on **sera** plus compétitifs.*

■ GESPROCHENE SPRACHE und SCHRIFTSPRACHE

- In der gesprochenen Sprache wird das (dynamischere) Futur proche vorgezogen, in der geschriebenen Sprache wird das (elegantere und ökonomischere) Futur simple bevorzugt:

Gesprochen:	Geschrieben:
Vous allez voir sur cet écran…	*Vous verrez dans cette lettre…*
Vous allez être surpris…	*Vous serez surpris…*

- Nach *quand, pendant que, j'espère que* und allgemein bei der Verknüpfung mehrerer Sätze wird Futur simple benutzt:

  ***Quand** je partirai à la gare, tu rentreras à la maison.*
  ***Pendant que** les enfants feront leurs devoirs,*
  *Marion préparera le repas, **tandis que** Lucien mettra le couvert.*
  ***J'espère que** tout se passera bien.*

  (Zum Gebrauch des Futur simple in Bedingungssätzen vgl. S. 222)

EXERCICES

1 **Répondez avec le futur proche et le futur simple selon le modèle.**

1. déménager/envoyer sa nouvelle adresse à ses amis
2. aménager la terrasse/pouvoir dîner dehors
3. changer de quartier/aller au lycée à pied
4. prendre une aspirine/aller mieux

1. *Je vais déménager et j'enverrai ma nouvelle adresse à mes amis.*
2. *Nous* ____________________
3. *On* ____________________
4. *Tu* ____________________

2 **Faites des phrases au futur simple, selon le modèle.**

Partir en Crète / visiter Cnossos / dormir à Matala / manger du yaourt et du miel / lire des livres de Kazantzakis / écouter des chansons d'Alexiou / prendre le bus / aller à Aghios Nicolaos

En juin, quand je partirai en Crète... ____________________

____

3 **Faites des phrases selon le modèle.**

Jean : Préparer le petit déjeuner
Faire la vaisselle
Faire les valises
Aller faire le plein d'essence
Charger la voiture

Marie : Faire le lit
Ranger le salon
Préparer des sandwichs
Aller à la banque
Habiller les enfants

Samedi matin, pendant que Jean préparera le petit déjeuner, Marie fera le lit. Ensuite, ____________

____

____

____

4 **Mettez les verbes au futur pour reconstituer la chanson de Mouloudji (Van Parys/Mouloudji, Éditions Meridien).**

« Un Jour tu verras »

Un jour, tu ____________________ (voir),
On ____________________ (se rencontrer),
Quelque part, n'importe où,
Guidés par le hasard,
Nous ____________________ (se regarder),
Nous ____________________ (se reconnaître),
Et la main, dans la main,
Dans les rues, nous ____________________ (aller).

48 DAS FUTUR ANTÉRIEUR

*Je me marierai quand j'**aurai terminé** mes études.*

GEBRAUCH und BILDUNG

- Im Futur antérieur steht eine zukünftige Handlung, die einer anderen zukünftigen Handlung vorausgeht:

  Je vais dîner et je vais sortir.
  *Quand j'**aurai dîné,** je sortirai.*

- Das Futur antérieur wird mit dem Futur simple von *être*/*avoir*+Partizip Perfekt gebildet:

  *j'**aurai dîné***   *vous **serez rentré***   *ils **seront partis***

ZUSAMMENFASSUNG: DIE ZEITEN DES INDIKATIVS

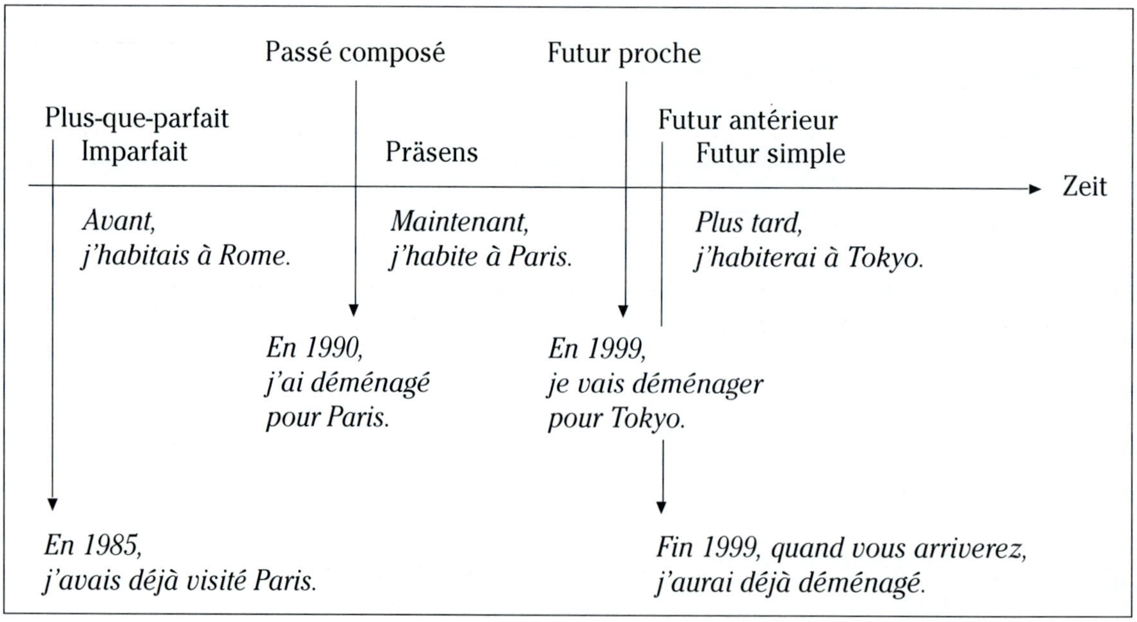

- Ohne Hilfsverb gebildete Zeiten beschreiben Gewohnheiten und Situationen (sie sind statisch); zusammengesetzte Zeiten drücken Veränderungen und Unterbrechungen aus (sie sind dynamisch).

EXERCICES

1 **Mettez au futur simple et au futur antérieur, en variant les personnes.**

1. terminer le pot-au-feu/faire des crêpes
2. enregistrer la face A/enregistrer la face B de la cassette
3. passer le permis/acheter une voiture
4. faire l'exercice n° 2/faire l'exercice n° 3

1. *Je ferai des crêpes quand j'aurai terminé le pot-au-feu.*
2. *Tu* ____________________
3. *Elle* ____________________
4. *Vous* ____________________

2 **Faites des phrases selon le modèle.**
– Terminez votre traitement et revenez me voir.
– *Revenez me voir quand vous aurez terminé votre traitement.*

1. – Réfléchissez à ma proposition et téléphonez-moi.
– ____________________

2. – Parlez à votre banquier et tenez-moi au courant.
– ____________________

3. – Terminez votre travail et venez dans mon bureau.
– ____________________

4. – Enregistrez les données et débranchez l'ordinateur.
– ____________________

5. – Prenez une décision et écrivez-moi.
– ____________________

3 **Faites des phrases avec un futur simple et un futur antérieur.**
On supprimera les frontières et on voyagera sans visa.
On remplacera le pétrole par l'énergie solaire et la couche d'ozone se reconstituera.
On interrompra la destruction des forêts et la nature sera protégée.

1. *Quand on aura supprimé les frontières, on pourra voyager sans visa.*
2. ____________________
3. ____________________

4 **Complétez le texte avec des verbes au futur simple et au futur antérieur.**

À la fin de la semaine, quand les travaux de maçonnerie __________ terminés dans mon appartement, nous __________ la peinture. Ensuite, quand la peinture __________ terminée, nous __________ la menuiserie. Nous __________ une grande fête quand tous les travaux __________ !

49 DAS CONDITIONNEL (2)

Imagine :	*je*	***serais***	*une sirène.*
	tu	***serais***	*un capitaine.*
	il / elle / on	***serait***	*sur l'océan.*
	nous	***serions***	*heureux.*
	vous	***seriez***	*sur une île.*
	ils / elles	***seraient***	*sur un radeau.*

GEBRAUCH

■ Das Conditionnel drückt statt der Wirklichkeit eine Möglichkeit aus (vgl. außerdem S. 126):

*On **serait** sur la Lune, on **verrait** la Terre.*

- Es steht hauptsächlich nach Bedingungssätzen mit *si* (vgl. S. 224):

  *Si on était sur la Lune, on **verrait** la Terre.*

- Es steht nach *au cas où*, um eine mögliche Entwicklung vorwegzunehmen:

  ***Au cas où** vous **auriez** des problèmes, téléphonez-moi.*

■ Eine unbestätigte, unsichere Information steht ebenfalls im Conditionnel:

*Le président **devrait** se rendre à Tokyo.*
*L'accident d'avion **aurait fait** deux cents victimes.*

BILDUNG

Conditionnel présent:	Futurstamm+Imperfektendungen		
	j'ir-ais	*j'aimer-ais*	*j'appelle-rais*
Conditionnel passé:	Conditionnel von *être/avoir*+Partizip Perfekt		
	je serais allé	*j'aurais aimé*	*j'aurais appellé*

EXERCICES

1 **Mettez au conditionnel, pour reconstituer le texte de Georges Perec.**

« L'utopie villageoise » (*Espèces d'espaces,* © éd. Galilée, 1974, pp. 95-96)

Bien sûr, on connaît tout le monde et les histoires de tout le monde. Tous les mercredis, le charcutier de Dampierre klaxonne devant chez vous pour vous apporter les andouillettes. Tous les lundis, Madame Blaise vient laver.
On va avec les enfants cueillir des mûres le long des chemins creux. On les accompagne aux champignons, on les envoie à la chasse aux escargots.
On est attentif au passage du car de sept heures. On aime aller s'asseoir sur le banc du village, sous l'orme centenaire, en face de l'église. [...]
On va chercher son bois dans les bois communaux.
On sait reconnaître les oiseaux à leur chant.
On connaît chacun des arbres de son verger.
On attend le retour des saisons.

Bien sûr, on connaîtrait tout le monde... ____

2 **Mettez au conditionnel la suite de « L'utopie villageoise » de Perec.**

« Alternative nostalgique (et fausse) »
Ou bien n'avoir que ses vêtements sur le dos, ne rien garder, vivre à l'hôtel et en changer souvent, et changer de ville et changer de pays ; parler, lire indifféremment quatre ou cinq langues ; ne se sentir chez soi nulle part, mais bien presque partout.

Ou bien, on n'aurait que... ____

3 **Transformez les phrases avec « au cas où », selon le modèle.**

1. Appelle-moi, si tu as un problème. - **2.** Racontez tout à Pierre, s'il demande des explications. - **3.** Accordez un délai aux clients s'ils ne peuvent pas payer. - **4.** Avertissez-moi, si vous quittez votre appartement. - **5.** Venez nous voir si vous passez dans le quartier.

Appelle-moi au cas où tu aurais un problème. ____

50 BEDINGUNGSSÄTZE

> ***S'il fait*** *beau demain,* ***nous irons*** *à la campagne.*
> ***S'il fait*** *froid,* ***nous irons*** *au cinéma.*

AUF DIE ZUKUNFT BEZOGENE BEDINGUNGSSÄTZE

■ ***QUAND*** und ***SI*:** Zwischen *quand* und *si*, die beide im Deutschen mit „wenn" übersetzt werden können, gibt es einen wichtigen Unterschied:

- *Quand*+Futur steht bei mit Sicherheit eintretenden Ereignissen in der Zukunft und hat eine zeitliche Bedeutung:

  *L'année prochaine, quand je reviendr**ai,** je retourner**ai** au Ritz.*
  *Demain, quand Paula m'appelle**ra,** je l'inviter**ai** à dîner.*

- *Si* dagegen entspricht dem deutschen „falls" und drückt eine zu erfüllende Bedingung aus:

  *L'année prochaine, si je **reviens,** je retourner**ai** au Ritz.*
  *Demain, si Paula m'**appelle,** je l'inviter**ai** à dîner.*

Si-Satz		Folgesatz
Präsens	→	Futur simple

- Wenn eine allgemein gültige Aussage oder Empfehlung formuliert wird, können im Folgesatz statt Futur simple auch Präsens oder die Befehlsform stehen:

  *Si on mange mal, on **risque** de tomber malade.*
  *Si tu sors, **mets** ton manteau.*

⚠ • Im *si*-Satz steht niemals Futur, nur im Folgesatz kann Futur stehen:

  ***Si** j'**ai** des vacances et si j'**ai** de l'argent, je **partirai** à Rio.*

⚠ • Das *si* [=falls] des Bedingungssatzes darf nicht mit dem *si* [=ob] der indirekten Frage verwechselt werden, das mit Futur stehen kann (vgl. S. 146):

  *Je ne sais pas **si** (oui ou non) je viendrai.*
  *Il lui demande **si** (oui ou non) elle pourra le faire.*

EXERCICES

1 **Répondez selon le modèle, en utilisant une hypothèse.**

– Quand vous reviendrez à Paris, où habiterez-vous ?
– *Si je reviens à Paris, j'habiterai à l'hôtel.*

1. – Quand vous changerez de voiture, quelle voiture achèterez-vous ?
   – ______
2. – Quand vous inviterez Alice à dîner, où l'emmènerez-vous ?
   – ______
3. – Quand vous ferez une fête, ce sera un samedi ou un dimanche ?
   – ______
4. – Quand vous partirez en vacances, où irez-vous ?
   – ______
5. – Quand vous reviendrez en France, dans quelle ville habiterez-vous ?
   – ______

2 **Faites des phrases « en chaîne » selon le modèle.**

Sortir sans parapluie - Se mouiller - Prendre froid - Tomber malade - Manquer l'école - Rater ses examens - Travailler l'été - ne pas partir en vacances - Ne pas faire de tennis

Si tu sors sans parapluie, tu te mouilleras, si tu te mouilles,... ______

______

______

______

3 **Transformez les phrases selon le modèle.**

Pour faire des économies d'énergie, **installez** un double vitrage !
Si vous installez un double vitrage, vous ferez des économies d'énergie !

1. Pour recevoir un catalogue, **envoyez** une enveloppe timbrée à votre adresse.
   ______
2. Pour augmenter vos bénéfices, **diminuez** vos frais de gestion.
   ______
3. Pour être efficace, **informatisez** vos services !
   ______
4. Pour éviter les embouteillages, **partez** très tôt !
   ______
5. Pour faire moins d'erreurs de grammaire, **parlez** plus lentement !
   ______

AUF DIE GEGENWART BEZOGENE BEDINGUNGSSÄTZE

*Aujourd'hui, s'il **faisait** beau, j'**irais** à la piscine.*

■ Bezieht sich ein Bedingungssatz auf die Gegenwart, z.B. wenn man sich etwas vorstellt, steht:

Si-Satz		Folgesatz
Imparfait	→	Conditionnel présent

Cette semaine je n'ai pas de vacances, je ne pars pas en voyage.
*Cette semaine, **si j'avais** des vacances, je **partirais** en voyage.*
Je n'ai pas d'argent, je ne peux pas changer de voiture.
***Si j'avais** de l'argent, je **changerais** de voiture.*

• *Si*+Imparfait ohne Folgesatz drückt einen Vorschlag aus:

Si on allait au cinéma ? = *Je propose d'aller au cinéma.*

AUF DIE VERGANGENHEIT BEZOGENE BEDINGUNGSSÄTZE

*Hier, s'il **avait fait** beau, je **serais allé** à la piscine.*

■ Stellt man sich etwas vor, das in der Vergangenheit nicht eingetreten ist, steht:

Si-Satz		Folgesatz
Plus-que-parfait	→	Conditionnel passé

La semaine dernière, il a fait froid et je ne suis pas partie en week-end.
*La semaine dernière, **s'il avait fait** beau, je **serais partie** en week-end.*
Hier, je suis parti en retard et j'ai raté le train.
*Hier, **si** je **n'étais pas parti** en retard, je **n'aurais pas raté** le train.*

EXERCICES

1 Répondez aux questions, selon le modèle.

– Si vous aviez mal aux dents, que feriez-vous ?
– *Si j'avais mal aux dents, j'irais chez le dentiste.*

1. – Si vous aviez un an de congé, où iriez-vous ?
   – ______
2. – Si vous preniez un apéritif, que prendriez-vous ?
   – ______
3. – Si vous aviez un perroquet, comment l'appelleriez-vous ?
   – ______
4. – Si vous changiez de pays, où iriez-vous ?
   – ______

2 Répondez aux questions en utilisant une hypothèse au conditionnel.

– Vous avez besoin d'argent liquide, qu'est-ce que vous faites ?
– *Si j'avais besoin d'argent liquide, j'irais à la banque.*

1. – Vous trouvez un dossier dans un taxi, que faites-vous ?
   – ______
2. – Il y a une fuite dans votre cuisine, qu'est-ce que vous faites ?
   – ______
3. – Nous sommes bloqués dans l'ascenseur, que faites-vous ?
   – ______
4. – Un voisin appelle au secours, qu'est-ce que vous faites ?
   – ______

3 Complétez les phrases avec une hypothèse au conditionnel passé.

– Avez-vous acheté un journal ce matin ?
– *Non, mais si j'avais acheté un journal, j'aurais acheté le « Times ».*

1. – Vous avez regardé la télévision hier soir ?
   – Non, mais ______ la deuxième chaîne.
2. – Vous avez pris un apéritif à midi ?
   – Non, mais ______ un porto.
3. – Avez-vous mangé des fruits au déjeuner ?
   – Non, ______ du melon.
4. – Êtes-vous parti en week-end la semaine dernière ?
   – ______ en Touraine.

EXERCICES

1 **Construisez les hypothèses entre parenthèses.**

Chère Marcelle,

Je n'ai pas le temps de t'écrire plus souvent. *(Si j'avais le temps, je t'écrirais plus souvent.)*

Tu me manques beaucoup mais

je n'ai pas le temps d'aller te voir. (Si ______)

Tu es trop loin de moi, mais

je n'ai pas d'argent pour prendre l'avion. (Si ______)

Je ne t'ai pas appelée la semaine dernière :

j'avais perdu ton numéro. (Si ______)

Je voudrais bien te recevoir ici, mais

mon appartement est en travaux. (Si ______)

Comme dit Boby Lapointe : Marcelle,

« si j'avais des ailes, je volerais grâce à elles ! »

2 **Mettez au conditionnel passé, selon le modèle.**

Il n'a pas pu venir au cocktail, parce qu'il avait trop de travail.

S'il n'avait pas eu autant de travail, il serait venu au cocktail.

1. Je ne suis pas allée à la plage, parce qu'il y avait trop de vent.

______

2. Elle n'a pas pris son vélo parce qu'il y avait trop de circulation.

______

3. Je ne suis pas allée à la piscine, parce qu'il y avait trop de monde.

______

4. Tu as eu mal à la tête parce que tu as bu trop de vin.

______

3 **Mettez au conditionnel ces « propositions pour améliorer les grandes villes ».**

Interdire le stationnement dans les vieux quartiers. Multiplier les passages souterrains pour les voitures. Doubler le nombre de taxis. Créer de nouvelles lignes de bus. Remettre des bus à impériale. Planter des arbres. Utiliser les fleuves pour les transports publics. Etc.

Si j'étais maire d'une grande ville, j'interdirais... ______

______

______

4 **Continuez l'exercice précédent en donnant vos propres suggestions.**

EXERCICES

1 **Jouez au jeu des portraits chinois et décrivez des membres de votre famille, des copains, etc.**
une fleur un légume un acteur une ville une voiture un pays

Si c'était une fleur, ce serait une violette... ____________________

____

____

____

____

2 **Faites des propositions selon le modèle.**
Faire une pause / Partir à la campagne / Manger quelque chose / Prendre un taxi
Je suis fatigué(e) ! *Si on faisait une pause ?*

1. On a trois jours de congé : ____________________
2. J'ai faim ! ____________________
3. J'ai mal aux pieds. ____________________

3 **Complétez les phrases avec les conditionnels et les pronoms selon le modèle.**
André a perdu les livres que je lui avais confiés. *Si j'avais su, je ne les lui aurais pas confiés.*

1. Elle a abîmé la robe que je lui avais prêtée. ____________________
2. Il a jeté le beau dessin que je lui avais donné. ____________________
3. Ils ont répété tout ce que je leur avais dit. ____________________
4. Ils ont détesté le restaurant que je leur avais conseillé. ____________________
5. Je me suis ennuyé(e) à la conférence de monsieur Boudet. ____________________

4 **Mettez au conditionnel pour reconstituer le texte de Jean Tardieu (« Au conditionnel »,** ***Comme ceci comme cela,*** **© éd. Gallimard, 1979).**

Si je ________ écrire je ________ dessiner (savoir / savoir)
Si j'________ un verre d'eau je le ________ geler et (avoir / faire)
je le ________ sous verre (conserver) [...]
Si j'________ trois mains je ne ________ où (avoir / savoir)
donner de la tête [...]
Si je ________ par la porte je ________ (sortir / rentrer)
par la fenêtre [...]
Si je ________ sans me retourner, (partir)
je me ________ bientôt de vue. (perdre)

51 DER SUBJONCTIF

Il faut	*que*	*je*	*parle*	*français.*
		tu	*parl**es***	*français.*
		il / elle / on	*parle*	*français.*
		nous	*parl**ions***	*français.*
		vous	*parl**iez***	*français.*
		ils / elles	*parl**ent***	*français.*

GEBRAUCH und BILDUNG

■ Der Indikativ (Wirklichkeitsform des Verbs) beschreibt die tatsächliche Realität. Im Subjonctif (Möglichkeitsform) wird eine mögliche, doch nicht vorhandene Realität geschildert. Der Subjonctif ist die Ausdrucksform der Subjektivität. Er ist nicht mit dem deutschen Konjunktiv zu vergleichen.

Indikativ: *Paul **est** là.*

Subjonctif: *Il faut* / *Je voudrais* / *Je suis content* | *que Paul **soit** ici.*

- Der Subjonctif steht nach Verben, die einen Zwang, einen Wunsch, eine Empfindung oder eine Erwartung ausdrücken (vgl. S. 232).

■ Die Bildung des Subjonctif geschieht durch Anhängen folgender Endungen an den Stamm der 3. P. Pl. Präsens: *-e*, *-es*, *-e*, *-ions*, *-iez*, *-ent*:

parler: *ils parl-ent* *que je parl-e* *que vous parl-iez*

■ ***IL FAUT QUE*** ist die häufigste Wendung mit Subjonctif:

- *Il faut*+Infinitiv drückt eine allgemeine Notwendigkeit aus:

  ***Il faut manger** pour vivre.*
  = *On doit manger pour vivre.*

- *Il faut que*+Subjonctif drückt eine (persönliche) Zwangslage aus:

  ***Il faut que** je **travaille** samedi.*
  = *Je dois travailler samedi.*

EXERCICES

1 **Transformez les phrases selon le modèle.**

– Vous devez parler français. *Il faut que vous parliez français.*

1. Vous devez répéter souvent les mêmes structures.

____

2. Vous devez écouter des cassettes d'exercices.

____

3. Vous devez corriger votre accent.

____

4. Vous devez noter du vocabulaire.

____

5. Vous devez regarder des films français.

____

2 **Faites des phrases selon le modèle.**

contrôler le matériel	emporter des pulls chauds	regarder la météo
se coucher tôt la veille	préparer des sandwichs	manger avant de partir

Avant de partir faire de l'escalade, il faut que nous contrôlions le matériel... ______________________________

____

____

____

3 **Décrivez les opérations nécessaires pour retirer de l'argent d'un distributeur.**

insérer votre carte	composer votre code secret	sélectionner une opération
indiquer le montant voulu	retirer l'argent	ne pas oublier votre carte

Pour retirer de l'argent, il faut que vous... ______________________________

____

____

____

4 **Conjuguez les « résolutions » du bon étudiant, selon le modèle.**

Je dois étudier la grammaire. Je dois pratiquer la langue.
Je dois poser des questions au professeur. Je dois accepter les « bizarreries » d'une autre langue.

Il faut que j'étudie la grammaire. Il faut que nous étudiions la grammaire.

____

____

DIE FORMEN DES SUBJONCTIF

REGELMÄẞIGE VERBEN

parler	*ils **parl**ent*	*Il faut que je **parl-**e*
partir	*ils **part**ent*	*que je **part-**e*
mettre	*ils **mett**ent*	*que je **mett-**e*
lire	*ils **lis**ent*	*que je **lis-**e*

Ebenso: *entendre, finir, écrire*

- Haben die 1. P. Pl. und die 2. P. Pl. im Indikativ Präsens einen anderen Stamm als die 3. P. Pl., so behalten sie diesen Stamm auch im Subjonctif:

boire	*ils **boiv**ent*	*Il faut que je **boiv-**e*
	*nous **buv**ons*	*que nous **buv-**ions*
	*vous **buv**ez*	*que vous **buv-**iez*
prendre	*ils **prenn**ent*	*Il faut que je **prenn-**e*
	*nous **pren**ons*	*que nous **pren-**ions*
	*vous **pren**ez*	*que vous **pren-**iez*

Ebenso: *recevoir, venir, appeler, envoyer, jeter*

UNREGELMÄẞIGE VERBEN

être		*avoir*		*aller*		*faire*	
que je	*sois*	*que j'*	*aie*	*que j'*	*aille*	*que je*	*fasse*
que tu	*sois*	*que tu*	*aies*	*que tu*	*ailles*	*que tu*	*fasses*
qu'il	*soit*	*qu'il*	*ait*	*qu'il*	*aille*	*qu'il*	*fasse*
que nous	*soyons*	*que nous*	*ayons*	*que nous*	*allions*	*que nous*	*fassions*
que vous	*soyez*	*que vous*	*ayez*	*que vous*	*alliez*	*que vous*	*fassiez*
qu'ils	*soient*	*qu'ils*	*aient*	*qu'ils*	*aillent*	*qu'ils*	*fassent*

savoir		*pouvoir*		*vouloir*	
que je	*sache*	*que je*	*puisse*	*que je*	*veuille*
que vous	*sachiez*	*que vous*	*puissiez*	*que vous*	*vouliez*

EXERCICES

1 **Faites des phrases selon le modèle.**

– Paul partira demain à cinq heures. – *Il faut vraiment qu'il parte à cinq heures ?*

1. – Nous ferons une réunion tous les lundis. – ______
2. – Marie attendra sa remplaçante. – ______
3. – Votre fille prendra des antibiotiques. – ______
4. – Les étudiants apprendront ce texte par cœur. – ______
5. – Vous mettrez des subjonctifs partout. – ______

2 **Complétez les phrases avec les verbes manquants.**

Marie a très mal à la tête : il faut qu'elle *prenne* une aspirine.

1. Tout est très sale : il faut que je ______ le ménage et la vaisselle.
2. Tu es trop tendue : il faut que tu ______ moins de café.
3. Les invités arrivent : il faut que je ______ le rôti dans le four.
4. Nous venons d'emménager : il faut que nous ______ notre nom sur la boîte aux lettres.
5. Mon rendez-vous est à neuf heures : il faut que je ______ d'ici à huit heures.

3 **Réécrivez la lettre en utilisant « il faut que ».**

Cher Paul,

Je dois partir immédiatement pour New York. Je dois aller au siège de la société avec Nicolas. Nous devons faire une présentation de notre nouveau produit et nous devons obtenir des délais et des crédits supplémentaires.

La direction doit comprendre que le marché européen a changé. Elle doit nous suivre et elle doit nous faire confiance. Mais pour cela, nous devons être très convaincants...

Pendant notre absence, tu dois faire patienter les fournisseurs et les clients. Tu dois leur dire qu'à Noël, tout sera prêt comme prévu. Naturellement, ils ne doivent pas savoir que nous avons des problèmes avec la maison mère.

Tu dois avoir du courage car tu vas travailler pour trois pendant quelques jours.
Merci et à bientôt.

Marc

Il faut que je parte... ______

nach Relativsatz nach superlativisch Ausdrücken
suchen / wollen   le plus mauvais film que j'aie
Je cherche une chambre qui soit pas

„SUBJEKTIVE“ und „OBJEKTIVE“ VERBEN

Je constate que Paul ***est*** *absent. J'aimerais qu'il* ***soit*** *là.*

- Verben der Willensäußerung oder solche, die ein persönliches Urteil bzw. eine persönliche Empfindung ausdrücken, verlangen als „subjektive Gefühlsverben“ den Subjonctif. Die „objektiven, nüchternen Kopfverben“ des Denkens und Sagens stehen dagegen mit Indikativ:

Il est vrai, certain sur

„objektive“ Verben („Kopfverben“)	
Je constate *J'observe* *Je remarque*	*qu'il* ***est*** *là.*
Je crois *Je pense* *Je suppose* *J'imagine*	*qu'il* ***va*** *partir.*
J'affirme *Je déclare* *Je dis*	*qu'il ne* ***reviendra*** *pas.*

„subjektive“ Verben („Gefühlsverben”)	
Je souhaite *Je désire* *J'aimerais*	*qu'il* ***soit*** *là.*
J'ai peur *Je crains* *Je redoute*	*qu'il (ne)** ***parte.***
Je regrette *Je suis désolé*	*qu'il s'en* ***aille.***
Je veux *J'ordonne* *J'exige* *Je supplie*	*qu'il* ***revienne.***

* Nach Verben, die eine Befürchtung ausdrücken, kann in gehobener Sprache ein *ne* stehen. Es ist keine Form der Verneinung!

⚠ • Nach *espérer* steht immer Indikativ:

J'espère que vous ***viendrez*** *demain.*
J'espère qu'il ***fera*** *beau.*

- Auch „objektive“ Verben können gelegentlich mit Subjonctif auftreten:

• Der Subjonctif muß stehen, wenn ein „objektives“ Verb verneint ist:

Je crois qu'il ***est*** *là.*	*Je* ***ne*** *crois* ***pas*** *qu'il* ***soit*** *là.*
Je pense qu'il ***va*** *avec vous.*	*Je* ***ne*** *pense* ***pas*** *qu'il* ***aille*** *avec vous.*
*Je trouve que c'****est*** *très intéressant.*	*Je* ***ne*** *trouve* ***pas*** *que ce* ***soit*** *très intéressant.*

• Steht ein „objektives” Verb in der Inversionsfrage, können sowohl der Subjonctif als auch der Indikativ verwendet werden:

Pensez-vous que cet homme ***soit*** *capable ? Pensez-vous que cet homme* ***est*** *capable ?*

EXERCICES

1 **Répondez au subjonctif, selon le modèle.**
– Vous pensez que Paul va prendre ses vacances en février ?
– *Je ne sais pas, mais j'aimerais qu'il prenne ses vacances en février.*

1. – Vous croyez que Marie **viendra** avec vous ?
   – ______________________________
2. – Vous pensez que Julien va **réussir** ses examens ?
   – ______________________________
3. – Vous croyez que les enfants **partiront** ensemble ?
   – ______________________________
4. – Vous pensez qu'ils vont **prendre** le train ?
   – ______________________________
5. – Vous pensez qu'ils **iront voir** leur grand-mère ?
   – ______________________________

2 **Complétez les textes avec l'indicatif ou le subjonctif du verbe « être ».**

Les médecins préfèrent que le malade *soit* isolé des autres pour l'instant et ils souhaitent qu'une infirmière ________ de garde nuit et jour. Ils pensent que le patient ________ encore très faible et ils doutent qu'il ________ capable de marcher. Ils supposent que la maladie ________ d'origine virale et ils demandent que toutes les visites ________ momentanément suspendues.

3 **Même exercice.**

Dans son article, l'auteur déclare qu'il ne ________ pas responsable de ce qui s'est passé. Il soutient que de nombreuses personnalités politiques ________ impliquées dans cette affaire et il souhaite que toute la lumière ________ faite le plus rapidement possible. Il suppose également que beaucoup d'éléments ________ encore ignorés du public et il demande qu'une enquête ________ ouverte sans tarder. Il craint que son attitude ________ mal interprétée par certains, mais il espère que la majorité ________ avec lui.

4 **Mettez les phrases au subjonctif ou à l'indicatif.**
– Il va pleuvoir, je pense. – *Moi aussi, je pense qu'il va pleuvoir.*

1. – Notre entreprise va déménager, je crois. – ______________________________
2. – Les employés seront mécontents, je le crains. – ______________________________
3. – Les clients vont faire des réclamations, j'en ai peur. – ______________________________
4. – Le directeur fera une réunion, j'imagine. – ______________________________
5. – Les actionnaires seront présents, je suppose. – ______________________________

EXERCICES

1 Mettez le texte au subjonctif, selon le modèle.

Je trouve que mon bureau est trop petit et qu'il n'y a pas assez de lumière.
Je trouve que la moquette est trop vieille et que la couleur des murs est trop triste.
Je constate qu'il n'y a toujours pas de stores ni de rideaux aux fenêtres et qu'il n'y a ni placard personnel, ni portemanteau.
Je pense que nous faisons trop d'heures supplémentaires et que nous n'avons pas assez de temps pour déjeuner.

Je voudrais qu'il soit plus grand... ______

2 Décrivez votre chambre selon le modèle ci-dessus et dites ce que vous voudriez modifier.

______

3 Répondez aux questions selon le modèle.

– Vous croyez que cet appareil vient du Japon ?
– *Non, je ne crois pas qu'il vienne du Japon.*

1. – Vous pensez que ce bus va jusqu'à Versailles ?
   – ______
2. – Vous croyez que le musée d'Orsay est ouvert le lundi ?
   – ______
3. – Vous croyez que le film de Kieslowski est doublé ?
   – ______
4. – Vous pensez qu'il y a beaucoup de monde à la séance de quatre heures ?
   – ______
5. – Vous croyez qu'il y a l'air conditionné dans la salle ?
   – ______

4 Répondez par la négative.

Nous sommes en retard ? Il y a des réductions pour les étudiants ? Nous avons le temps de tout voir ? L'exposition est prolongée ? Ce tableau est un tableau de Van Gogh ?

Je ne crois pas que... ______

EXERCICES

1 **Mettez le texte au subjonctif, selon le modèle.**

Je trouve que mon fils ne sort pas assez. Il n'a pas d'amis. Il est trop souvent dans sa chambre.
Je pense qu'il n'est pas assez sociable et qu'en général, il ne fait pas assez d'efforts.
Je remarque qu'il n'est pas très costaud. Il ne fait pas du tout de sport. Il ne va même plus à la piscine, comme avant.
J'espère qu'il reprendra au moins ses cours de guitare et qu'il ira de nouveau au concert le jeudi.

J'aimerais que... ______

2 **Exprimez sous forme de phrases les pensées de « B » pendant le match de boxe.**

A : – Le combat va être difficile.
B : – Je le pense aussi. *« B » pense que le combat va être difficile.*
A : – Le combat est truqué ?
B : – Je ne crois pas ! ______
A : – Jim va faire un beau match.
B : – Je le souhaite ! ______
A : – Le combat sera retransmis ?
B : – Oui, je suppose. ______
A : – L'arbitre est un ancien boxeur ?
B : – Oui, j'imagine. ______
A : – Il y a plus de femmes que d'hommes dans la salle !
B : – Oui, je suis surpris. ______

3 **Complétez les phrases avec l'indicatif ou le subjonctif.**
J'aimerais que mon travail *soit* plus varié, moins mécanique.

1. – Je crois que Paul et Suzy ______ l'intention de se marier.
2. – Je suis heureux que vous ______ de retour en France.
3. – Je suis sûr que les enfants ______ ravis de vous voir.
4. – Je pense que cette table ______ ancienne, mais je n'en suis pas sûr.
5. – Je voudrais que ma fille ______ l'allemand.
6. – Je regrette que le film ne ______ pas en version originale.
7. – Croyez-vous que cet appartement ______ à vendre ?

UNPERSÖNLICHE WENDUNGEN

Il faut que *je* ***parte*** *pour le Brésil.*
Il est urgent *que j'y* ***sois*** *le 10.*

■ Unpersönliche Wendungen, wie z.B. *Il faut que*, drücken meistens einen Zwang oder ein subjektives Urteil aus. Sie stehen mit dem Subjonctif:

Il faut
Il vaut mieux
Il est important
Il est dommage
| *que vous* ***partiez*** *tout de suite.*

- Folgende unpersönliche Wendungen drücken eine Gewißheit aus und stehen mit dem Indikativ:

Il est clair/évident/vrai
Il est certain/exact/sûr
| *que c'****est*** *très compliqué.*

MÖGLICHKEIT und WIRKLICHKEIT

■ Der Indikativ beschreibt eine bestehende oder wahrscheinliche Wirklichkeit, der Subjonctif eine Möglichkeit:

Je cherche une maison qui ***a*** *un grand jardin.*
(Ich weiß, daß es so ein Haus gibt: Indikativ)

Je cherche une maison qui ***ait*** *un grand jardin*
(Ich weiß nicht, ob es so ein Haus gibt: Subjonctif)

⚠ • *Il est probable qu'il* ***sera*** *là demain.* (über 50 % Wahrscheinlichkeit: Indikativ)
Il est possible qu'il ***soit*** *là demain.* (50 % Wahrscheinlichkeit oder weniger: Subjonctif)

Il semble que + Ind.
Il paraît que + Ind.

SUBJONCTIF PRÉSENT und SUBJONCTIF PASSÉ

■ Gewöhnlich verwendet man unabhängig von den Zeitstufen den Subjonctif présent:

J'attends
J'ai attendu
J'attendrai
| *qu'il* ***soit*** *là.*

■ Der Subjonctif passé steht nur für eine bereits abgeschlossene Handlung. Er wird aus dem Subjonctif von *être/avoir*+Partizip Perfekt gebildet:

Je regrette qu'il ***soit parti.***
Je suis contente que Pierre ***ait trouvé*** *un emploi.*

EXERCICES

1 **Complétez les phrases suivantes avec un indicatif ou un subjonctif.**

connaître la vérité — aller au lit très tôt — venir ici
partir avant la nuit — réserver par téléphone — être dans une impasse

Il faut que *vous connaissiez la vérité.*

1. Il est nécessaire que les enfants ______
2. Il est préférable que vos amis ______
3. Il vaudrait mieux qu'elle ______
4. Il suffit que nous ______
5. Il est clair que la situation ______

2 **Répondez avec l'indicatif ou le subjonctif, selon le modèle.**

– Vous allez fêter les cinquante ans de l'entreprise ?
– Oui, il est important que *nous fêtions les cinquante ans de l'entreprise.*

1. – La fête aura lieu en juillet ? – Oui, il est probable que ______
2. – Le personnel sera invité ? – Oui, il est normal que ______
3. – Les travaux seront finis avant l'été ? – Oui, il faut absolument ______
4. – L'éclairage est beaucoup plus doux ! – Oui, je voulais que ______
5. – Le travail sera plus agréable ! – Oui, il est certain que ______

3 **Complétez avec un verbe à l'indicatif ou au subjonctif.**

Il est souhaitable que vous *fassiez* beaucoup d'exercices.

1. Il est possible que nous ______ obligés de vendre une partie de nos actions.
2. J'imagine qu'il ______ trop tard pour avoir des places pour le spectacle ?
3. Il est rare que nous ______ à Paris pendant le week-end.
4. Je suppose que le directeur ______ dans son bureau : sa secrétaire est encore là.
5. Il est dommage qu'il ne ______ pas beau, nous aurions pu dîner en terrasse !
6. Il est fort probable que l'été ______ chaud, comme l'année dernière.
7. Je constate que Marie ______ constamment en retard dans son travail.

4 **Faites des phrases selon le modèle en utilisant le subjonctif passé.**

Pierre est guéri. Je suis content. *Je suis content que Pierre soit guéri.*

1. Vous avez déjà terminé le travail. Je suis ravi. ______
2. Paul n'a rien fait. Je suis furieux. ______
3. Nous sommes arrivés en retard. Je suis désolé. ______

KONJUNKTIONEN mit SUBJONCTIF

Bien qu'*il fasse un peu froid, nous allons à la campagne*
pour que *les enfants prennent l'air.*

Konjunktionen, die eine Abhängigkeit zwischen zwei Satzteilen ausdrücken (eine Absicht, einen Zwang, eine Erwartung u. ä.), lösen den Subjonctif aus.

- Ausdruck einer Absicht oder eines Ziels:

Je vous prête mes clés	***pour que*** ***afin que*** ***de sorte que***	*vous puissiez rentrer.*

- Ausdruck einer Befürchtung oder einer Bedrohung:

Nous avons accepté	***de crainte qu'*** ***de peur qu'***	*il (ne)* se mette en colère.*

- Ausdruck einer Erwartung oder einer zeitlichen Einschränkung:

  Rentrons ***avant qu'****il (ne)* pleuve !*
  Prenons un apéritif ***en attendant que*** *le repas soit prêt.*
  Je resterai ***jusqu'à ce qu'****il revienne.*

  • Auf *après que* folgt der Indikativ, doch setzt sich in Analogie zu *avant que* der Subjonctif mehr und mehr durch:

  Après qu'*il* ***a fini*** *son discours, il est sorti.*

- Ausdruck einer Einschränkung oder eines Hemmnisses:

  Bien qu'*il soit très tard, nous préférons rentrer à pied.*
  À moins qu'*il (n')* y ait une grève, nous prendrons l'avion.*

- Ausdruck einer Bedingung:

Tu peux sortir	***à condition que*** ***pourvu que***	*tu me dises où tu vas.*

(* Zum stilistischen *ne* ohne Verneinungsfunktion vgl. S. 232)

EXERCICES

1 **Complétez le texte avec les verbes manquants.**
Je n'accepterai pas à moins que vous ne *soyez* tous d'accord.

1. Jean et Thérèse ont économisé pour que leurs enfants __________ des études. - **2.** Il vaut mieux que nous abandonnions ce projet avant qu'il __________ trop tard. - **3.** Les enfants peuvent rester dans la salle à condition qu'ils ne __________ pas de bruit. - **4.** Bien que ce restaurant __________ très cher, il y a toujours beaucoup de monde. - **5.** Pour que nous __________ à l'heure à la gare, il faut partir maintenant. - **6.** Nous ne prendrons pas de décisions avant que tout le monde __________ là. - **7.** Voulez-vous prendre un café, en attendant que ma fille __________ prête ? - **8.** Nous travaillerons jusqu'à ce que tout __________ terminé.

2 **Complétez avec les subjonctifs manquants.**

Le stage d'informatique portera sur plusieurs semaines : les enfants seront pris en charge jusqu'à ce qu'ils __________ capables de se débrouiller tout seuls. Pour que la méthode __________ efficace, il faut que les enfants __________ travailler en équipe. Le programme débutera fin octobre, à moins que l'aménagement des salles ne __________ pas terminé. Pour que tous les enfants __________ le même matériel, il est important que les parents __________ rapidement par courrier une liste des choses à acheter. Tous les enfants seront admis, à condition qu'ils __________ au minimum douze ans et qu'ils __________ accompagnés le premier jour par une personne de leur famille.

3 **Transformez les phrases avec « pour que » et « il faut que », selon le modèle.**
– Le docteur pourra-t-il opérer si le patient n'est pas à jeun ?
– Non, *pour que le médecin puisse opérer, il faut que le patient soit à jeun.*

1. – Les médicaments seront-ils remboursés si le médecin n'est pas conventionné ?
– Non, __________

2. – Le patient pourra-t-il quitter l'hôpital s'il ne remplit pas une feuille de sortie ?
– Non, __________

3. – Le malade comprendra-t-il les instructions si on ne les traduit pas dans sa langue ?
– Non, __________

4 **Faites des phrases selon le modèle.**
Si vous n'avez pas de ticket de caisse, nous ne pourrons pas échanger vos achats. Si les enfants n'ont pas d'autorisation, ils ne pourront pas sortir. Si vous restez moins de trois jours, vous n'aurez pas de réduction sur les vols. Si vous faites une grosse commande, vous aurez une remise importante.

Pour que nous puissions échanger vos achats, il faut que... __________

____

52 SATZVERBINDUNGEN

In einem Satz mit mehreren Satzgliedern werden die einzelnen Satzteile durch Konjunktionen verbunden. Sie stellen den logischen inneren Satzzusammenhang durch die Angabe z. B. einer Begründung, einer Folge, eines Zwecks, eines Einwands oder einer Einschränkung her.

URSACHE und BEGRÜNDUNG

Je pars ***parce que*** *j'ai un rendez-vous.*
Puisque *vous partez, je vous rappellerai plus tard.*

■ *PARCE QUE, COMME, PUISQUE*+VERB

- *Parce que* [=weil] nennt einen Grund. Es kann nicht am Satzanfang stehen:

  Je ne suis pas venu ***parce que*** *j'avais une réunion.*
  Je suis venu en métro ***parce que*** *ma voiture est en panne.*

- *Car* [=weil] steht in gehobener Sprache für *parce que*:

  Je ne suis pas venu ***car*** *j'avais une réunion.*

- *Comme* [=weil] ersetzt *parce que* am Satzanfang:

  Comme *j'avais une réunion, je ne suis pas venu.*
  Comme *ma voiture est en panne, je suis venu en métro.*

- *Puisque* [=weil ja] wird für eine Begründung benutzt, wenn der Grund dem Gesprächspartner bereits bekannt ist:

  Puisque *votre voiture est en panne, je vous raccompagne.*

- *Puisque* [=weil ja] nennt auch eine logische Begründung:

  Nous sommes mortels ***puisque*** *nous sommes des hommes.*
  Je m'en vais ***puisque*** *personne ne m'écoute.*

■ *À CAUSE DE, GRÂCE À*+SUBSTANTIV

- *À cause de* [=wegen] nennt einen neutralen oder bedauerlichen Grund:

  À cause de *la réunion, je n'ai pas pu venir.*
  Nous sommes restés chez nous, ***à cause du*** *mauvais temps.*

- *Grâce à* [=dank] nennt einen erfreulichen Grund:

  Grâce à *vos conseils, j'ai trouvé un appartement.*
  J'ai réussi ***grâce à*** *votre aide.*

EXERCICES

1 **Reliez les deux phrases avec « parce que », « comme » ou « puisque ».**

Je ne suis pas allé(e) chez Pierre *parce que* je me sentais un peu grippé(e).

1. ______________ j'ai été absent(e) pendant deux semaines, je ne suis plus au courant de rien.
2. ______________ tu vas à la cuisine, apporte-moi le sel, s'il te plaît !
3. La circulation est mauvaise ______________ il y a des travaux sur l'autoroute.
4. Vous devez connaître Brigitte Michette, ______________ vous habitez dans le même immeuble !
5. ______________ j'habite loin, je mets deux heures pour rentrer chez moi.

2 **Reliez les deux phrases par « à cause de » ou « grâce à », selon le cas.**

Tout le programme a été modifié parce que vous êtes arrivés en retard.

Tout le programme a été modifié à cause de votre retard.

1. Le match de rugby est annulé parce qu'il pleut.

____

2. Pierre a obtenu de bons résultats parce qu'il a fait beaucoup d'efforts.

____

3. Nous n'avons pas reçu votre courrier parce qu'il y avait une grève des PTT.

____

4. Chacun a une espérance de vie plus longue aujourd'hui, parce que la médecine a fait beaucoup de progrès.

____

3 **Complétez le texte avec « parce que », « comme », « puisque », « grâce à » et « à cause de ».**

Comme il y a des travaux dans mon quartier, il y a toujours des embouteillages. Hier, il y a eu beaucoup d'agitation dans ma rue ______________ la banque a été attaquée. ______________ l'attaque a eu lieu à l'heure du déjeuner, il n'y avait que deux personnes au guichet. Le caissier a appelé la police ______________ une alarme dissimulée sous son bureau. Mais la police est arrivée en retard ______________ embouteillages. Le gangster a réussi à s'échapper ______________ la complicité d'une femme brune qui l'attendait dehors avec une moto. La police a tout de suite soupçonné Pierrot Ferdinand ______________ le hold up est tout à fait dans son style. Mais ce n'est sûrement pas lui, ______________ il est actuellement en prison à Genève !

4 **Reliez les phrases par une expression de cause appropriée.**

1. Marthe prend une aspirine. Elle a de la fièvre. ______________
2. Vous êtes motivé et combatif : vous réussirez ! ______________
3. Il ne reste plus rien à manger. Allons au restaurant ! ______________

FOLGE und ZWECK

*Nadine part deux ans à l'étranger, **donc** son appartement est libre. Elle le garde **afin d'**y laisser ses affaires, **c'est pourquoi** elle voudrait le louer à un ami.*

DIE FOLGE

- *Donc* und *c'est pourquoi* [=daher, deshalb] beschreiben eine Folge:

  *Je n'ai pas le permis, **donc** je ne peux pas conduire.*
  *Il a commis une faute, **c'est pourquoi** on l'a renvoyé.*

- *C'est la raison pour laquelle* [=aus diesen Grund] steht in der gehobenen Sprache für *donc* oder *pourquoi*:

  *Je cherche un emploi. **C'est la raison pour laquelle** je m'adresse à vous.*

- *Alors* und *c'est pour ça que* [=also, darum] sind umgangssprachliche Wendungen:

  Je dois conduire, | ***alors** je ne bois pas d'alcool.*
  | ***c'est pour ça que** je ne bois pas d'alcool.*

- *Si bien que, de sorte que* und *à tel point que* [=so daß] nennen eine vorhersehbare Folge:

  *Paul a travaillé comme un fou, **si bien qu'**il a réussi avec mention.*
  *L'examen était difficile, **de sorte que** beaucoup ont abandonné.*
  *Il faisait très chaud, **à tel point qu'**ils ont ouvert les fenêtres.*

DER ZWECK

- *Pour*+Infinitiv und *pour que*+Subjonctif [=um, damit] nennen einen Zweck bzw. ein Ziel:

  Je me dépêche | ***pour** être à l'heure.*
  | ***pour que** tout soit prêt.*

- *Afin de*+Infinitiv und *afin que*+Subjonctif [=um, damit] werden in der gehobenen Sprache verwendet:

  Je vous écris | ***afin de** vous informer de la situation.*
  | ***afin que** vous soyez informés de la situation.*

EXERCICES

1 **Reliez les deux phrases par une expression de conséquence appropriée.**
Ma montre ne marche pas très bien. Je suis arrivé en retard.
Ma montre ne marche pas très bien. C'est pourquoi je suis arrivé en retard.

1. Pierre ment toujours. On ne le croit plus.
____
2. Il y avait beaucoup de vent sur la plage. On pouvait à peine se tenir debout.
____
3. La luminosité était trop forte. La photo n'est pas réussie.
____
4. Il y avait beaucoup de brouillard sur l'autoroute. Il y a eu des accidents en série.
____
5. J'ai perdu mes clés. Je suis devant ma porte !
____

2 **Transformez pour utiliser une expression de conséquence appropriée.**
Puisque tu ne m'écris pas, je ne t'écris pas non plus.
Tu ne m'écris pas, donc je ne t'écris pas non plus.

1. Puisque votre dossier est incomplet, votre proposition risque d'être rejetée.
____
2. Étant donné que ma candidature a été acceptée, je dois passer un entretien d'embauche mercredi prochain.
____
3. Comme vous vous êtes beaucoup investi dans notre projet, vous recevez une prime d'encouragement.
____
4. Comme il n'y avait plus de place au restaurant chinois, nous sommes allés dans une pizzeria.
____
5. Comme il fait très froid, on ne va pas skier.
____

3 **Complétez avec l'une des expressions de but et un verbe au subjonctif présent.**
Nous avons énormément travaillé *pour que* tout *soit* fini à temps.

1. Le professeur a expliqué très clairement et il a répété ________ tout le monde ________ les explications.
2. J'ai placé les enfants au premier rang ________ ils ________ bien le spectacle.
3. J'ai corrigé le texte ________ chaque phrase ________ correcte.
4. Surveillez les enfants ________ ils ne ________ pas de bêtises.
5. J'ai donné toutes les instructions ________ chacun ________ se débrouiller tout seul.

GEGENSATZ und EINSCHRÄNKUNG

*Je réussis, **mais** je travaille beaucoup.*
*Je suis fatigué, **pourtant** j'ai dormi neuf heures.*

■ DER GEGENSATZ stellt zwei unterschiedliche Blickwinkel dar:

- *Mais* [=aber] leitet im allgemeinen einen Gegensatz ein:

  *Je travaille le samedi, **mais** je ne travaille pas le lundi.*

- *Par contre* (Umgangssprache) und *en revanche* (gehobene Sprache) [=hingegen] verstärken einen Gegensatz:

Je travaille le samedi,	***par contre*** ***en revanche***	*je suis libre trois jours par semaine.*

- *Tandis que* und *alors que* [=während] stehen bei einem Vergleich:

  *En janvier, c'est l'hiver en France, **tandis que** c'est l'été au Chili.*
  *Je travaille dans le centre, **alors que** vous travaillez en banlieue.*

■ DIE EINSCHRÄNKUNG stellt zwei einander widersprechende Aspekte gegenüber:

- *Mais* [=aber] leitet häufig eine Einschränkung ein:

  *Il fait froid, **mais** il y a du soleil.*

- *Pourtant, cependant* und *toutefois* [=indessen, jedoch] stehen mit einer abgeschwächten Einschränkung:

  *Ils se disputent tout le temps, **pourtant** ils s'adorent.*

Tout est prêt.	***Toutefois*** ***Cependant***	*quelques détails restent à régler.*

- *Même si* [=selbst wenn] und *malgré* [=trotz] drücken einen Gegensatz aus:

  *Je continue **même si** vous n'êtes pas d'accord.*
  *Je continue **malgré** votre interdiction.*

- *Quand même* und *tout de même* [=trotzdem] gehören der Umgangssprache an:

Pierre est fatigué, il travaille	***quand même.*** ***tout de même.***	(Gegensatz)
Tu te reposes. Tu pourrais	***quand même** m'aider.*	(Protest)

EXERCICES

1 **Faites des phrases reliées par une expression d'opposition, pour décrire deux cas différents.**

	Marie	Lucie	
1.	mariée	célibataire	*Marie est mariée, alors que Lucie est célibataire.*
2.	ne travaille pas	journaliste	__________
3.	voyage peu	parcourt le monde entier	__________
4.	grande maison	petit appartement	__________
5.	s'occupe des enfants	sort beaucoup	__________
6.	peinture	photo	__________

2 **Reliez les deux phrases par une expression de concession appropriée.**

L'équipe a perdu. Elle avait bien joué. *L'équipe a perdu. Pourtant, elle avait bien joué.*

1. Nous allons nous promener. Il pleut.

____

2. Tu n'as pas envie de venir avec nous. Tu viendras.

____

3. Gérard est professeur. Il fait des fautes d'orthographe.

____

4. Il a des qualités. Il a aussi beaucoup de défauts.

____

5. Il a peu de chances d'obtenir un poste dans une grande ville. Il le demande depuis des années.

____

6. Pierre commet des erreurs. Il sait les reconnaître.

____

3 **Complétez avec les expressions logiques manquantes.**

comme, c'est pourquoi, même si, pourtant, cependant, puisque, afin de, grâce à.

Actuellement, des problèmes de pollution aigus concernent notre planète : __________ les médias en parlent beaucoup, peu de mesures efficaces sont prises. __________ la situation s'aggrave jour après jour : les forêts sont dévastées, l'air, la mer et les sols bouleversés, beaucoup d'animaux menacés. Les enjeux économiques sont souvent énormes et cachés, __________ un système généralisé efficace de lutte contre la pollution est difficile à mettre en place. __________ la législation demeure laxiste, beaucoup d'entreprises continuent d'ignorer le problème. __________ les jeunes générations semblent plus conscientes des dangers qui menacent la planète, __________ des sondages révèlent que cette question est au cœur de leurs préoccupations. C'est __________ cette prise de conscience que la situation pourra peut-être cesser de se dégrader. Il faut agir tous ensemble __________ sauver notre Terre.

BILAN N° 7

1 Complétez le texte avec les éléments manquants (faites l'élision si nécessaire).

Hier matin, je ________ sorti de chez moi vers neuf heures. Je ________ allé au bar prendre un café mais quand je ________ sorti mon portefeuille pour payer, je me ________ rendu compte que je ne ________ pas d'argent du tout. Alors, je ________ laissé mes affaires sur la table, je ________ dit au serveur que je ________ acheter le journal et je ________ sorti du bar.

Après ________ tourné le coin de la rue, je ________ couru jusque chez moi. Quand je ________ arrivé dans le hall, l'ascenseur ________ bloqué par des livreurs, aussi je ________ monté l'escalier à pied. Quand je ________ arrivé devant la porte, je ________ essayé ________ ouvrir avec ma clé, mais je ne ________ pas arrivé, alors, je ________ tourné la poignée directement : ce ________ ouvert ! Je ________ oublié de fermer en partant ! Je ________ entré dans l'appartement et là, quelle surprise : je ________ vu un inconnu, installé dans mon canapé qui ________ tranquillement le cigare en lisant le journal. Je ________ stupéfait et l'homme aussi apparemment car il me ________ les yeux ronds et la bouche ouverte. Quand une jeune femme rousse ________ sortie de la cuisine avec un bébé dans les bras, je ________ compris soudain que je me ________ trompé d'appartement et d'étage.

Après ________ excusé rapidement et confusément, je ________ monté à l'étage du dessus où je ________ retrouvé tout ________ je ________ oublié : non seulement mon argent mais aussi ma carte d'autobus et mes dossiers. Encore sous le choc, je ________ l'ascenseur et quand je ________ la porte, je me ________ retrouvé au sous-sol, dans le garage. Je commençais ________ être vraiment épuisé par toutes ces aventures. Après ________ attendu cinq minutes, parce que l'ascenseur ________ de nouveau bloqué, je ________ parvenu au rez-de-chaussée.
Bien sûr, quand je ________ sorti, il ________ et je ne ________ pas de parapluie.

Si je ________ moins distrait, la vie ________ quand même plus facile !

2 Complétez les phrases avec les éléments manquants.

1. Le mois prochain, ________ faire très chaud : l'été arrive.
2. Le beaujolais de cette année est ________ celui de l'année dernière.
3. Je ne sais pas encore ________ nous ________ le week-end prochain.
4. La société pour ________ je travaille est une société ________ existe ________ plus de trois cents ans.
5. André a tendance ________ grossir et il a commencé ________ faire un régime strict.
6. Notre société a racheté la COB ________ un an et, ________ moins de six mois, nous avons doublé nos bénéfices.
7. Comme ________ trop froid dans la pièce, ________ le radiateur.
8. Bruna m'a montré le bijou ________ son mari ________ offert pour son anniversaire : ________ des petites boucles d'oreilles ________ vont très bien.

1 Complétez avec les éléments manquants (avec élision si nécessaire).

1. J'ai rencontré Paul dans la rue et je ______________ invité ________ dîner chez moi.
2. J'ai feuilleté plusieurs livres ________ le libraire et je ______________ acheté trois.
3. Les parents de Cathy ______________ une moto pour son anniversaire.
4. Au XVIIIe siècle, la durée de vie moyenne d'un homme ________ seulement de vingt-cinq ans.
5. Je ne sais pas ________ se passe dans la rue : il y a ________ bruit et ________ musique.
6. L'article ________ est paru dans le journal ________ écrit par un excellent journaliste.
7. Si je ________ un appartement plus grand, je ________ une fête pour mon anniversaire.
8. J'aimerais qu'il ________ un jardin près de chez moi pour que les enfants ________ jouer dehors.
9. Maintenant, il n'y a plus que deux cinémas dans ce quartier, mais avant, ________ cinq.
10. Je n'oublierai jamais ______________ vous avez fait pour moi à l'époque ________ je suis arrivé ici.
11. J'ai ouvert la fenêtre en rentrant, parce que ________ très chaud.
12. Ces photos ________ en Chine, par un photographe du début du siècle.
13. Les routes sont dangereuses en montagne, mettez des chaînes et ________ prudents.
14. Alain partira en vacances dès qu'il ________ ses examens.
15. Paul m'a dit qu'il me ________ tout ________ j'ai besoin.
16. Un architecte a suivi les travaux mais c'est moi qui ________ dessiné les plans de ma maison.
17. Quand nous habitions à Rome, nous ________ des pâtes deux fois par jour.
18. Si ________ beau le week-end prochain, nous ________ à la campagne.
19. Je connais bien ce quartier : je ________ pendant plus de quatre ans !
20. Nous serions allés vous voir si nous ______________ le temps !
21. Je ________ avoir des enfants : si un jour, je ________ une fille, je ________ Clémentine, comme ________ mère.
22. Je n'ai mangé ________ un croissant pour le petit déjeuner, mais ________ mari ________ au moins quatre.
23. Si je ________ vous, j'insisterais pour que Paul ________ présent à la réunion de demain : il faut qu'il ________ la situation.
24. Ce matin, ________ l'ascenseur ________ en panne, et je ________ monté tous les escaliers ________ pied, jusqu'au 20e étage...
25. Ma femme a vu la dernière pièce de Peter Brooks, mais moi je ________ : j'aimerais voir ce spectacle avant qu'il ________ trop tard.

Infinitiv	Präsens	Futur proche	Passé composé	Imparfait	Plus-que-parfait	Inf. d. Verg.
ÊTRE	je suis tu es il est nous sommes vous êtes ils sont	je vais être tu vas être il va être nous allons être vous allez être ils vont être	j' ai été tu as été il a été nous avons été vous avez été ils ont été	j' étais tu étais il était nous étions vous étiez ils étaient	j' avais été tu avais été il avait été nous avions été vous aviez été ils avaient été	avoir été
AVOIR	j' ai tu as il a nous avons vous avez ils ont	je vais avoir tu vas avoir il va avoir nous allons avoir vous allez avoir ils vont avoir	j' ai eu tu as eu il a eu nous avons eu vous avez eu ils ont eu	j' avais tu avais il avait nous avions vous aviez ils avaient	j' avais eu tu avais eu il avait eu nous avions eu vous aviez eu ils avaient eu	avoir eu
ALLER	je vais tu vas il va nous allons vous allez ils vont	je vais aller tu vas aller il va aller nous allons aller vous allez aller ils vont aller	je suis allé tu es allé il est allé nous sommes allés vous êtes allés ils sont allés	j' allais tu allais il allait nous allions vous alliez ils allaient	j' étais allé tu étais allé il était allé nous étions allés vous étiez allés ils étaient allés	être allé
BOIRE	je bois tu bois il boit nous buvons vous buvez ils boivent	je vais boire tu vas boire il va boire nous allons boire vous allez boire ils vont boire	j' ai bu tu as bu il a bu nous avons bu vous avez bu ils ont bu	je buvais tu buvais il buvait nous buvions vous buviez ils buvaient	j' avais bu tu avais bu il avait bu nous avions bu vous aviez bu ils avaient bu	avoir bu
CONNAÎTRE	je connais tu connais il connaît nous connaissons vous connaissez ils connaissent	je vais connaître tu vas connaître il va connaître nous allons connaître vous allez connaître ils vont connaître	j' ai connu tu as connu il a connu nous avons connu vous avez connu ils ont connu	je connaissais tu connaissais il connaissait nous connaissions vous connaissiez ils connaissaient	j' avais connu tu avais connu il avait connu nous avions connu vous aviez connu ils avaient connu	avoir connu
DEVOIR	je dois tu dois il doit nous devons vous devez ils doivent	je vais devoir tu vas devoir il va devoir nous allons devoir vous allez devoir ils vont devoir	j' ai dû tu as dû il a dû nous avons dû vous avez dû ils ont dû	je devais tu devais il devait nous devions vous deviez ils devaient	j' avais dû tu avais dû il avait dû nous avions dû vous aviez dû ils avaient dû	avoir dû

Futur simple	Futur antérieur	Conditionnel présent	Conditionnel passé	Subjonctif	Befehlsform	Gerundium
je serai tu seras il sera nous serons vous serez ils seront	j' aurai été tu auras été il aura été nous aurons été vous aurez été ils auront été	je serais tu serais il serait nous serions vous seriez ils seraient	j' aurais été tu aurais été il aurait été nous aurions été vous auriez été ils auraient été	que je sois que tu sois qu'il soit que nous soyons que vous soyez qu'ils soient	sois soyons soyez	en étant
j' aurai tu auras il aura nous aurons vous aurez ils auront	j' aurai eu tu auras eu il aura eu nous aurons eu vous aurez eu ils auront eu	j' aurais tu aurais il aurait nous aurions vous auriez ils auraient	j' aurais eu tu aurais eu il aurait eu nous aurions eu vous auriez eu ils auraient eu	que j' aie que tu aies qu'il ait que nous ayons que vous ayez qu'ils aient	aie ayons ayez	en ayant
j' irai tu iras il ira nous irons vous irez ils iront	je serai allé tu seras allé il sera allé nous serons allés vous serez allés ils seront allés	j' irais tu irais il irait nous irions vous iriez ils iraient	je serais allé tu serais allé il serait allé nous serions allés vous seriez allés ils seraient allés	que j' aille que tu ailles qu'il aille que nous allions que vous alliez qu'ils aillent	va allons allez	en allant
je boirai tu boiras il boira nous boirons vous boirez ils boiront	j' aurai bu tu auras bu il aura bu nous aurons bu vous aurez bu ils auront bu	je boirais tu boirais il boirait nous boirions vous boiriez ils boiraient	j' aurais bu tu aurais bu il aurait bu nous aurions bu vous auriez bu ils auraient bu	que je boive que tu boives qu'il boive que nous buvions que vous buviez qu'ils boivent	bois buvons buvez	en buvant
je connaîtrai tu connaîtras il connaîtra nous connaîtrons vous connaîtrez ils connaîtront	j' aurai connu tu auras connu il aura connu nous aurons connu vous aurez connu ils auront connu	je connaîtrais tu connaîtrais il connaîtrait nous connaîtrions vous connaîtriez ils connaîtraient	j' aurais connu tu aurais connu il aurait connu nous aurions connu vous auriez connu ils auraient connu	que je connaisse que tu connaisses qu'il connaisse que nous connaissions que vous connaissiez qu'ils connaissent	connais connaissons connaissez	en connaissant
je devrai tu devras il devra nous devrons vous devrez ils devront	j' aurai dû tu auras dû il aura dû nous aurons dû vous aurez dû ils auront dû	je devrais tu devrais il devrait nous devrions vous devriez ils devraient	j' aurais dû tu aurais dû il aurait dû nous aurions dû vous auriez dû ils auraient dû	que je doive que tu doives qu'il doive que nous devions que vous deviez qu'ils doivent		en devant

Infinitiv	Präsens	Futur proche	Passé composé	Imparfait	Plus-que-parfait	Inf. d. Verg.
VERBEN auf -er DÎNER	je dîne tu dînes il dîne nous dînons vous dînez ils dînent	je vais dîner tu vas dîner il va dîner nous allons dîner vous allez dîner ils vont dîner	j' ai dîné tu as dîné il a dîné nous avons dîné vous avez dîné ils ont dîné	je dînais tu dînais il dînait nous dînions vous dîniez ils dînaient	j' avais dîné tu avais dîné il avait dîné nous avions dîné vous aviez dîné ils avaient dîné	avoir dîné
DIRE	je dis tu dis il dit nous disons vous dites ils disent	je vais dire tu vas dire il va dire nous allons dire vous allez dire ils vont dire	j' ai dit tu as dit il a dit nous avons dit vous avez dit ils ont dit	je disais tu disais il disait nous disions vous disiez ils disaient	j' avais dit tu avais dit il avait dît nous avions dit vous aviez dit ils avaient dit	avoir dit
ÉCRIRE	j' écris tu écris il écrit nous écrivons vous écrivez ils écrivent	je vais écrire tu vas écrire il va écrire nous allons écrire vous allez écrire ils vont écrire	j' ai écrit tu as écrit il a écrit nous avons écrit vous avez écrit ils ont écrit	j' écrivais tu écrivais il écrivait nous écrivions vous écriviez ils écrivaient	j' avais écrit tu avais écrit il avait écrit nous avions écrit vous aviez écrit ils avaient écrit	avoir écrit
FAIRE	je fais tu fais il fait nous faisons vous faites ils font	je vais faire tu vas faire il va faire nous allons faire vous allez faire ils vont faire	j' ai fait tu as fait il a fait nous avons fait vous avez fait ils ont fait	je faisais tu faisais il faisait nous faisions vous faisiez ils faisaient	j' avais fait tu avais fait il avait fait nous avions fait vous aviez fait ils avaient fait	avoir fait
FALLOIR	il faut	il va falloir	il a fallu	il fallait	il avait fallu	
VERBEN auf -ir FINIR	je finis tu finis il finit nous finissons vous finissez ils finissent	je vais finir tu vas finir il va finir nous allons finir vous allez finir ils vont finir	j' ai fini tu as fini il a fini nous avons fini vous avez fini ils ont fini	je finissais tu finissais il finissait nous finissions vous finissiez ils finissaient	j' avais fini tu avais fini il avait fini nous avions fini vous aviez fini ils avaient fini	avoir fini
METTRE	je mets tu mets il met nous mettons vous mettez ils mettent	je vais mettre tu vas mettre il va mettre nous allons mettre vous allez mettre ils vont mettre	j' ai mis tu as mis il a mis nous avons mis vous avez mis ils ont mis	je mettais tu mettais il mettait nous mettions vous mettiez ils mettaient	j' avais mis tu avais mis il avait mis nous avions mis vous aviez mis ils avaient mis	avoir mis

Futur simple	Futur antérieur	Conditionnel présent	Conditionnel passé	Subjonctif	Befehlsform	Gerundium
je dînerai tu dîneras il dînera nous dînerons vous dînerez ils dîneront	j' aurai dîné tu auras dîné il aura dîné nous aurons dîné vous aurez dîné ils auront dîné	je dînerais tu dînerais il dînerait nous dînerions vous dîneriez ils dîneraient	j' aurais dîné tu aurais dîné il aurait dîné nous aurions dîné vous auriez dîné ils auraient dîné	que je dîne que tu dînes qu'il dîne que nous dînions que vous dîniez qu'ils dînent	dîne dînons dînez	en dînant
je dirai tu diras il dira nous dirons vous direz ils diront	j' aurai dit tu auras dit il aura dit nous aurons dit vous aurez dit ils auront dit	je dirais tu dirais il dirait nous dirions vous diriez ils diraient	j' aurais dit tu aurais dit il aurait dit nous aurions dit vous auriez dit ils auraient dit	que je dise que tu dises qu'il dise que nous disions que vous disiez qu'ils disent	dis disons dites	en disant
j' écrirai tu écriras il écrira nous écrirons vous écrirez ils écriront	j' aurai écrit tu auras écrit il aura écrit nous aurons écrit vous aurez écrit ils auront écrit	j' écrirais tu écrirais il écrirait nous écririons vous écririez ils écriraient	j' aurais écrit tu aurais écrit il aurait écrit nous aurions écrit vous auriez écrit ils auraient écrit	que j' écrive que tu écrives qu'il écrive que nous écrivions que vous écriviez qu'ils écrivent	écris écrivons écrivez	en écrivant
je ferai tu feras il fera nous ferons vous ferez ils feront	j' aurai fait tu auras fait il aura fait nous aurons fait vous aurez fait ils auront fait	je ferais tu ferais il ferait nous ferions vous feriez ils feraient	j' aurais fait tu aurais fait il aurait fait nous aurions fait vous auriez fait ils auraient fait	que je fasse que tu fasses qu'il fasse que nous fassions que vous fassiez qu'ils fassent	fais faisons faites	en faisant
il faudra	il aura fallu	il faudrait	il aurait fallu	qu'il faille		
je finirai tu finiras il finira nous finirons vous finirez ils finiront	j' aurai fini tu auras fini il aura fini nous aurons fini vous aurez fini ils auront fini	je finirais tu finirais il finirait nous finirions vous finiriez ils finiraient	j' aurais fini tu aurais fini il aurait fini nous aurions fini vous auriez fini ils auraient fini	que je finisse que tu finisses qu'il finisse que nous finissions que vous finissiez qu'ils finissent	finis finissons finissez	en finissant
je mettrai tu mettras il mettra nous mettrons vous mettrez ils mettront	j' aurai mis tu auras mis il aura mis nous aurons mis vous aurez mis ils auront mis	je mettrais tu mettrais il mettrait nous mettrions vous mettriez ils mettraient	j' aurais mis tu aurais mis il aurait mis nous aurions mis vous auriez mis ils auraient mis	que je mette que tu mettes qu'il mette que nous mettions que vous mettiez qu'ils mettent	mets mettons mettez	en mettant

Infinitiv	Präsens	Futur proche	Passé composé	Imparfait	Plus-que-parfait	Inf. d. Verg.
VERBEN auf -ir PARTIR	je pars tu pars il part nous partons vous partez ils partent	je vais partir tu vas partir il va partir nous allons partir vous allez partir ils vont partir	je suis parti tu es parti il est parti nous sommes partis vous êtes partis ils sont partis	je partais tu partais il partait nous partions vous partiez ils partaient	j' étais parti tu étais parti il était parti nous étions partis vous étiez partis ils étaient partis	être parti
PLEUVOIR	il pleut	il va pleuvoir	il a plu	il pleuvait	il avait plu	
POUVOIR	je peux tu peux il peut nous pouvons vous pouvez ils peuvent	je vais pouvoir tu vas pouvoir il va pouvoir nous allons pouvoir vous allez pouvoir ils vont pouvoir	j' ai pu tu as pu il a pu nous avons pu vous avez pu ils ont pu	je pouvais tu pouvais il pouvait nous pouvions vous pouviez ils pouvaient	j' avais pu tu avais pu il avait pu nous avions pu vous aviez pu ils avaient pu	avoir pu
PRENDRE	je prends tu prends il prend nous prenons vous prenez ils prennent	je vais prendre tu vas prendre il va prendre nous allons prendre vous allez prendre ils vont prendre	j' ai pris tu as pris il a pris nous avons pris vous avez pris ils ont pris	je prenais tu prenais il prenait nous prenions vous preniez ils prenaient	j' avais pris tu avais pris il avait pris nous avions pris vous aviez pris ils avaient pris	avoir pris
SAVOIR	je sais tu sais il sait nous savons vous savez ils savent	je vais savoir tu vas savoir il va savoir nous allons savoir vous allez savoir ils vont savoir	j' ai su tu as su il a su nous avons su vous avez su ils ont su	je savais tu savais il savait nous savions vous saviez ils savaient	j' avais su tu avais su il avait su nous avions su vous aviez su ils avaient su	avoir su
VOIR	je vois tu vois il voit nous voyons vous voyez ils voient	je vais voir tu vas voir il va voir nous allons voir vous allez voir ils vont voir	j' ai vu tu as vu il a vu nous avons vu vous avez vu ils ont vu	je voyais tu voyais il voyait nous voyions vous voyiez ils voyaient	j' avais vu tu avais vu il avait vu nous avions vu vous aviez vu ils avaient vu	avoir vu
VOULOIR	je veux tu veux il veut nous voulons vous voulez ils veulent	je vais vouloir tu vas vouloir il va vouloir nous allons vouloir vous allez vouloir ils vont vouloir	j' ai voulu tu as voulu il a voulu nous avons voulu vous avez voulu ils ont voulu	je voulais tu voulais il voulait nous voulions vous vouliez ils voulaient	j' avais voulu tu avais voulu il avait voulu nous avions voulu vous aviez voulu ils avaient voulu	avoir voulu

Futur simple	Futur antérieur	Conditionnel présent	Conditionnel passé	Subjonctif	Befehlsform	Gerundium
je partirai	je serai parti	je partirais	je serais parti	que je parte		en partant
tu partiras	tu seras parti	tu partirais	tu serais parti	que tu partes	pars	
il partira	il sera parti	il partirait	il serait parti	qu'il parte		
nous partirons	nous serons partis	nous partirions	nous serions partis	que nous partions	partons	
vous partirez	vous serez partis	vous partiriez	vous seriez partis	que vous partiez	partez	
ils partiront	ils seront partis	ils partiraient	ils seraient partis	qu'ils partent		
il pleuvra	il aura plu	il pleuvrait	il aurait plu	qu'il pleuve		
je pourrai	j' aurai pu	je pourrais	j' aurais pu	que je puisse		en pouvant
tu pourras	tu auras pu	tu pourrais	tu aurais pu	que tu puisses		
il pourra	il aura pu	il pourrait	il aurait pu	qu'il puisse		
nous pourrons	nous aurons pu	nous pourrions	nous aurions pu	que nous puissions		
vous pourrez	vous aurez pu	vous pourriez	vous auriez pu	que vous puissiez		
ils pourront	ils auront pu	ils pourraient	ils auraient pu	qu'ils puissent		
je prendrai	j' aurai pris	je prendrais	j' aurais pris	que je prenne		en prenant
tu prendras	tu auras pris	tu prendrais	tu aurais pris	que tu prennes	prends	
il prendra	il aura pris	il prendrait	il aurait pris	qu'il prenne		
nous prendrons	nous aurons pris	nous prendrions	nous aurions pris	que nous prenions	prenons	
vous prendrez	vous aurez pris	vous prendriez	vous auriez pris	que vous preniez	prenez	
ils prendront	ils auront pris	ils prendraient	ils auraient pris	qu'ils prennent		
je saurai	j' aurai su	je saurais	j' aurais su	que je sache		en sachant
tu sauras	tu auras su	tu saurais	tu aurais su	que tu saches	sache	
il saura	il aura su	il saurait	il aurait su	qu'il sache		
nous saurons	nous aurons su	nous saurions	nous aurions su	que nous sachions	sachons	
vous saurez	vous aurez su	vous sauriez	vous auriez su	que vous sachiez	sachez	
ils sauront	ils auront su	ils sauraient	ils auraient su	qu'ils sachent		
je verrai	j' aurai vu	je verrais	j' aurais vu	que je voie		en voyant
tu verras	tu auras vu	tu verrais	tu aurais vu	que tu voies	vois	
il verra	il aura vu	il verrait	il aurait vu	qu'il voit		
nous verrons	nous aurons vu	nous verrions	nous aurions vu	que nous voyions	voyons	
vous verrez	vous aurez vu	vous verriez	vous auriez vu	que vous voyiez	voyez	
ils verront	ils auront vu	ils verraient	ils auraient vu	qu'ils voient		
je voudrai	j' aurai voulu	je voudrais	j' aurais voulu	que je veuille		en voulant
tu voudras	tu auras voulu	tu voudrais	tu aurais voulu	que tu veuilles		
il voudra	il aura voulu	il voudrait	il aurait voulu	qu'il veuille		
nous voudrons	nous aurons voulu	nous voudrions	nous aurions voulu	que nous voulions		
vous voudrez	vous aurez voulu	vous voudriez	vous auriez voulu	que vous vouliez	veuillez	
ils voudront	ils auront voulu	ils voudraient	ils auraient voulu	qu'ils veuillent		

STICHWORTVERZEICHNIS

A

B

C

D

E

F

G

I

J

K

L

M

N

O

P